Sénégal post-Covid-19 :
souveraineté et ruptures

Sous la direction de :

Abdourahmane NDIAYE, Cheikh GUÈYE
et Cheikh Oumar BÂ

Sénégal post-Covid-19 : souveraineté et ruptures

L'Harmattan Sénégal

10 VDN, Sicap Amitié 3, Lotissement Cité Police, DAKAR

http ://www.harmattansenegal.com
senharmattan@gmail.com
senlibrairie@gmail.com

ISBN : 978-2-343-22561-6
EAN : 9782343225616

Le Rapport Alternatif Sur l'Afrique (RASA) est une nouvelle initiative essentielle d'institutions africaines et internationales de renom (Enda Tiers Monde, Forum du Tiers Monde, CODESRIA, Institut international pour la Démocratie et l'Assistance électorale [IDEA], AFARD, Institut des Futurs Africains [IFA], Fondation Rosa Luxembourg, LEGS AFRICA, Alliance pour la Refondation de la Gouvernance en Afrique [ARGA], West Africa Think tank [WATHI], etc.).

Devant le kaléidoscope de rapports sur l'Afrique classant les pays du continent selon des critères et indicateurs exogènes et néolibéraux (Doing Business, Banque mondiale, FMI), le Rapport Alternatif Sur l'Afrique (RASA) vise le renversement idéologique et épistémologique des analyses sur le continent, l'approfondissement et la diversification des enjeux et domaines adressés, et des indicateurs de mesure des progrès et de la souveraineté des Africains. Portée également par des personnalités et scientifiques africains de haut niveau, cette initiative va élaborer des rapports qui reflètent réellement la sensibilité et le vécu des Africains dans les différents milieux.

Son objectif est de contribuer, de manière décisive, à la consolidation des transformations à l'œuvre dans les sociétés et institutions africaines vers l'autonomie et la souveraineté. Il s'agit de rendre visibles les dynamiques et mutations à l'œuvre sur le continent, notamment celles qui sont portées par les Africains dans leur majorité et leur diversité. RASA veut, par ce biais, rendre visible et renforcer les véritables transformations sociétales qui sont irriguées par un esprit décomplexé, ainsi que les capacités d'innovation et de conquête de leur autonomie dont rendent compte trop peu les rapports sur l'Afrique et leurs instruments.

Ainsi, les débats et espaces de définition de stratégies ou de politiques seront alimentés et enrichis par des connaissances endogènes, et qui font sens pour les Africains. Ces dernières seront produites sur une base crédible et valorisant les innovations propres aux Africains et renforçant leur autonomisation.

Le RASA est également une réponse aux insuffisances des capacités prospectives des institutions africaines et des acteurs qui sont les moteurs des dynamiques du continent. Il va informer les projections africaines sur le futur dans un contexte de retour à la planification à long terme aux échelles nationales et continentales. Le RASA sera un instrument de mesure des progrès des plans à long terme et des insuffisances dans le sens de la souveraineté de ces projections vers le futur.

INSTITUTIONS INITIATRICES DU RASA :

Enda Tiers Monde, Conseil pour le Développement de la Recherche en Sciences sociales (CODESRIA), Forum du Tiers Monde (FTM), International Institute for Democracy and Electoral Assistance (IDEA), Institut des Futurs Africains (IFA), Association des Femmes Africaines pour la Recherche et le Développement (AFARD), Fondation Rosa Luxembourg, Legs Africa, Institut panafricain pour le Développement / Afrique de l'Ouest et Sahel (IPD-AOS), West African Think Tank (WATHI), TRUST AFRICA, Alliance pour la Refondation de la Gouvernance en Afrique (ARGA).

Présentation IPAR

L'Initiative prospective agricole et rurale (IPAR) est un Think Tank qui intervient depuis 2008 au Sénégal et dans la sous-région ouest-africaine, par la recherche, le renforcement de capacités et le dialogue politique, dans de nombreux domaines comme la transformation structurelle de l'agriculture, les migrations et l'emploi des jeunes, les changements climatiques, les Objectifs de développement durable et la gouvernance des ressources naturelles et foncières. Grâce à ses résultats de recherche, elle contribue à mieux fonder les politiques publiques de développement sur des évidences scientifiques pour de meilleurs impacts sur les conditions d'existence des populations.

Sommaire

LISTE DES AUTEURS

BÂ Cheikh Oumar, Coordonnateur de l'Initiative prospective agricole et rurale (IPAR).

BÂ Muhammad, Chercheur associé au Laboratoire d'économie de Saint-Louis (LARES) à l'Université Gaston Berger Saint-Louis, Sénégal.

CAMARA Fatou Kiné, Juriste, Faculté des Sciences juridiques et politiques, Université Cheikh Anta Diop (UCAD) de Dakar, Sénégal.

DIAGNE Cheikh Ahmadou Bamba, Enseignant-chercheur au Laboratoire de Recherches économiques et monétaires (LAREM) à la Faculté des Sciences économiques et de Gestion (FASEG), Université Cheikh Anta Diop (UCAD) de Dakar, Sénégal.

DIAGNE Ibrahima Nourredine Diagne, Président African Performance Group, Dakar, Sénégal.

DIAW Abdou, Journaliste économique au quotidien « Le Soleil », Doctorant au Centre d'Études des Sciences et Techniques de l'Information, Université Cheikh Anta Diop de Dakar (CESTI/UCAD).

DIONE Alioune, Docteur en Relations internationales, Coordonnateur de la Cellule d'Étude et de Planification du ministère de la Femme, de la Famille et de l'Enfance.

DIOP Mohamet, Docteur en Sciences économiques, Économiste à la Délégation générale à l'Entrepreneuriat rapide des Femmes et des Jeunes (DER/FJ).

GOMIS Souleymane, Sociologue, Faculté des Lettres et des Sciences humaines, Université Cheikh Anta Diop de Dakar, Sénégal.

GUÈYE Cheikh, Docteur en Géographie, Chargé de prospective à Enda Tiers Monde et Secrétaire permanent du RASA.

HATHIE Ibrahima, Directeur de recherche, Initiative prospective agricole et rurale (IPAR).

KÂ Rougyatou, Géographe des dynamiques territoriales, Chercheure à l'Initiative prospective agricole et rurale (IPAR) Sénégal et Doctorante affiliée au Laboratoire Leïdi de l'Université Gaston Berger (UGB), Saint-Louis, Sénégal.

KASSÉ Moustapha, Professeur émérite des Universités, Doyen honoraire de la Faculté des Sciences économiques et de Gestion, Université Cheikh Anta Diop de Dakar (FASEG/ UCAD) et membre de l'Académie.

KÉBÉ Abdoul Aziz, Islamologue, Faculté des Lettres et des Sciences humaines, Université Cheikh Anta Diop de Dakar, Sénégal.

Lena WEINGÄRTNER, Overseas Development Institute (ODI).

LÔ Moubarack, Directeur général du Bureau de Prospective économique (BPE) Sénégal.

LY Ahmadou, Initiative prospective agricole et rurale (IPAR).

MBOW Penda, Historienne, Faculté des Lettres et des Sciences humaines, Université Cheikh Anta Diop de Dakar, Sénégal.

NDIAYE Abdourahmane, Enseignant-chercheur, IUT Bordeaux Montaigne, UMR 5193 CNRS Passages, France et Forum du Tiers Monde, Dakar.

NDIAYE Doudou, Expert international en Communication-MBA en Management de la Qualité.

NDIAYE El Hadji Mounirou, Enseignant-chercheur, Université de Thiès, Chercheur associé à l'Initiative prospective agricole et rurale (IPAR).

NDIAYE Samba, Maire de Ndoffane, DG de la Société des Infrastructures de Réparation navale de Dakar (SIRN).

SAMBE Bakary, Politologue, Directeur du Timbuktu Institute-African center for Peace Studies (Dakar & Niamey) et Enseignant-chercheur au Centre d'Étude des Religions, Université Gaston Berger (UGB), Saint-Louis, Sénégal.

SARR Serigne Momar, Enseignant-chercheur à l'Université Gaston Berger (UGB) de Saint-Louis, Sénégal.

SECK Souleymane, Ingénieur QHSE, Enseignant-chercheur TQM/ RSE ; Coach certifié en Développement personnel & professionnel, leadership ; Associate Director à LIFT Business & Growth Center/VP Partenariats & Lead for Soft skills Programs; RASA Afrique ; Vice-Président du Think Tank Esprit Républicain.

SOW Omar Cissé, Compagnie nationale d'Assurance agricole du Sénégal.

SY Amaye, Expert senior au Bureau de Prospective économique (BPE), Sénégal.

SYLL Mame Mor Anta, Initiative prospective agricole et rurale (IPAR) & Université Gaston Berger (UGB), Saint-Louis, Sénégal.

SYLLA Ndongo Samba, Économiste du développement sénégalais. Co-auteur de *L'Arme invisible de la Françafrique. Une histoire du franc CFA,* Éditions La Découverte, 2018.

THIOUNE Thierno, Maître de Conférences titulaire en Économie à l'UCAD, Directeur des Études du CREFDES, Membre du Comité scientifique du LARED.

Ont également contribué indirectement à cet ouvrage :

Dr Abdoulaye Idrissa DIÉYE, Socio-économiste planificateur, Enseignant-chercheur, MEPC/DGPPE/SRP.

Mamadou Baïlo BA, Chargé de programme de renforcement des capacités des jeunes au Forum social sénégalais, Coordonnateur pays de l'association Écologie Universelle.

Préface

« Wax sa wax waxu jambur du wax » (parle de tes problèmes et laisse ceux des autres), cette maxime de la philosophie wolof résume le défi fondamental du Réseau Alternatif sur l'Afrique (RASA), à l'initiative de cet ouvrage. La préoccupation de recentrer la production de la pensée, du logos, non plus selon l'agenda des autres mais selon le nôtre, constitue à n'en pas douter le défi principal de la souveraineté de nos pays. En effet, notre dépendance aux discours construits ailleurs et notre propension à reprendre les concepts, indicateurs et outils affectent la production des intellectuels africains et leur capacité à apporter des réponses endogènes. Le courant de rupture et de refondation porté depuis des décennies par des chercheurs et intellectuels comme Cheikh Anta Diop, Samir Amin, Amady Aly Dieng, Makhtar Diouf, etc., est de plus en plus présent en Afrique et davantage décomplexé. Des groupes de pensée, à l'instar du RASA, tentent d'organiser, de structurer ces réflexions, pour réaffirmer aux porteurs d'alternatives qu'ils ne sont ni seuls, ni isolés. Puisqu'une masse critique est en cours de constitution, avec une capacité à créer des rapports de force favorables dans le débat public et dans les instances de définition des politiques publiques. En effet, la constitution de cette masse critique d'intellectuels, de jeunes et de femmes engagés, le décloisonnement disciplinaire et social et l'autonomie de la production ainsi que l'accès au débat public par une presse plus ouverte aux questions structurantes et le recours aux réseaux sociaux sont certainement des éléments de contexte favorables.

L'agenda de la souveraineté intellectuelle est un processus devant conduire à penser par nous-mêmes et pour nous-mêmes. C'est pourquoi j'invite à saluer l'initiative du RASA, qui se saisit de l'opportunité de la crise que constitue la pandémie de Covid-19, pour produire un ouvrage rassemblant de riches productions intellectuelles d'une nouvelle génération de chercheurs et experts qui échangent jour et nuit sur les enjeux fondamentaux qui structurent l'avenir du Sénégal et de l'Afrique à travers un groupe WhatsApp. En effet, la pandémie de Covid-19 a été une occasion et un moment rare où les pays occidentaux et institutions internationales nous ont laissés à notre sort. L'auto-saisine qu'ils ont provoquée a conduit à trouver nous-mêmes les termes de nos débats et solutions, car, comme le dit l'adage wolof, « sikkim yu lakkandoo la ! », autrement dit « situation dans laquelle toutes les barbes brûlent en même temps, chacun s'occupe de la sienne ! ».

Pendant ces moments rares, on a vu la presse, les plateaux de TV et les radios, consacrer la majorité de leur temps à donner la parole aux experts et universitaires à la place des acteurs politiques, activistes et autres. Ce livre qui rassemble une partie de cette production (en espérant que d'autres suivront) est une première tentative de valorisation jetant les jalons de la refondation.

Bien que prenant comme point de départ la gestion de la pandémie et ses conséquences, Abdourahmane Ndiaye, Cheikh Guèye, Cheikh Oumar Bâ et les autres auteurs ont un regard holistique, passant en revue les politiques globales et sectorielles et mettant en évidence les forces et surtout les contreperformances et limites, tout en questionnant les causes et paradigmes sous-jacents.

Les auteurs ne se sont pas contentés d'un diagnostic ou d'afficher des convictions et certitudes. Ils sont allés plus loin en proposant des pistes de solutions sans grande prétention ni dogmatisme, quelquefois avec naïveté mais toujours avec générosité et engagement.

Au-delà de la diversité d'approches et de perspectives, des consensus forts sont apparus, au moins sur la nécessité d'une refondation du développement, centrée sur les souverainetés (notamment de la pensée, de l'alimentation, de la monnaie, de la sécurité numérique). Le primat du social, la solidarité, des pratiques économiques centrées sur la coopération et non sur la compétition, le développement de chaînes de valeurs locales et de proximité mettent à distance le modèle de la petite économie ouverte. L'éradication des inégalités par un accès universel aux besoins sociaux de base (eau, santé, protection sociale, énergie et digital notamment pour l'enseignement) est questionnée comme principe premier pour affirmer que le social n'est ni l'arrière-cour de l'économique, ni une variable d'ajustement. Le changement de paradigme porté concerne aussi la nécessité de revoir les dogmes de la macroéconomie de la pensée néolibérale dominante (notamment ses critères d'appréciation de la vulnérabilité des pays, ses seuils arbitraires concernant les déficits publics et l'endettement, ses critères d'évaluation des investissements publics plus orientés sur le retour sur investissement que sur le contenu local, etc.). Bien sûr, les solutions peuvent diverger ou être en contradiction, notamment quand il s'agit des stratégies.

Au moment où le monde s'engage dans une phase de relance post-Covid-19, il y a de fortes chances que ces consensus soient remis en cause par l'hégémonie du modèle dominant. La brutalité de la pandémie a certainement expliqué une approche plus réactive et moins prospective de la majorité des auteurs. L'analyse sur la faisabilité des solutions proposées mériterait une attention plus soutenue compte tenu des rapports de forces, des rigidités institutionnelles et idéologiques. Ce qui n'enlève en rien le fait que cet ouvrage constitue une excellente base de connaissances, de plaidoyer et de mobilisation pour approfondir l'analyse, le partage des idées fortes et l'invitation à agir pour « transformer des idées en forces matérielles », pour paraphraser Karl Marx.

Bien sûr, « wax sa wax » (...) n'exclut pas l'analyse et la prise en compte des enjeux géopolitiques. Au contraire, il appelle à prendre position sur ces enjeux en fonction de nos intérêts et nécessite de baser les décisions sur des évidences scientifiques. En effet, l'après Covid-19 est une situation d'« après-guerre » qui renvoie à celle postérieure à la Seconde Guerre mondiale. Dans ce contexte de « nouvelle guerre froide », les rapports entre les deux puissances que sont la Chine et les USA ne peuvent nous laisser indifférents, puisque nous risquons d'en constituer les points d'ancrage comme l'ont été les pays de l'Est et de l'Asie dans l'après-guerre entre USA et URSS. Cette piste mérite d'être approfondie de manière lucide et sans « émotion ».

Pour conclure, cette contribution généreuse et engagée mérite d'être accueillie avec attention par les décideurs d'aujourd'hui et de demain ainsi que par toutes les composantes de la Nation quels que soient leur discipline et leur domaine d'intervention. Elle embrasse des enjeux économiques, sociaux, culturels et politiques et démontre la pertinence d'une refondation holistique dont la nécessité a été rappelée par la pandémie de Covid-19. Elle invite à ne pas oublier l'énergie déterminée et les produits d'une pensée souveraine et souverainiste ayant conduit à la prise de conscience de nos fragilités et insuffisances constatées entre les mois de mars et juillet 2020. La mise en œuvre et la réussite de solutions audacieuses proposées par les auteurs nécessitent l'identification des forces sociales nationales de toutes obédiences capables de les porter, les moyens de les mobiliser et les alliances à développer pour créer des ruptures qui transcendent les mandats et les séquençages temporels qui leur sont liés. La qualité des auteurs et leur engagement bénévole pour cette œuvre dont la plupart ont déjà une notoriété et une reconnaissance de leurs compétences rajoutent à la crédibilité de cet ouvrage. L'Initiative RASA qui constitue une communauté épistémique au service de l'Afrique réussit ici, en collaboration avec l'Initiative prospective agricole et rurale (IPAR), une grande prouesse.

Dr Ibrahima Dia

Sociologue et environnementaliste

RÉSUMÉ EXÉCUTIF

La pandémie de Covid-19 a exacerbé les défaillances des systèmes politiques et économiques à l'œuvre au Sénégal. Alors qu'il est relativement épargné par la crise sanitaire, il s'est retrouvé dans des difficultés économiques et alimentaires liées aux goulots d'étranglement dans les chaînes de valeurs. Ce qui met en évidence la fragilité du modèle de la petite économique ouverte adoptée dans le cadre de l'ajustement structurel. Par ailleurs, la Covid-19 a dévoilé au grand jour d'autres problèmes structurels tels que les inégalités et la pauvreté. Toutefois, les crises ne provoquent pas seulement le chaos. Elles offrent également l'opportunité d'un débat prospectif sur les nouveaux défis, horizons et ambition collective d'une nation. Ainsi, pour sortir du syndrome de la crise, le Sénégal se doit de définir les voies et moyens à mettre en œuvre pour construire un système socioéconomique résilient. Dans ce contexte, il est question de proposer des alternatives à ce qui a été pendant longtemps appliqué en conformité au diktat néolibéral. À présent, le mot d'ordre est bien connu : « Nous ne retournerons pas à la normalité, car la normalité était le problème. »

Les contributions de cet ouvrage ont formulé des propositions dont la mise en œuvre par l'État pourrait garantir une souveraineté économique et alimentaire, une forte capacité de résilience et davantage d'équité sociale.

Le livre adopte un paradigme alternatif qui hybride économie immédiate et bioéconomie comme cadre de définition des politiques économiques. L'économie immédiate, réification de l'« ici et maintenant », se focalise sur l'immédiateté temporelle et spatiale. Économie de proximité, elle favorise les liens sociaux et des systèmes d'échanges locaux, permettant ainsi de réarticuler les politiques économiques aux valeurs de références locales, spirituelles et sociétales. Ce paradigme s'inscrit dans une pensée qui centralise les territoires et leurs potentiels situés. Plutôt que de poursuivre l'application de politiques macroéconomiques faisant l'hypothèse d'une homogénéité des comportements (rationalité de l'homo-œconomicus) et des territoires, l'économie immédiate invite à valoriser le « *thinking small* », le local, ses spécificités, ses hétérogénéités, ses interdépendances humaines et environnementales. Il s'agit, pour chaque option de politique économique, de répondre au préalable aux questions : « Où produit-on les biens ou services ? » et « Où les consomme-t-on ? ». En définitive, l'immédiat réduit le degré d'extraversion de l'économie, en misant sur l'inclusion sociale et territoriale, d'une part ; et en contribuant à la réduction des facteurs de vulnérabilité, d'autre part.

La bioéconomie, articulée à la déconnexion, inscrit la préoccupation écologique au centre de la réflexion et de la décision politiques, notamment en ce qui concerne l'exploitation des ressources pétrolières et gazières. La question du maintien de l'équilibre de la biodiversité ne saurait être l'apanage des pays développés uniquement. Elle ne saurait également être mise en abstraction, au nom des urgences quotidiennes, dans les pays en développement. La crise sanitaire a rappelé que l'économique n'est pas une sphère exogène à l'environnement, mais un sous-système de la biosphère. La bioéconomie est ici appréhendée comme un analyseur permettant de penser une économie du vivant. Le modèle sous-jacent transcende les secteurs primaire (qui produit la biomasse), secondaire (qui la transforme grâce aux biotechnologies) et tertiaire.

L'économie sénégalaise post-Covid-19 sera souveraine ou ne sera pas

L'extraversion et la dépendance de l'économie sont les deux contraintes majeures qui freinent l'économie sénégalaise. Les contributions convergent vers un constat d'absence de souveraineté économique. Pour récupérer sa souveraineté, le Sénégal devra avoir pour axiome l'économie relationnelle et le recentrage sur les priorités endogènes qui s'expriment. Les propositions portent sur le secteur agricole et la souveraineté alimentaire, la pêche, l'industrialisation, l'économie informelle, l'entrepreneuriat, l'économie numérique, l'économie des ressources pétrolières et gazières, la valorisation du secteur privé national et le financement de cet ensemble.

Un secteur agricole productif et garant d'une souveraineté alimentaire. La crise de la Covid-19 a une fois de plus montré l'inefficience du fonctionnement de notre secteur agricole qui peine à couvrir les besoins nutritionnels du pays ainsi qu'à soutenir le développement d'un tissu industriel. Les recommandations qui font suite à ce constat mettent en évidence des mesures fortes permettant de se doter d'un secteur agricole fort et inclusif. Cela passe par une augmentation substantielle du budget alloué à l'agriculture, une poursuite des efforts d'investissement, la mise en place d'une banque alimentaire, la création de filières intégrées donnant la priorité aux chaînes de valeurs alimentaires et l'accompagnement du financement de la recherche-développement, la valorisation de l'agriculture de proximité au travers des exploitations familiales paysannes et la promotion de l'utilisation de l'assurance indicielle auprès des petits producteurs.

Une meilleure prise en charge des chaînes de production halieutique, de la pêche artisanale notamment. Les acteurs de la pêche artisanale ont été fortement touchés par les mesures prises pour endiguer la propagation du virus. Cette crise, en même temps, souligne l'urgence d'accompagner la pêche artisanale, en mettant l'accent sur : une restructuration encadrée du secteur de la pêche artisanale par la création d'un cadre de concertation, la mise en place d'un fonds spécial de gestion des calamités.

Une industrialisation intégrée à différentes filières pour répondre à la demande locale en priorité. Avec le PSE, l'idée de développer ce secteur a été orientée vers un appel aux capitaux étrangers par le truchement de l'attraction des IDE, en misant sur les zones économiques spéciales. Cette formule a sans doute fait ses preuves dans beaucoup de pays en développement, comme l'Éthiopie, mais la crise sanitaire a montré ses limites. En fait, ce modèle ne garantit pas une souveraineté économique et accentue la dépendance vis-à-vis de l'extérieur. Les recommandations portent sur des mesures qui permettent de sortir de la sous-industrialisation désarticulée et extravertie pour un modèle industriel plus résilient et inclusif. Plutôt que de miser sur une industrialisation lourde avec les IDE, il faudra favoriser une industrialisation légère fondée sur la transformation des produits agricoles. Créer une industrie navale nationale et multidimensionnelle porteuse de souveraineté et gage du consommé local, de création d'emplois et de richesse, de maîtrise technique et de technologique. La production halieutique nécessite un secteur naval performant permettant de générer des économies d'échelle. **Construire une industrialisation basée sur le potentiel immédiat des territoires**. Une industrialisation sensible à l'économie immédiate mise sur la transformation des produits bruts disponibles et hautement stratégiques. **Développer une industrie biotechnologique**. Dans le modèle de la bioéconomie, la biomasse produite par le secteur primaire (agriculture, pêche, foresteries) est transformée grâce aux biotechnologies qui se positionnent en alternative à l'industrie des ressources fossiles.

Mettre l'économie informelle au cœur des politiques publiques. Au Sénégal, l'ADN de l'économie est l'informel. Pour cette raison, il faut penser sa place dans les politiques publiques, sachant qu'elle polarise plus de 95 % du tissu des entreprises. Par conséquent, elle ne doit plus être marginalisée. Réorganiser l'économie informelle en misant sur le processus d'incubation des entreprises naissantes, plutôt que sur la contribution fiscale pour conduire les acteurs de l'informel à se formaliser. La stratégie consiste à les inciter à contribuer à la Caisse de sécurité sociale. Cette démarche permet de : promouvoir des emplois décents dans ce secteur tout en élargissant l'assiette de la Caisse de sécurité sociale ; promouvoir l'entrepreneuriat solidaire et le *« social business »,* en direction des jeunes et des femmes ; faire de l'innovation frugale un vecteur de développement des économies réelles. L'innovation frugale vise à créer des biens et services pour satisfaire aux besoins endogènes compte tenu des moyens et ressources disponibles dans l'immédiat temporel et spatial.

Faire de l'économie numérique un moteur de croissance et d'inclusion, en soutenant l'élargissement de l'accès et de l'utilisation des services numériques, en particulier l'Internet haut débit. La Covid-19 a montré dans tous les pays du monde l'intérêt de disposer d'infrastructures technologiques fortes pour le développement de l'économie numérique. Pour le cas du Sénégal, la promotion de l'économie numérique nécessite : une mobilisation suffisante de ressources par l'État pour mener des opérations accessibles de renforcement des capacités sur l'usage d'Internet et d'autres objets connectés. Cette potentialisation doit s'adresser à tout demandeur, notamment aux illettrés de toutes les couches sociales, de connivence avec les mouvements associatifs et les autres regroupements à la base. Une coopération entre l'État et les opérateurs mobiles pour la maîtrise des rouages d'usage du Mobile

Banking et surtout du commerce électronique afin de mieux en valoriser les rendements d'échelle.

Une exploitation déconnectée des ressources pétrolières et gazières. Avec le début de l'exploitation du pétrole et du gaz, le Sénégal devrait, une fois de plus, renforcer sa souveraineté sur ces ressources. Les retombées de leurs exploitations devraient profiter, dans une large mesure, à l'économie sénégalaise en renforçant son secteur privé et en favorisant un développement soutenable sur le plan humain et environnemental. Les recommandations suivantes sont explosées dans ce travail : renforcer le contenu local sur l'exploitation des ressources pétrolières et gazières. Tout au long des chaînes de valeurs de l'exploitation de ces ressources, l'État devra promouvoir la création de PME et de PMI nationales en instaurant un niveau d'intégration et de transfert de compétences aux entreprises étrangères qui exploitent ces ressources ; segmenter les marchés du pétrole et du gaz et leur conférer des fonctions différentes. Le pétrole trop polluant peut être une source de rentrée de devises, puisqu'il s'exporte bien et facilement. Le gaz pourrait occasionner l'approfondissement de la recherche en direction des *smart cities* comme *Masdar* à Abu Dhabi, ville écologique modèle, la première au monde à être construite pour une vie zéro carbone et zéro déchet. Utiliser une partie des ressources issues de l'exportation du pétrole et du gaz pour financer la recherche fondamentale et favoriser le développement de la biotechnologie. Les ressources extractives sont épuisables et peuvent accentuer la dépendance à l'extérieure. Pour créer une économie déconnectée, la biotechnologie peut être envisagée comme alternative à moyen et long terme, notamment en appuyant le secteur de la « recherche et développement ». **Le secteur privé national doit être promu en levier pour la transformation structurelle et la souveraineté économique.** Dans ce sens, l'État devrait contribuer à sa fortification en mettant en œuvre les mesures suivantes : **imposer**

aux investisseurs étrangers une obligation d'intégration des PME locales dans toutes leurs chaînes de valeurs, notamment dans la grande distribution, les BTP, le pétrole et le gaz... ; **impliquer le secteur privé national dans le financement de l'économie** sans lui concéder un désarmement fiscal qui serait inefficace et désastreux pour le futur. À ce niveau, l'État doit faire preuve de transparence et de rigueur dans la gestion des fonds reçus.

Militer en faveur d'un moratoire sur la dette commerciale et d'une annulation pure et simple de la dette bilatérale et multilatérale. Pour la relance de l'économie, le Sénégal devra, en concert avec les autres pays africains, porter la plaidoirie de l'annulation de la dette auprès des clubs de Paris et de Londres. Toutefois, l'essentiel des ressources est à mobiliser à l'intérieur du pays.

Mettre en place des mécanismes de mobilisation et de valorisation des envois des migrants. Pour le financement de l'économie, les envois des migrants peuvent être orientés vers le financement des projets à forte valeur ajoutée. À cet effet, des mécanismes financiers innovants doivent être mis en place.

Une sortie urgente de l'UEMOA est nécessaire, car elle ne constitue pas un cadre permettant la mobilisation des ressources réelles et financières à ses pays membres. Le FCFA, ainsi que l'ECO, la future monnaie de la CEDEAO présentée comme une alternative, ne procurent pas assez de marges de manœuvre pour conduire des politiques économiques souveraines. La monnaie nationale est un préalable à toute mobilisation des ressources domestiques et elle permettrait d'avoir une politique monétaire et de change en phase avec les exigences de développement. Privilégier le financement et l'endettement en monnaie nationale.

Renforcer les infrastructures sociales et administratives pour une société prospère et équitable. L'économique à lui seul n'est pas capable de créer une société résiliente aux chocs. Le fonctionnement des systèmes économiques est tributaire de la performance observée dans les secteurs sociaux et institutions politiques et administratives. Telle est l'une des grandes leçons de cette crise sanitaire. C'est dans ce sens que les recommandations dans ce rapport portent sur l'éducation, la santé, la gestion administrative et de communication.

Restructurer le système éducatif. L'éducation, compte tenu des effets de la pandémie sur ce secteur, sera l'un des grands enjeux en matière de réformes et d'investissement pour l'ère post Covid-19. Dans ce rapport, les recommandations pour un système éducatif performant sont les suivantes : instaurer le multilinguisme dans le système éducatif ; produire et intégrer dans les curricula de l'école des contenus sur la base des enseignements des grandes figures spirituelles ; mettre fin à la discrimination envers l'enseignement religieux et la maltraitance des enfants ; concevoir un système éducatif national à l'aune d'un projet de société. Ce projet devrait être celui d'une société d'enracinement et d'ouverture, c'est-à-dire qui est une synthèse à la croisée des traditions africaines endogènes et des influences arabe et française. Il devra également résulter d'un consensus national, à l'image des assises nationales.

L'intégration des *softs skills* dans les curricula de formation. Les *softs skills* sont des compétences humaines, sentimentales et affectives qui permettent de relever les défis, de dépasser les difficultés et d'instaurer les conditions favorables au mieux vivre ensemble. Éduquer à la promotion du leadership communautaire et relationnel pour libérer les potentiels d'ingéniosité et de créativité et surtout la soif d'engagement de l'humanité grâce à un leadership transformationnel dont celui communautaire.

Dans le domaine de la santé, les acquis devront être consolidés dans les domaines où des progrès importants ont été réalisés, en particulier l'espérance de vie à la naissance, la mortalité infanto-juvénile, la mortalité néonatale et la mortalité maternelle.

Des politiques publiques cohérentes et efficientes qui fortifient les liens entre professionnels qui se focalisent sur la prévention et l'anticipation. Pour cela, il est important de créer un cadre consultatif avec les différents acteurs afin d'éviter les grèves répétitives qui plombent les performances du secteur. Mieux valoriser le capital humain dont dispose le Sénégal pour conduire des politiques de santé exemplaires. Le Sénégal dispose pour cela d'abord, de l'une des meilleures facultés de médecine et de pharmacie de la Francophonie, de bonnes institutions de formation des cadres intermédiaires, des centres de recherche bien adossés aux normes internationales avec des chercheurs pointus mais limités par la modestie des financements.

Une gestion administrative axée sur la prospective. L'administration publique devra adopter comme ligne de conduite la prospective dans la définition et l'orientation de ses politiques publiques. L'idée est de s'inscrire dans une temporalité ex-ante et dans une posture toujours préventive et non réactive. Mieux articuler les échelles de gouvernance territoriale. Pour cela, il faudra que la décentralisation soit portée par une administration déconcentrée et suffisamment neutre pour conduire les politiques en toute transparence. **Pour un et un seul Conseil de gestion des urgences et d'orientation stratégique.** Un Conseil de gestion des urgences et d'orientation stratégique, profondément scientifique et à cheval entre application, planification et anticipation, constitué de chercheurs, de hauts-fonctionnaires, de spécialistes… peut jouer les liaisons harmonieuses pour conduire des actions stratégiques et idoines en situation d'urgence. **Distinguer la communication de**

l'information en situation de crise. Mettre en place une politique régulière de production et de suivi des données sur toute l'étendue du territoire. Les administrations centrale et décentralisée doivent œuvrer de concert avec l'ANSD pour produire des données régulièrement mises à jour dans tous les domaines afin de créer une base de projection réaliste et probante des politiques publiques. Le numérique doit être davantage mobilisé, avec la biométrisation dans l'Administration, pour une production massive de données.

INTRODUCTION

Par Cheikh Oumar BÂ, Muhammad BÂ,
Cheikh GUÈYE et Abdourahmane NDIAYE

La crise sanitaire et ses conséquences sociales, économiques, politiques et géopolitiques nous obligent à penser les défis post Covid-19 que devra affronter le Sénégal.

Ce livre se veut une contribution stratégique majeure aux solutions envisageables pour un Sénégal post Covid-19 prospère et résilient. Il est structuré autour d'idées portées aussi bien par des universitaires, des acteurs de la société civile que ceux de la société politique. Il ne s'inscrit pas dans un formatage académique, il se veut pragmatique et authentique. Les pistes qui y sont explorées insufflent des alternatives crédibles, entendues comme les leviers d'une transition vers un modèle de développement inclusif, démocratique, populaire et résilient.

Le Président de la République, Macky Sall, lors de son adresse du 3 avril 2020 à la Nation, a signalé que des secteurs comme le tourisme, l'hôtellerie la restauration, les transports, le commerce, la culture, les bâtiments et travaux publics, entre autres, sont durement affectés et que la croissance économique du Sénégal soutenue sur plusieurs années est brutalement freinée et passera de 6,8 % à moins de 3 %. Quelques semaines plus tard, les prévisions deviennent encore plus pessimistes avec des prévisions de croissance tournant autour de 1 % voire moins.

Des opérateurs économiques, des instituts de recherche et des mouvements sociaux alternatifs, partout dans le pays, ont fait des sorties médiatiques pour faire comprendre aux autorités qu'au-delà de la gestion immédiate de la crise, qui concentre légitimement l'urgence santé, l'enjeu est en effet de penser un nouveau modèle viable économiquement, équitable socialement, durable écologiquement, tout en étant basé sur des valeurs séculaires endogènes.

C'est le référentiel de nos politiques publiques qui doit être ainsi refondé pour permettre la prise en compte de l'ensemble de ces dimensions. Ce moment historique inédit que nous vivons doit aussi être une opportunité pour interroger notre modèle de développement, car la crise a mis en lumière ses fragilités, ses vulnérabilités et ses failles.

Cela suppose de définir un horizon pour l'après-crise : préparer un redémarrage qui tienne compte des erreurs du passé pour ne pas les reproduire, réévaluer nos priorités et nos besoins, avec le souci du long terme, dans le respect de nos engagements environnementaux, libertés publiques, valeurs culturelles et droits sociaux. Dès lors qu'il ne s'agit pas de relancer le système à l'identique, un devoir de réflexion stratégique et prospective s'impose à nous pour opérer une véritable rupture.

En effet, c'est en partant du principe de faire de cette pandémie une opportunité pour réfléchir en profondeur sur la situation du pays que l'équipe Sénégal du Rapport Alternatif Sur l'Afrique (RASA) a jugé nécessaire de réunir des propositions de solutions et des pistes de réflexion par la publication d'un travail collectif adossé à une vision renouvelée et prospective du Sénégal post Covid-19.

Le découpage du livre est organisé autour de plusieurs grandes familles de questionnements, certains inspirés par la crise et d'autres de réflexions continues, et qui ont vocation à conduire à une redéfinition plus large des politiques publiques et de leurs priorités.

Quelles interactions entre humains-nature et mondialisation-pandémies ?

Parmi les deux mille (2 000) maladies infectieuses et parasitaires affectant l'espèce humaine, 60 % ont une origine animale. L'émergence de ces maladies peut elle-même être liée à la pression qu'exercent les humains sur les écosystèmes, notamment lorsque des forêts sont détruites, que des animaux sauvages sont braconnés ou mis en contact avec des animaux d'élevage, regroupés en grand nombre. Les évolutions de nos modes de vie, dont les modes alimentaires et d'habitat, aggravées par les effets des changements climatiques, bouleversent les équilibres naturels et augmentent les risques de transmission de pathogènes. Dans un monde ouvert où la mobilité est une caractéristique essentielle d'équilibre de l'espèce humaine, ces transmissions se transforment rapidement en pandémies mondiales. C'est ce qui s'est passé pour le Covid-19.

Les approches systémiques de la santé (One Health, santé environnementale) permettent d'appréhender ces interactions, d'imaginer comment mieux se prémunir des risques et de repenser nos relations avec la nature, qui ne peut plus être vue uniquement comme une ressource.

Quelles attentes à l'égard de la puissance publique face aux risques ?

La crise a transformé, au moins temporairement, les priorités de l'action publique, les hiérarchies entre les missions et les fondements des arbitrages entre les logiques de coût, d'effectivité ou d'efficience et de protection contre les risques. Elle a également instauré un « état d'urgence sanitaire », restreignant la liberté de circulation des citoyens. Qu'en restera-t-il après la pandémie ? Ce sont notamment les logiques d'anticipation, de prévention des risques et de régulation des acteurs qui sont ici questionnées. De quoi l'État peut-il vraiment nous protéger ? Quelle portée donner au « principe de précaution » ? Quel coût sommes-nous collectivement prêts à payer pour nous protéger de risques extrêmes (terrorisme, épidémie, crise financière, panne électrique ou informatique de grande ampleur, attaque chimique, guerre, etc.) ? Comment accroître l'adaptabilité et la résilience des services publics ? Qu'est-ce que la puissance publique doit nous garantir et comment peut-elle s'organiser pour ce faire ? Que peut-elle exiger de nous ? Enfin, quelles missions faut-il qu'elle prenne en charge elle-même, au nom de la souveraineté, et que peut-elle déléguer sans dommages aux acteurs privés et au marché ?

Quelles interdépendances et quelles formes d'autonomie à différentes échelles ?

La pandémie actuelle est révélatrice de la fragilité de nos systèmes économiques, de plus en plus complexes et interdépendants. Les problèmes d'approvisionnement apparus avec cette crise nous forcent à nous interroger sur notre dépendance stratégique à l'égard du reste du monde (en produits pharmaceutiques et dispositifs médicaux) et mettent en exergue la vulnérabilité du système mondialisé actuel. Sans occulter les élans de solidarité, il est possible d'assister, dans les prochaines années, à une « démondialisation », dont une composante majeure, les échanges de marchandises, a déjà quasiment été engagée. Ce processus pourra nous conduire à ré-questionner les notions de frontières et de souveraineté.

Quel modèle social pour « faire avec » nos vulnérabilités ?

Si le virus est « démocratique et décomplexé », en ce qu'il expose directement ou indirectement toute l'humanité, il n'en affecte pas moins les individus de façon différenciée suivant leur âge, état de santé antérieur, exposition à d'autres facteurs de risques environnementaux, conditions de vie ou de travail.

Ses conséquences, y compris le confinement, exacerbent les inégalités de revenu, d'éducation et de logement. Beaucoup de ceux (et surtout de celles) qui sont au travail actuellement, aux postes essentiels, sont aussi potentiellement les plus vulnérables. De ce point de vue, la vulnérabilité est à la fois universelle et inégalitaire, et les enjeux de certains métiers et statuts sont brusquement mis en relief (personnels soignants, techniciens de surface, employés de commerces, ouvriers et techniciens des services publics mobilisés, indépendants fragilisés, précaires exposés, cadres et employés pouvant faire du télétravail...). L'écart apparu au grand jour entre les métiers essentiels à la continuité de la vie sociale et leur position pour la majorité en bas de l'échelle des salaires pourrait inviter à repenser nos priorités et la valeur qu'on accorde à ceux qui y répondent. Sont ainsi posées la question de notre modèle social et, in fine, celle de notre modèle de société.

Quelle voie pour une économie soutenable ?

Face à la crise sanitaire, et en particulier à l'arrêt de l'économie imposé par le couvre-feu et la réduction de la mobilité interurbaine, le gouvernement a mis en place, dans le cadre du Programme de résilience économique et sociale (PRES), un fonds de réponse de 1 000 milliards de francs CFA destiné à soutenir le système de santé (64,4 milliards de francs CFA), à renforcer la résilience de la population par une aide alimentaire visant un million de ménages (69 milliards de francs CFA) et à soutenir le secteur privé (300 milliards de francs CFA). Le plan de relance doit intégrer les préoccupations environnementales et plus généralement de soutenabilité. Ce sera aussi l'occasion de questionner la cohérence de nos politiques d'investissement et d'innovation.

Les niveaux de dépenses publiques franchiront de fait un nouveau palier, qui nous oblige à poser la question de leurs modalités de financement, dans une perspective de justice et de soutenabilité : dette, fiscalité, monnaie et intervention des banques centrales ?

Quelles relations entre savoirs, pouvoirs et opinions ?

La pandémie, pour être maîtrisée, nécessite une réponse rapide des pouvoirs publics. Les scientifiques ont été extraordinairement réactifs dans le séquençage du virus et l'élaboration de tests. Mais la prise de conscience par les scientifiques puis par les décideurs publics ne semble pas avoir été à la hauteur de l'ampleur du danger épidémique ; ce qui a alimenté l'incompréhension d'une partie de l'opinion publique. Les débats autour de la chloroquine et des préjugés sur l'expérimentation des vaccins en Afrique ont accru les doutes et alimentent les controverses. L'articulation entre chercheurs et décideurs publics, centrale dans la gestion de cette crise, ne pouvait qu'être difficile tout au moins au début de la pandémie. Elle a conduit à des interrogations renouvelées sur les liens entre décisions politiques, opinions publiques et savoirs scientifiques, renvoyant à ce que les Anglo-saxons désignent par *evidence informed policy making (élaboration de politiques fondées sur des données probantes) !* La crise a aujourd'hui mis en lumière la nécessité de baser les décisions politiques sur des évidences scientifiques. Ce qui pose la question de la place des sciences sociales et comportementales dans le processus d'aide à la décision. Plus généralement, l'ensemble de ces questionnements mérite d'être transposé à d'autres grands défis économiques, sociaux et environnementaux, comme le changement climatique ou l'érosion de la biodiversité.

Nouveaux usages, nouvelles interrogations sur la place du numérique

La pandémie a incité à plus de résilience. Pratiquement du jour au lendemain, des millions de salariés ou d'indépendants sont passés en mode télétravail. Des millions de personnes se sont mises à l'enseignement à distance ou à la téléconsultation. Jamais une telle évolution ne se serait produite si vite et avec une telle ampleur sans cette crise. Et du jour au lendemain aussi, mille formes de sociabilité en ligne se sont développées. Au-delà de la capacité d'adaptation, des populations se posent la question d'inégalités de compétences numériques, d'équipement et d'accès aux réseaux. Qu'en faire pour repositionner le Sénégal au-delà du Covid-19 ?

Ces changements majeurs de la vie en société n'ont pu se produire que parce que l'infrastructure a globalement tenu. Mais cette situation impose aussi de réexaminer sa robustesse, sa capacité de résilience face aux chocs en portant des volumes d'activité considérablement accrus, et de résister à des risques techniques et à des agressions délibérées. Il s'agit bien de créer les conditions d'une réelle souveraineté numérique et de réévaluer notre dépendance aux grandes plateformes globalisées.

Demain, au sortir de la crise, se posera avec acuité une nouvelle question, celle de l'adoption éventuelle des techniques de suivi, de traçage et de mise en quarantaine des personnes contaminées ou fragiles grâce à des applications sur leurs téléphones portables. L'enjeu en termes de libertés publiques est considérable.

Le fait que l'espace numérique ne soit pas la réplique exacte de l'espace sur lequel les nations exercent traditionnellement leur souveraineté fait qu'en réalité, aucun pays ne peut prétendre appliquer sa souveraineté dans son espace numérique. Le Sénégal, comme tous les pays, a des lois et se donne les moyens de les faire appliquer. Cependant, il faut reconnaître que pour ce qui est de l'espace numérique, notre contrôle est souvent limité par un déficit de moyens technologiques et notre souveraineté est parfois corsetée par des réglementations venant de l'étranger qui s'imposent naturellement à nos entreprises et à nos citoyens du fait simplement qu'il n'y ait aucune alternative nationale. La maîtrise de l'espace numérique est de moins en moins l'affaire des États et de plus en plus celle des Gigas entreprises du numérique. Ce qui revient à dire que nos États doivent construire des monstres numériques et s'appuyer sur eux pour dérouler leur politique de « souveraineté numérique ».

La souveraineté numérique est une fiction qui ne doit pas mobiliser les débats et les énergies. Il faut plutôt se concentrer sur la maîtrise de l'espace numérique qui passe nécessairement par une convergence entre les intérêts de l'État, du secteur privé et des citoyens. Il faut une stratégie cohérente qui fasse que les plateformes qui collectent les données des citoyens sénégalais soient le plus possible des plateformes sénégalaises soumises à nos lois et conformes à nos valeurs et à notre modèle de société. Dans les autres cas de figure, il faudrait faire en sorte qu'il y ait un contrôle par l'État du Sénégal. Le chantier est vaste et les aspects juridiques et technologiques sont de loin les leviers les moins cruciaux. La priorité, c'est une vraie révolution mentale qui place notre culture au cœur de nos préférences. Les choix des politiques, des entreprises et ceux des citoyens doivent nourrir un écosystème numérique qui ne soit pas extraverti. Il faut des ponts de confiance entre l'État et le secteur privé national. Si nous parvenons alors à ce stade, comme pour les Chinois, comme pour les Japonais, comme pour les Américains, la question de la souveraineté numérique sera reléguée au rang des discussions accessoires.

De plus en plus, les services consulaires chargés de délivrer les visas dans nos pays sous-traitent la collecte des données à des sociétés tierces qui sont contractualisées en dehors de nos frontières. Ainsi, nos populations payent des frais de services et soumettent à ces tiers les données les plus intimes de leur vie alors que seul le destinataire final devrait avoir accès à ces informations pour décider de donner ou de ne pas donner le visa. Devons-nous continuer à sponsoriser la dissémination des données de nos populations vers qui veut ou doit-on commencer à bâtir des stratégies pour apporter ou susciter des alternatives ? Au demeurant, la question de l'endroit où se trouvent les serveurs est une distraction si on la compare à la propension de n'importe quel acteur à collecter des données des populations d'un pays. Avoir des réponses africaines à ces questions est plus valable que de se barricader à coup de lois dans nos frontières sans avoir la force de faire considérer nos préoccupations.

La construction de la zone de libre-échange continentale est une occasion pour élaborer un dispositif réglementaire cohérent qui peut favoriser la création de valeurs endogènes pour soutenir les économies africaines et les protéger. Ces enjeux sont prioritaires, car tout retard accusé se rattraperait difficilement. Les réglementations ont pour vocation de protéger des industries ou de favoriser leur éclosion. L'Afrique doit être très vigilante, car la prochaine décennie finira de répartir le numérique entre les gagnants et les perdants.

La promotion du nom de domaine (. SN) ne correspond pas ipso facto à un renforcement de la position du Sénégal dans l'espace numérique. L'Administration et le gouvernement doivent absolument porter le pavillon (. SN). Ils doivent aussi bénéficier d'une qualité de service et d'un niveau de sécurité irréprochables. En revanche, l'activité économique n'est pas dans ce registre. Elle doit se déployer en fonction des intérêts qui souvent se conjugueront en dehors des limites étriquées de l'espace national. Dans tous les pays du monde, particulièrement les pays abritant les géants du numérique, les domaines nationaux se limitent à l'usage des administrations. Je pense donc qu'il faut sans doute faire en sorte que toutes les administrations interagissent avec des (.SN), tandis que les initiatives privées naviguent selon leur intérêt dans les extensions de noms de domaine qui leur conviennent.

Les contributions rassemblées dans ce livre proposent des pistes de résilience et de souveraineté post Covid-19 pour le Sénégal. En conformité avec le slogan « penser global, agir local », les conséquences des crises écologiques globales se manifestent au niveau des territoires[1] et appellent des réponses locales. C'est ce qui justifie la reterritorialisation des solutions envisagées aux questions environnementales. Outre les coûts générés par la production des biens de consommation sur l'environnement en termes d'émission de gaz à effet de serre, bilan carbone, perte de biodiversité et destruction de la nature, nous mesurons de plus en plus les effets néfastes de la recherche de la croissance sur la santé et le métabolisme social. La crise sociale que traversent nos sociétés humaines ré-interpelle nos modes de consommation, de production et d'habiter. Elle montre que les approches du développement mobilisées véhiculent des risques inhérents au fonctionnement du système capitaliste. L'opulence des sociétés capitalistes « avancées » ne protège pas d'une catastrophe sanitaire. Le consumérisme, moteur du bonheur selon l'orthodoxie, est défini comme un mode de consommation individualiste, dépendant du marché, quantitativement insatiable, envahissant, hédoniste, axé sur la nouveauté et faisant usage des signes autant que des choses. Dans la vision d'une société de consommation de masse et du consumérisme débridé, la croissance et son corollaire, le productivisme sont perçus comme les principaux leviers du progrès social. Pourtant, ils opèrent en facteurs de fragilités des écosystèmes biologiques et sociaux.

---

[1] Nous définissons le territoire comme un ensemble de relations fonctionnelles (d'échanges et de production), hiérarchiques (de domination) et sociales (de cohésion, de confiance réciproque, de coopération, d'appartenance).

Or, au risque de provoquer d'autres crises de cette ampleur, il faut sortir du consumérisme tous azimuts. La crise à laquelle nous assistons est celle de l'Anthropocène, l'ère géologique actuelle, qui signifie littéralement « l'âge de l'Homme ». Elle est caractérisée par des signes visibles de l'impact de l'être humain sur son environnement, en particulier sur le climat et la biosphère. Nous savons qu'elle résulte davantage des modes de vie débridés des pays « développés », de la dévastation de la biodiversité et de la réduction de l'habitat naturel d'espèces vivantes non humaines.

Nul ne sera épargné des effets d'une crise climatique d'ampleur. La pandémie démontre la nécessité absolue de changer notre rapport à l'écologie, à la surconsommation, aux excès économiques et industriels de toute nature, en somme notre rapport au monde, qui nous exhorte à sortir de l'équation fausse « davantage de croissance et de consommation, c'est davantage de bonheur ».

Ce livre de solutions met l'accent sur les stratégies portées par les différentes parties prenantes du développement socioéconomique pour un Sénégal post Covid-19 désirable. En élargissant la focale, on rejoint la posture épistémique proposée par Philippe Hugon (1999, p. 5) qui postule : « L'économie du développement n'est pas seulement l'application à un champ particulier des outils d'analyse économique universels (gestion de la rareté, allocation des ressources sous contraintes…), elle est aussi un questionnement de ces outils obligeant à ouvrir la "boite noire" des structures sociales et à avoir le regard de la longue durée »[2]. C'est donc par une approche des dynamiques économiques réelles que l'on peut saisir la complexité africaine. C'est ce qui amène Béatrice Hibou et Boris Samuel (2011) à définir la « macroéconomie par le bas »[3].

---

[2] Hugon, P. 1999. *L'économie de l'Afrique*, Éditions La Découverte, collection Repères n° 117.

[3] Hibou, B. et Samuel, B. 2011. « Macroéconomie et politique en Afrique », *Politique Africaine*, vol. 4 n° 124, p. 5-27.

Les auteurs en rappellent deux éléments fondamentaux (p. 6-7) : d'abord, ils présentent une approche qui aborde la macroéconomie « par les pratiques, processus de formation au quotidien, acteurs, quelle que soit leur position au sein de la hiérarchie sociale ». D'autre part, ils considèrent qu'« il ne s'agit pas d'opposer des experts (...) aux profanes, (...) des élites (...) aux subalternes. Au contraire, tous les acteurs sont sujets de la macroéconomie lue par le bas, parties prenantes à la production macroéconomique comme processus social ».

Dans la première partie de cette réflexion collective qui a l'ambition de ré-enchanter le Sénégal post-Covid-19, un état des lieux sanitaire, économique et social de la pandémie est proposée. Moubarack Lô et Amaye Sy procèdent à l'ouverture de cette partie par l'exposition des scénarios d'évolution possibles de la trajectoire d'émergence du Sénégal à l'horizon 2023. Les analyses présentées par les auteurs s'appuient sur les visions officielles du Gouvernement en tenant compte du contexte international et des scénarii sanitaires envisageables. Ils montrent au travers d'une batterie d'indicateurs macroéconomiques que l'épidémie affecte négativement la croissance économique au Sénégal.

Dans cette même perspective, El Hadji Mounirou Ndiaye focalise sa contribution sur l'économie politique du Plan Sénégal émergent (PSE) en pointant ses limites et ses insuffisances. Selon lui, trois leviers permettront au Sénégal post Covid-19 de mieux scruter l'avenir. Le premier est l'agriculture qui permettra d'assurer une souveraineté alimentaire par une relocalisation de la production agricole. Mais les produits sénégalais (riz, oignon, pommes de terre, arachide, etc.) souffrent de sérieux problèmes de qualité qui limitent le potentiel d'exportations, et incitent les consommateurs à préférer les produits importés. Ce qui soulève la question des efforts devant être consentis pour réaliser une compétitivité-qualité, la quête fondée sur des économies d'échelle, notamment par l'amélioration de la productivité agricole de l'ensemble des filières productives. Dans le PSE post-Covid-19, le secteur agricole s'impose plus que jamais comme la priorité des priorités de l'État. Le défi majeur est d'abord de gagner le pari de la hausse substantielle du budget annuel alloué à l'agriculture, au moins en respectant les 10 % de Maputo, dès l'année 2021.

Participant à cette controverse, le Professeur Moustapha Kassé, quant à lui, propose un diagnostic sans concession des orientations du Fonds de solidarité et de riposte décidé par le Président de la République, Macky Sall, lors de sa première adresse à la Nation en mars 2020. Avant de discuter du bien-fondé des choix qui sont opérés par la puissance publique, la contribution s'interroge sur les origines des ressources susceptibles d'alimenter le fonds de riposte. L'analyse montre que les crises du système capitaliste sont toujours supportées par le plus grand nombre et leur réparation toujours financée par l'argent public, c'est-à-dire le contribuable, alors que les bénéfices des entreprises ne sont jamais socialisés. Selon l'Union africaine, la Covid-19 devrait entraîner une baisse des recettes d'exportation de l'Afrique d'environ 200 milliards de dollars, soit une perte de la moitié de son PIB avec une baisse de sa croissance de 3,2 % à environ moins de 2 %. Les causes se situent dans la perturbation des chaînes d'approvisionnement mondiales, la détérioration des revenus, la diminution des exportations et des importations de biens intermédiaires, qui affectent directement les systèmes productifs. Les processus d'intégration seront ralentis, voire stoppés, ainsi que la mise en œuvre de certains projets comme la Zone de libre-échange continentale africaine (ZLECAf) et les programmes intégrateurs de l'Agenda 2063. Aussi, la baisse des prix des matières premières entraînera des pressions budgétaires pour la plupart des pays et notamment le Sénégal. Les lois du capitalisme se soucient très peu du social avec la sublimation du marché comme forme suprême de la coordination économique alors même que celui-ci est myope à la fois pour les pauvres et les inorganisés que sont nos économies désarticulées et dépendantes. C'est pourquoi nos recherches actuelles se polarisent sur la problématique de « l'économique à l'épreuve du social ». La question essentielle pour le Sénégal est celle du financement de son système social et notamment l'école et la santé.

Au-delà du Fonds de solidarité et de riposte érigé dans l'urgence pour circonscrire la propagation du virus, rompre ses canaux de transmission et soulager les conséquences ravageuses de la pandémie, la question du financement des transformations structurelles s'est posée de manière renouvelée avec une grande acuité. Dans les débats qui ont suivi, le traitement de la dette a été une pomme discorde. Pour les uns, l'annulation de la dette extérieure publique donnerait un bol d'oxygène aux pays les moins avancés. Alors que pour d'autres, même le rééchelonnement des dettes publiques serait contreproductif. Contribuant à cette controverse, Abdou Diaw propose, comme sources de financement du développement, l'annulation de la dette extérieure et la mobilisation des envois de fonds des migrants. Pour nous du RASA, l'annulation reste une priorité pour libérer le développement ! Dans cette même veine, Thierno Thioune s'interroge sur les voies et moyens de juguler la sous-industrialisation en renforçant le système sanitaire. Selon lui, il faut non seulement réduire les exportations de capitaux sous forme de service de la dette soit par une annulation pure et simple de la dette pour libérer le développement soit la rééchelonner. Les moyens ainsi récupérés permettront de bâtir un modèle économique résilient.

Cheikh Guèye, Cheikh Ahmadou Bamba Diagne et Alioune Dione proposent comme levier de transformations structurelles pour un développement résilient, l'économie immédiate. Selon ses auteurs, s'inspirant du modèle d'émergence thaïlandais, le Sénégal peut potentialiser l'économie immédiate en la reconnaissant comme un reflet des spécificités culturelles, des modes de production, de consommation et d'échange. Elle peut constituer un jalon décisif contre l'extraversion de l'économie et conduire aux transformations tant souhaitées.

En complément ou en prolongement de l'économie immédiate, Cheikh Ahmadou Bamba Diagne propose une nouvelle économie génératrice d'une souveraineté structurelle. Cette proposition part du postulat de la centralité du secteur informel comme levier de souveraineté. C'est en quelque sorte une lecture novatrice des économies réelles. Ce modèle se fonde sur : le maintien des écosystèmes naturels, la contestation de l'approche d'une croissance extravertie, la réorientation de l'économie vers la production et la consommation responsables, l'investissement dans la santé publique, la libération de la propriété intellectuelle et la réduction des inégalités. Cette perspective invite à un retour de l'intervention de l'État.

La seconde partie du livre de solutions explore des stratégies sectorielles et/ou transversales. Ces stratégies ont pour ambition de redonner au Sénégal une marge de manœuvre au sein de cette mondialisation prédatrice. Dans cette veine, Abdourahmane Ndiaye et Muhammad Bâ prospectent une approche inédite centrée sur la bioéconomie. Leur modèle se veut autocentrée, résiliente et transformatrice. Les auteurs explorent les transformations structurelles souhaitables pour le secteur secondaire. Pour faire de l'industrialisation un moteur de développement résilient, les pistes proposées rompent avec les stratégies faisant des ressources minérales le moteur de la stratégie d'exportation d'une petite économie ouverte, modèle d'extraversion incapable de restituer au Sénégal sa souveraineté. La perspective souverainiste retenue part d'une différenciation entre pétrole et gaz pour aboutir à dessiner un mode de développement recentré, bioéconomique et résilient. L'industrialisation doit d'abord répondre aux besoins de l'agriculture et de la société. Les exportations ne doivent pas en être le seul objectif.

Élimane Haby Kane propose une analyse stimulante sur les conditions nécessaires pour une gouvernance souveraine des ressources minérales. La contribution commence par une analyse des limites d'une gouvernance conduite par le marché. Cette option offre une vision des rapports de partenariat qui mérite d'être révisée pour se séparer d'une logique d'économie de marché et construire un nouveau cadre de référence à partir des besoins et aspirations des peuples, dans un contexte où les ressources appartiennent juridiquement et sociologiquement au peuple. Il esquisse les contours d'une gouvernance souveraine qui met les intérêts du peuple en avant en convoquant des logiques de contenu local.

Mohamet Diop introduit le concept d'innovation frugale comme bifurcation vers des technologies endogènes, adaptées et peu onéreuses. L'innovation frugale est une représentation de plus en plus courante dans les économies en développement, mais avec une littérature peu développée dans les pays d'Afrique subsaharienne. En effet, la réalité du phénomène d'innovation dans les économies en développement rentre difficilement dans les grilles d'analyse standards et conduit, si l'on n'y prend garde, à un système piégé dans une zone où les faiblesses respectives de la capacité d'absorption et des mécanismes d'accès aux technologies étrangères se renforcent mutuellement. Dans ce contexte, les innovations issues d'un savoir-faire local revêtent un caractère « informel » avec un contenu de connaissances élémentaires.

L'élan vers des innovations frugales devrait amener à exploiter l'économie maritime du Sénégal. D'autant que le littoral sénégalais s'étend sur 700 km et correspond à la façade maritime de 6 régions administratives. Par conséquent, l'activité économique de la pêche contribue à hauteur de 7,1 % au PIB du secteur primaire en 2017 (Mballo, 2018)[4]. Sa valeur commerciale est évaluée à hauteur de 272 466 milliards de FCFA en 2018 et son potentiel d'emplois directs et indirects s'élève à plus de 600 000 (DPM, 2018)[5]. Considérer la mer comme une ressource stratégique des transformations structurelles devrait amener le Sénégal à devenir un hub naval. La contribution de Samba Ndiaye est un plaidoyer vibrant pour la valorisation d'une économie de la construction navale et non pas seulement de la pêche.

La contribution de Rougyatou Kâ propose une analyse des premiers effets de la crise sanitaire sur les systèmes de pêche artisanale au Sénégal. Elle s'appuie sur des enquêtes qualitatives auprès des acteurs (pêcheurs, mareyeurs et transformatrices) réparties dans six (6) centres de pêche de trois régions stratégiques dans la production halieutique artisanale : les centres de Mbour, Joal et Cayar de la région de Thiès, le centre de Saint-Louis de la région du même nom et les centres de Yoff et Rufisque de la région de Dakar.

Considérant l'agriculture comme un pilier central d'une économie périphérique, Mame Mor Anta Syll, Ahmadou Ly, Omar Cissé Sow et Lena Weingärtner examinent les défis mais aussi les opportunités pour l'assurance agricole indicielle au Sénégal. Le constat puise sa source du fait que l'épidémie de Covid-19 a induit plusieurs déséquilibres supplémentaires dans le secteur du financement agricole. Ce qui remet l'assurance agricole au cœur de

---

[4] Mballo, D. 2018. « Les espèces halieutiques les plus exploitées au Sénégal », https://www.vivafrik.com/2018/08/04/des-especes-halieutiques-les-plus-exploitees-au-senegal-a18696.html

[5] Direction des Pêches Maritimes (DMP). 2018. Rapport des résultats généraux des pêches maritimes de 2018.

la problématique du financement de l'agriculture de par sa capacité à sécuriser les contrats de prêts et à renforcer la confiance entre les acteurs. Le point de rupture qu'introduit l'assurance agricole indicielle est que les indemnisations ne sont pas déclenchées par l'estimation des dommages subis par l'assuré, mais plutôt par la variation d'un indice préalablement défini sur la base de facteurs supposés être corrélés avec ces dommages, tels que les données climatiques, le niveau de développement des cultures ou la moyenne historique par zone de rendements. La mise en place de l'assurance agricole indicielle aura un impact décisif sur les politiques de souveraineté alimentaire.

La pandémie est une crise multiforme. Comme toute crise, son issue demeure incertaine. En tout état de cause, elle nous offre une fenêtre d'opportunité, un véritable point d'inflexion, si des actions audacieuses de rupture sont engagées dès maintenant. Prolongeant cette discussion, Ibrahima Hathie met en perspective une politique alimentaire qui met en exergue le fait qu'aujourd'hui, la question alimentaire interpelle l'État, les organisations professionnelles agricoles, le secteur privé et les citoyens, et sa résolution requiert un repositionnement des agricultures paysannes familiales, en mettant la priorité sur le marché intérieur. Après une revue des options passées et de leurs résultats mitigés, l'auteur esquisse une politique alimentaire inclusive et durable qui s'appuie sur une priorisation des chaînes de valeurs alimentaires, le financement de la recherche et de la vulgarisation agricoles en appui au développement des chaînes de valeurs, l'affirmation d'options agroécologiques allant dans le sens d'une agriculture résiliente de proximité et une gouvernance multisectorielle et multi-acteurs.

Une troisième et dernière partie thématise les questions de gouvernance, politiques et éthiques. Elle introduit une dimension axiologique comme analyseur des discours et des positionnements stratégiques. Dans ce sillage, Doudou Ndiaye part du constat que les chiffres officiels diffusés par le gouvernement du Sénégal sont, selon toute vraisemblance, largement sous-estimés. Cette minoration peut s'expliquer par la difficulté des structures de santé et du ministère de la Santé et de l'Action sociale (MSAS) à faire la part des choses entre ceux qui succombent à la suite d'une infection du coronavirus et les autres, dans un contexte sénégalais où l'autopsie est loin d'être obligatoire et systématique. Mais l'on peut penser que les autorités publiques aient cherché à donner une image rassurante d'un pouvoir qui maîtrise la situation, à l'image de la gestion globale de l'information diffusée et disséminée depuis le début de la pandémie. L'approche managériale et communicationnelle retenue est, selon Doudou Ndiaye, caractérisée par une démarche qui s'éloigne globalement des recommandations des méthodes consacrées de résolution de problèmes. Cette gestion de l'information a alimenté un jeu de positionnement politique et l'émergence d'individualités qui ont semblé disposées à jouer le rôle de nouveaux héros pour détrôner les anciens.

Serigne Momar Sarr, dans son travail, a mis le focus sur les ratés politiques, qui relèvent autant des personnes investies d'une mission de service public que de l'orchestration des politiques publiques et des tares congénitales à la gouvernance politique et démocratique. En effet, la gestion de la pandémie du Covid-19 au Sénégal a révélé des défaillances déjà connues de la gouvernance au quotidien. La réflexion présentée propose de s'attaquer à la racine profonde de ce mal qui perdure pour établir unc force de propositions structurelles et systémiques à même de contribuer à rendre le Sénégal désirable. La systémique ainsi commandée par la complexité de la réalité sociale se pose à la fois comme vision et outil de gouvernance.

Souleymane Seck interroge la notion des *soft skills*. Plus qu'un effet de mode, elles constituent des ressources internes permettant aux communautés humaines de relever des défis et de transcender des difficultés. Grâce à ces compétences que chaque membre de la communauté arrive à se dépasser pour évoluer dans sa vie et d'impacter la vie des Autres aussi bien au niveau professionnel que personnel. Contrairement aux compétences techniques (*hard skills*), les compétences comportementales sont transversales, utiles dans plusieurs situations différentes et accessibles à tous. Il s'agit plus précisément de l'intelligence émotionnelle dans ses dimensions stratégiques et expérimentales, la gestion du temps, le leadership, la collaboration, l'adaptabilité, l'innovation, l'esprit critique, l'empathie, l'altérité, l'altruisme, la communication, la productivité et la responsabilité, l'esprit d'entreprise... Pas besoin de diplôme pour faire preuve d'ingéniosité, de gestion des émotions, de proactivité ou d'organisation. Ce sont nos expériences de vie qui nous amènent à les développer. Dans ce moment post-Covid-19, ces *soft skills* doivent être convoquées. La question principale que soulève l'auteur est de savoir comment endiguer cette crise au-delà de l'appui de ces programmes de résilience proposés par l'État du Sénégal.

Cheikh Guèye, Abdoul Aziz Kébé, Penda Mbow, Fatou Kiné Camara, Bakary Sambe et Souleymane Gomis proposent une refondation du système éducatif, à partir d'une analyse sans complaisance mobilisant une approche systémique de l'éducation au Sénégal. Se fondant sur des introductions et présentations d'articles et de différents travaux, les auteurs introduisent plusieurs idées fortes qui doivent structurer toute réflexion stratégique et prospective sur la question. Selon eux, le principal problème du système d'éducation est qu'il ne s'adosse pas à un projet de société clairement défini et articulé à nos systèmes de pensée et de valeurs. La refondation doit être conçue et définie en rapport avec une société de synthèse à la croisée des traditions africaines endogènes et des influences arabe et française et faire l'objet d'un consensus national.

La reconquête de la souveraineté du Sénégal doit se concevoir à l'échelle nationale. Pour prendre en compte cette dimension, la prospective explore la question monétaire comme facteur central de souveraineté. Or, selon Ndongo Samba Sylla, le traitement de la question de la mobilisation des ressources locales est souvent faussé. D'une part, la distinction nécessaire entre la mobilisation des ressources réelles (foncier, main-d'œuvre, matières premières, équipements, capacités techniques et organisationnelles) et celle des ressources financières (les flux de financements divers) n'est pas souvent opérée. Même si les deux aspects sont liés, le premier est beaucoup plus important que le second. D'autre part, on ne distingue pas non plus les pays émetteurs de monnaie des pays utilisateurs. Les raisonnements habituels sur la question de la mobilisation des ressources sont déficients car ils se placent du point de vue des pays qui n'ont pas de souveraineté monétaire ou qui ont une souveraineté monétaire limitée. La question monétaire, tel qu'elle se pose, relève d'une logique qui traverse les frontières nationales. Le passage du Franc CFA à l'Éco (UEMOA ou CEDEAO) est une pomme de discorde entre les chefs d'État de la région.

La question de l'infrastructure sanitaire qualité régionale est une seconde source de préoccupation. La pandémie a démontré l'urgence à se doter d'infrastructures, de personnels, de matériels et de dispositifs mutualisés. Dans le chapitre intitulé « Financer l'infrastructure qualité régionale, une opportunité d'« investir dans notre souveraineté », Doudou Ndiaye étudie les conditions de possibilités d'une telle infrastructure, tout en analysant ses contraintes et limites.

L'on ne pourrait fermer ce livre sans évoquer la question de la vision misérabiliste que les politiques occidentaux et leurs médias collent au continent. Les notes et autres études qui ont circulé depuis le début de la pandémie prophétisent des effets « dévastateurs » du Covid-19 sur le continent. Ils s'appuient sur une même tendance : le continent est fait d'États fragiles ne pouvant développer suffisamment de résilience face à un tsunami de problèmes et de catastrophes comme cela s'est toujours déroulé lors des précédentes crises. Ce déterminisme structurel adossé à l'idée de « causalité historique » ne prend pas en compte la capacité des êtres humains à transgresser les lois et à déjouer les effets structurels qui peuvent naître de certains phénomènes sociaux, dès qu'ils en prennent conscience. C'est dans cette perspective que la contribution de Bakary Sambe, qui s'inscrit dans cette controverse, est riche de sens.

L'ÉMERGENCE DU SÉNÉGAL À L'ÉPREUVE DE LA COVID-19. QUELS SCÉNARIOS POUR 2023 ?

Par Moubarack LÔ et Amaye SY

I. Constats et hypothèses

Le Sénégal qui a connu son premier cas de Covid-19 le 2 mars 2020, n'est pas épargné sur le plan sanitaire et économique par la pandémie qui secoue le monde entier. Au 10 septembre 2020, le Sénégal a enregistré 14 150 cas confirmés de Covid-19 dont 10 207 guéris. Un cumul de 293 décès a été enregistré, soit un taux de létalité de 2,07 % parmi les cas confirmés.

À moyen terme, de grosses inquiétudes pèsent sur la mise en œuvre réussie de la seconde phase du PSE (2019-2023), étant donné que cinq mois après l'apparition du premier cas, les infections continuent d'augmenter jour après jour, même si le rythme a ralenti au cours des dernières semaines.

La présente contribution a pour objet de présenter les scénarios d'évolution possibles de la trajectoire d'émergence du Sénégal à l'horizon 2023, en tenant compte du contexte international et des scénarii sanitaires envisageables.

Sur le plan économique, une liste croissante d'indicateurs économiques montre clairement que l'épidémie affecte négativement la croissance économique mondiale à une échelle jamais connue depuis au moins la crise financière mondiale de 2008-2009. Selon le FMI[6], l'économie mondiale connaîtrait « sa pire récession depuis

[6] FMI, avril 2020, 'World Economic Outlook'.

la Grande Dépression, dépassant celle de la crise financière mondiale il y a dix ans ». De surcroît, les perspectives de croissance au niveau international sont soumises à de fortes incertitudes. L'Afrique subsaharienne a enregistré, entre mars et mai, un niveau de contraction de l'activité économique jamais enregistré. Dans l'UEMOA, selon les estimations du FMI[7], la croissance économique de l'Union devrait chuter de près de la moitié pour l'année 2020.

Le Sénégal n'est pas épargné. Pour l'année 2020, le taux de croissance du PIB projeté est fortement revu à la baisse par le Gouvernement (à 1,1 %).

En termes de perspectives à moyen terme, l'évolution économique sera tributaire de la situation sanitaire, de la conjoncture régionale et mondiale, ainsi que des comportements des différents acteurs nationaux.

Au Sénégal, la volonté de jouer un rôle stratégique dans le processus de développement du pays est une tendance lourde de l'État. Depuis l'indépendance, il initie des politiques de développement comme la série des plans quinquennaux de développement et les trois générations de documents de stratégie pour la réduction de la pauvreté (DSRP). Depuis 2014, l'État poursuit un plan de développement ambitieux, le « Plan Sénégal émergent » (ou PSE), qui comprend une série de réformes économiques, de projets et programmes et dont la première phase (PSE 1) a été mise en œuvre entre 2014 et 2018. Le PSE 1 a impulsé une nouvelle dynamique de croissance économique qui s'est située à 6,6 % en moyenne entre 2014 et 2018 contre 3 % entre 2009 et 2013. La seconde phase compte consolider et accélérer ces performances en portant le taux

[7] FMI, avril 2020, 'Sub-Saharan Africa Regional Economic Outlook'.

de croissance à 9,1 % en moyenne (réévalué à la baisse avec l'avènement de la Covid) entre 2019 et 2023.

Cependant, la crise de la Covid-19 et son impact jettent de réelles interrogations sur la capacité de l'État à dérouler ses actions en vue de la réalisation de ses objectifs. Ces incertitudes portent sur la (i) capacité de l'État à mobiliser les ressources internes et externes nécessaires, ii) la capacité à exécuter les ambitieux programmes notamment en matière d'industrialisation et d'autosuffisance alimentaire, (iii) la capacité à mettre en œuvre les réformes clés.

Pour ce qui le concerne, le secteur privé national est invité à jouer un plus grand rôle dans la phase 2 du PSE. Le gouvernement souhaite que la croissance soit plus portée par le secteur privé et également que cette croissance soit inclusive et créatrice d'emplois.

De fait, le rôle du secteur privé dans la stimulation de l'économie a été pendant longtemps limité en raison d'un climat d'investissement et des systèmes de gouvernance faibles et d'une mise en œuvre timide de réformes.

Toutefois, depuis quelques années, le secteur privé national est marqué par plusieurs avancées qui constituent autant de signaux faibles. Selon le diagnostic du Programme d'actions prioritaires 2 du PSE[8], la formation brute de capital fixe (l'investissement) portée par le dynamisme de l'investissement privé s'inscrit sur une tendance haussière, avec une croissance de 7,6 % en moyenne annuelle sur la période 2014-2018, contre 5,4 % dans la période (2009-2013). À la faveur des réformes du PSE 1, la productivité globale des facteurs a vu sa contribution à la croissance passer à 2,1 % entre 2014 et 2018 contre -1 % entre 2009 et 2013. Les exportations connaissent une forte progression, avec un taux de 9 %

[8] Ministère de l'Économie, des Finances et du Plan, décembre 2018, Plan Sénégal Émergent : Programme d'actions prioritaires 2019-2023.

en moyenne annuelle sur la période 2014-2018, contre 7 % de croissance sur la période 2009-2013. Le Sénégal a réussi à améliorer régulièrement la diversification de ses produits tout en élargissant la gamme de ses partenaires commerciaux. En particulier, il a diversifié ses exportations de produits alimentaires, de certains produits manufacturés (principalement du ciment), de produits chimiques et de mines, et en 2014, il a exporté 1 727 produits, soit une augmentation significative par rapport aux 1 284 produits exportés en 2000. Ses partenaires commerciaux sont également bien équilibrés, avec les pays d'Afrique de l'Ouest absorbant environ un tiers de ses exportations, le reste allant principalement vers l'Europe et dans une moindre mesure vers l'Asie. En conséquence, la part de marché du pays, en baisse constante dans le passé, s'est redressée en 2010 et a commencé à augmenter depuis lors.

La poursuite, le renforcement ou l'interruption de ces signaux encourageants enregistrés par le secteur privé constituent aujourd'hui des incertitudes majeures. Le comportement du secteur privé en matière d'investissement et d'emplois sera, dans une large mesure, déterminé par le scénario sanitaire qui se réalisera. Dans le scénario le plus favorable, l'investissement privé devrait poursuivre sa dynamique haussière, appuyé par les réformes et les investissements de l'État, la croissance du financement bancaire, le dynamisme des marchés intérieurs et extérieurs, la santé et la productivité préservées des travailleurs. Cette expansion de l'investissement devrait aller de pair avec une préservation de l'emploi voire sa hausse. Dans les autres scénarii, une baisse de l'investissement privé est hautement probable du fait de l'attentisme induit par les incertitudes liées à la durée de la crise sanitaire, d'une mise en œuvre limitée des réformes par l'État, d'une santé et d'une productivité affaiblie des travailleurs, d'un accès plus difficile aux financements bancaires à cause d'un accroissement du risque perçu par les banques, ainsi que d'une demande en biens et services intérieure et extérieure molle. Dans ce cas de figure, l'emploi devrait fortement en pâtir.

Du côté des ménages, les incertitudes concernent : (a) les transferts qui leur sont envoyés par la diaspora et qui sont un déterminant important de leur capacité à consommer et (b) leur motivation sur le lieu de travail qui impacte lourdement leur productivité et leurs revenus.

Les transferts des migrants constituent un déterminant important de la consommation des ménages. Les envois de fonds représentent 10 % du PIB au Sénégal et sont une source importante du revenu du ménage. Leur dynamique sera principalement guidée par le contexte économique des pays sources.

Le contexte sanitaire qui prévaudra risque d'avoir des conséquences significatives sur la motivation des travailleurs sur le lieu du travail. En effet, on peut envisager que dans le scénario sanitaire le plus favorable, la motivation des travailleurs est préservée et le contexte offre ainsi un potentiel d'augmentation de leur productivité. Dans le scénario intermédiaire, il est possible d'assister à un affaiblissement de la motivation des travailleurs. Cette situation limiterait une progression forte de leur productivité. Dans le scénario sanitaire le plus défavorable, la motivation des travailleurs pourrait être fortement affaiblie par le contexte. Cela entraînerait une baisse de leur productivité et de leurs revenus.

II. Les scénarii envisageables

La combinaison cohérente des sous-systèmes économie et santé permet de dégager trois scénarii d'évolution des perspectives économiques du pays à l'horizon 2023.

II—1. Scénario 1 : le PSE remis sur les rails

- **Le contexte sanitaire est celui d'un scénario vert** : dès 2020 et pendant une période prolongée, le pays ne compte plus de nouveaux cas, excepté ceux importés, détectés dès leur arrivée ou pendant leur période de confinement obligatoire.

- **La capacité de mobilisation de ressources et dépenses est conformes aux prévisions du PSE :** la part des ressources internes progresse, l'enveloppe des créanciers privés et publics est mobilisée de manière satisfaisante.

- **Les réformes du PSE sont fortement mises en œuvre :** le processus de réforme initié depuis 2014 en vue de générer des investissements privés de qualité à fort impact économique et social est poursuivi et renforcé.

- **Les choix de politiques sectorielles sont conformes à ceux du PSE :** les programmes d'amélioration de la production et de la productivité de l'agriculture ainsi que les actions de la nouvelle politique industrielle sont mis en œuvre.

- **La capacité d'investissement du secteur privé national est intacte :** les dynamiques d'investissement privé notées durant la première phase du PSE se poursuivent et se renforcent grâce à une amélioration de l'environnement des affaires à la faveur des réformes de l'État, l'amélioration du financement de l'économie par les banques, le dynamisme de la demande interne boostée par des hauts niveaux d'investissement public et de transferts de la diaspora.

- **Le secteur privé augmente sa pénétration dans le marché intérieur et ses parts de marchés extérieurs :** le secteur privé renforce sa capacité productive et sa couverture des marchés intérieurs et extérieurs.

- **Les créations d'emplois par le secteur privé s'accélèrent :** l'augmentation des investissements et des capacités productives du secteur privé va de pair avec une accélération des créations d'emplois.

- **Les travailleurs sont pleinement motivés :** la motivation des travailleurs est préservée et offre un potentiel d'augmentation de leur productivité.

II—2. Scénario 2 : le PSE partiellement mis en œuvre

- **Le contexte sanitaire est celui d'un scénario jaune** : le rythme des infections journalières sur tous les segments (communautaire, contact, importé) est stable pendant une période prolongée puis baisse lentement.

- **La capacité de mobilisation de ressources et dépenses est partiellement conforme aux prévisions du PSE :** les ressources internes, l'enveloppe des créanciers privés et publics sont moyennement mobilisés. Une hausse est notée dans les conditions de financement des marchés internationaux. Le niveau d'APD dans les secteurs autres que celui de la santé est plus faible que prévu. La perception du risque Sénégal par les créanciers privés augmente.

- **Les réformes du PSE sont partiellement mises en œuvre :** le rythme des réformes initiées depuis 2014 en vue de générer des investissements privés de qualité à fort impact économique et social est ralenti. Les réformes à fort coût politique comme celles relatives au foncier ou à la réglementation du travail sont reportées.

- **Les choix de politiques sectorielles sont partiellement conformes à ceux du PSE :** les ambitieux programmes d'amélioration de la production et de la productivité de l'agriculture ainsi que les actions de la nouvelle politique industrielle butent dans leur mise en œuvre sur la mobilisation partielle des ressources intérieures, l'appétence moyenne des investisseurs privés et des PTF.

- **La capacité d'investissement du secteur privé est moyenne** : le financement de l'économie par les banques et l'investissement privé ralentissent à la faveur de la baisse des perspectives de croissance, de la mise en œuvre incomplète des réformes par l'État et du recul de la productivité des travailleurs dû à une baisse de leur motivation.

- **Le secteur privé ralentit sa pénétration des marchés intérieur et extérieur :** l'augmentation de l'offre de biens et services n'arrive pas à relever significativement les parts de marchés domestique et extérieur du secteur privé national.

- **Les créations d'emplois par le secteur privé ralentissent :** la faible augmentation des investissements et des capacités productives du secteur privé ne permet pas une accélération des créations d'emplois.

- **La motivation des travailleurs est affaiblie par le contexte sanitaire :** cette situation limite une progression forte de leur productivité.

II—3. Scénario 3 : le PSE déréglé

- **Le contexte sanitaire est celui d'un scénario rouge** : le rythme des infections journalières sur tous les segments (communautaire, contact, importé) ne cesse d'augmenter. Ce scénario engendre un besoin de mise en place d'un programme spécial Covid-19 comme il en existe pour d'autres maladies durables (tuberculose, paludisme) pour la gestion des cas.

- **La capacité de mobilisation de ressources et dépenses par l'État est faible :** les ressources internes, l'enveloppe des créanciers privés et publics sont faiblement mobilisés. Un net durcissement est noté dans les conditions de financement au niveau des marchés internationaux. Le niveau d'APD dans les secteurs autres que celui de la santé baisse drastiquement. La perception du risque Sénégal par les créanciers privés augmente significativement.

- **Les réformes du PSE sont faiblement mises en œuvre :** le rythme des réformes initiés depuis 2014 en vue de générer des investissements privés de qualité à fort impact économique et social est interrompu.

- **Les choix de politiques sectorielles sont faiblement conformes à ceux du PSE :** les ambitieux programmes d'amélioration de la production et de la productivité de l'agriculture ainsi que les actions de la nouvelle politique industrielle ne sont pas mis en œuvre.

- **La capacité d'investissement du secteur privé est faible :** la morosité des perspectives de croissance, l'abandon des réformes par l'État, la baisse significative de la productivité et de la motivation des travailleurs dans un contexte sanitaire tendu font significativement baisser l'investissement privé et le financement de l'économie par les banques.

- **Le secteur privé national détériore sa position dans les marchés intérieurs et extérieurs :** le niveau de l'offre de biens et services entraîne un recul des parts de marchés domestique et extérieur du secteur privé national.

- **Les créations d'emplois par le secteur privé sont faibles :** le niveau des investissements et des capacités productives du secteur privé national entraîne de faibles créations d'emplois.

- **La motivation des travailleurs est fortement affaiblie par le contexte sanitaire :** cette situation entraîne dans son sillage une baisse de leur productivité.

III. Évaluation des scénarii en termes d'émergence économique

III—1. Chiffrage des scénarii d'émergence

Cette partie propose une évaluation chiffrée des conséquences de chaque scénario économique sur la trajectoire d'émergence du Sénégal aux horizons 2023 et 2028. Afin de connaître la position du Sénégal en termes d'émergence, nous nous appuyons sur la théorie et les indices d'émergence établis par Lô (2017)[9].

Pour l'évolution future du pays, trois scénarii économiques correspondant à ceux décrits plus haut sont testés. Le tableau suivant montre le chiffrage de chaque scénario au niveau des indicateurs de l'Indice synthétique d'émergence économique (ISEME).

[9] LO Moubarack (2017), « L'émergence économique des nations, définition et mesure », L'Harmattan Sénégal, mars 2017.

Tableau 1 : Niveau des indicateurs ISEME en 2023 selon le scénario considéré

Scénarios	2018	2023		
Indicateurs		**PSE déréglé**	**PSE partiel**	**PSE sur les rails**
PIB par habitant, (PPP constants US $ 2011)	3 066	3 005	3 239	3 555
Espérance de vie ajustée aux inégalités	54	57	60	62
Croissance du PIB par habitant (% annuel)	3,07	– 0,40	1,10	3,60
Croissance du PIB par tête	6,00	2,00	3,50	6,00
Formation brute de capital fixe (% du PIB)	23,50	20,00	23,50	24
Épargne brute (% PIB)	17,89	15,00	17,90	19
Solde budgétaire (% PIB)	– 3,39	– 8,00	– 6,50	– 5,00
Inflation (%)	0,90	5,00	3,00	2,00
Solde de la balance courante (% PIB)	– 6,49	– 8,00	– 5,00	– 3,00
Rendement des céréales (kg par hectare)	1 250	1 250	1 380	1 400
Industrie (y compris la construction), valeur ajoutée (en % du PIB)	23,25	23,00	25,00	26
Fabrication, valeur ajoutée (% du PIB)	17,59	17,60	20,00	21
Industrie moyenne et haute technologie (y compris la construction) (% de valeur ajoutée manufacturière)	21,65	21,60	23,00	24
Exportations du pays sur PIB pays (% moyenne 5 ans)	21,98	18,00	22,00	23
Exportations de moyenne et haute technologie (% exportations de produits manufacturés)	15,64	14,90	15,60	17
Indice de concentration	0,23	0,25	0,23	0,22
Exportations de biens manufacturés (% des exportations de biens.)	33,62	23,60	35,60	37
Exportations de services (% PIB)	5,41	3,00	5,41	6
Total IDE par tête pays sur 5 ans/Total IDE par tête échantillon sur 5 ans	0,002	0,002	0,002	0,002
IDE pays/PIB pays (%, moyenne 5 ans)	2,31	1,50	3,00	4,00

Source : Hypothèses du BPE.

Les résultats des simulations sur la trajectoire d'émergence du Sénégal à l'horizon 2023 évaluée à travers l'ISEME sont affichés dans le tableau 2.

- Dans le scénario le plus défavorable (PSE déréglé), le score ISEME du Sénégal s'affiche à 0,44 en 2023 contre 0,51 en 2018, soit une baisse de 0,7 point. Les performances sur les dimensions « dynamisme économique » et « insertion dans l'économie mondiale » enregistrent de fortes baisses. Le Sénégal se situerait sur un niveau d'émergence en-dessous de celui de 2005. Le taux de pauvreté augmenterait légèrement à 38,5 %[10] en 2023 (voir tableau 3) contre 37,8 % en 2018 (ANSD).

- Dans le scénario intermédiaire (PSE partiellement mis en œuvre), le score du Sénégal affiche un léger progrès en 2023 (0,53 contre 0,51 en 2018) à la faveur de la hausse de performances dans les dimensions « richesse inclusive » et « transformation structurelle ». Le taux de pauvreté baisserait légèrement à 35,6 % en 2023 (voir tableau 11) contre 37,8 % en 2018 (ANSD).

- Dans le scénario favorable (PSE sur les rails), le score du Sénégal enregistre un bon de 6 points par rapport à 2018. Toutes les dimensions de l'ISEME réalisent de fortes avancées. Le taux de pauvreté baisserait à 32,0 % en 2023 (voir tableau 11) contre 37,8 % en 2018 (ANSD).

[10] Calcul effectué sur la base d'un taux d'élasticité pauvreté/croissance du revenu par tête évalué à 0,93 au Sénégal.

Tableau 2 : Résultats des simulations sur l'ISEME selon le scénario en 2023

	2018	PSE déréglé	PSE partiel	PSE sur les rails
Richesse inclusive	0,38	0,39	0,41	0,43
Dynamisme économique dans un cadre macroéconomique sain	0,64	0,36	0,54	0,69
Transformation structurelle de l'économie	0,56	0,56	0,61	0,63
Insertion dans l'économie mondiale	0,46	0,38	0,49	0,52
ISEME	0,51	0,44	0,53	0,57

Source : Calculs BPE.

Tableau 3 : Résultats des simulations sur le taux de pauvreté national selon le scénario

Scénarios	**2018**	**2023**		
INDICATEURS		**PSE déréglé**	**PSE partiel**	**PSE sur les rails**
Taux de pauvreté (% de la population)	37,80	38,50	35,40	30 777

Source : Calculs BPE.

III.2. Facteurs-clés de succès

Les facteurs-clés de succès du scénario le plus favorable sont liés au contexte sanitaire, international, politique et sécuritaire au niveau régional et national et aux comportements de l'État et du secteur privé.

Sur le plan sanitaire, la maladie devra évoluer selon le scénario sanitaire optimiste qui prévoit une résolution rapide de la crise sanitaire au niveau national avec un nombre de nouvelles infections proche de zéro d'ici la fin de l'année. Cela pourrait passer par une gestion efficace de la crise sanitaire et/ou par la disponibilité d'un vaccin ou d'un traitement efficace.

Le contexte international doit être favorable pour permettre l'accès des acteurs nationaux aux marchés extérieurs et aux marchés financiers internationaux, l'arrivée des fonds de la diaspora, le concours des créanciers publics et privés ainsi que celui des investisseurs étrangers.

En outre, le scénario exige le maintien d'un climat politique et sécuritaire apaisé au plan national et régional.

Au niveau du comportement des acteurs, sa réalisation dépendra fortement des comportements des deux principaux acteurs de l'Économie que sont l'État et le secteur privé.

Le scénario favorable (PSE sur les rails) suppose une croissance moyenne de 6 % par an entre 2019 et 2023 qui passe par une reprise rapide de l'activité en 2021, 2022 et 2023, après le fort ralentissement de 2020 (avec un taux de croissance estimé à + 1,1 % en 2020).

Ce scénario anticipe la mise en œuvre des réformes ambitieuses prévues dans la seconde phase du PSE. Elles porteront principalement sur l'environnement des affaires, la fiscalité, l'énergie, l'Administration publique, le système éducatif et l'économie numérique. Elles permettront de libérer le potentiel de croissance et d'attirer davantage d'investissements privés étrangers (pour qu'ils atteignent 6 % du PIB en 2023 contre 2 % en 2018), notamment dans les secteurs de l'économie numérique, de l'énergie, de l'agriculture, de l'agro-industrie et des industries extractives (zircon, or, phosphates, fer, etc.).

Dans le domaine des infrastructures, les investissements de la phase 1 devront être poursuivis pour soutenir le secteur productif.

En effet, bien que des progrès aient été accomplis pour le développement d'infrastructures de transport de qualité, le classement actuel du Sénégal sur certains indicateurs de connectivité[11] reflète l'ampleur des défis à affronter. En outre, les actions devront être renforcées pour atténuer la congestion rampante à Dakar et dans d'autres centres urbains à croissance rapide qui entrave l'accès aux marchés, aux emplois et aux services, y compris les écoles et les établissements de santé. De plus, les améliorations au niveau du réseau de transport/logistique devront être poursuivies pour le rendre plus efficace, moins coûteux et plus diversifié.

Dans le domaine de l'agriculture, les efforts devront être renforcés pour augmenter la productivité agricole (le rendement des céréales progresserait au rythme de 4 % par an entre 2018 et 2023, contre une tendance récente de 3 % par an). Les investissements dans le domaine de l'agriculture pourraient concerner entre autres la mise en œuvre des agropoles, le renforcement des actions de modernisation du matériel agricole et d'amélioration des semences dans le programme agricole, la promotion de nouveaux jeunes entrepreneurs avec l'appui d'instruments de financement comme la DER.

Dans le secteur de l'industrie, le scénario intègre une forte augmentation de la valeur ajoutée de l'industrie et de ses exportations. En effet, le poids de l'industrie dans le PIB serait porté à 28 % en 2023 contre 23 % en 2018. Le taux de croissance de la productivité industrielle passerait de 2,9 % en 2018 à 10 % en 2023. En outre, la part des exportations de biens manufacturés sur le total des exportations de biens atteindrait 40 % en 2023 contre

---

[11] En 2018, la connectivité physique du Sénégal (transport et logistique) aux niveaux rural, urbain et régional a contribué à hauteur de 4,6 % au PIB (Banque mondiale), et le pays s'est classé 141e sur 160 selon l'indice de performance logistique de la Banque mondiale, contre 132e en 2016.

33 % en 2018 et la part de la valeur ajoutée manufacturière dans le PIB se situerait à 25 % contre 18 % en 2018. Pour aider le secteur privé à atteindre ces objectifs, l'État devra compléter la mise en œuvre des plateformes industrielles, des agropoles et des paris industriels prévus dans la phase 2 du PSE. L'État pourrait également envisager d'aligner les exigences d'exportations assignées aux entreprises dans les différentes Zones économiques spéciales et de promouvoir l'import-substitution dans ces zones, à l'effet de répondre à la demande interne.

Dans les secteurs sociaux, l'État devra accentuer ses actions pour garantir une croissance économique inclusive et soutenable. Dans la santé, les acquis devront être consolidés dans les domaines où des progrès importants ont été réalisés, en particulier l'espérance de vie à la naissance (67 ans en 2016, contre 60 en moyenne en Afrique subsaharienne (ASS), la mortalité infantile (34 pour 1000 naissances vivantes en 2016 contre 53 en ASS), la malnutrition chronique ou le retard de croissance chez les enfants de moins de 5 ans (de 30 % avant 2000 contre 17 % en 2016). Une attention particulière devra être portée sur les indicateurs pour lesquels le pays est toujours à la traîne, à savoir la mortalité infanto-juvénile (qui a augmenté entre 2014 et 2017 passant de 54 ‰ à 56 ‰), la mortalité néonatale (qui a également connu une hausse, passant de 19 % en 2014 à 28 % en 2017) et la mortalité maternelle. Dans l'éducation, les investissements de l'État devront soutenir en priorité le relèvement des taux d'accès qui restent encore faibles[12] et la qualité du système éducatif.

Dans le numérique, l'État devra soutenir l'élargissement de l'accès et de l'utilisation des services numériques, en particulier de

[12] Les taux bruts de scolarisation (TBS) au Sénégal restent faibles, se situant en 2018 à 83 % pour l'enseignement primaire, 44 % pour le secondaire et à peine 11 % pour le niveau supérieur.

l'Internet haut débit, pour promouvoir l'esprit d'entreprise, l'inclusion financière et le développement d'une économie numérique inclusive.

Par ailleurs, le scénario optimiste repose sur la capacité de mobilisation des ressources publiques conformes aux objectifs du PSE. Le déficit public est attendu entre 3 % et 5 % en 2023 dans le scénario le plus favorable. L'atteinte de ces objectifs passera par l'expansion du tissu productif et de la base fiscale, l'augmentation de la part des ressources internes, le renforcement des actions de rationalisation des dépenses, la diminution des dépenses fiscales, ainsi que la poursuite de la modernisation du système de recouvrement.

Du côté du secteur privé, l'investissement devra poursuivre et renforcer sa dynamique haussière appuyée par les réformes et les investissements de l'État, la croissance du financement bancaire, le dynamisme des marchés intérieurs et extérieurs, la santé et la productivité préservées des travailleurs. Cette expansion de l'investissement devra aller de pair avec une préservation de l'emploi voire sa hausse.

PROBLÉMATIQUES, ENJEUX ET DÉFIS ÉCONOMIQUES DU PSE POST COVID-19

Par Elhadji Mounirou NDIAYE

De la primauté de l'action économique de l'État

De la crise économique provoquée par la pandémie de la Covid-19, on peut retenir trois enseignements majeurs : la vulnérabilité des interconnexions économiques internationales, l'importance d'un niveau significatif d'autonomie sur le plan des besoins primaires et le rôle suprême que l'État joue dans l'économie quel que soit son degré d'insertion au capitalisme mondialisé. À la suite des travaux de Wagner (1872[13]) et de Keynes (1936[14]) sur le rôle des dépenses publiques dans la croissance économique, la plupart des travaux d'économie contemporains établissent le rôle de premier plan que l'État doit jouer dans l'économie. Mais Hayek (1941[15]) avait bien averti que l'inefficacité de l'État est plus grave que l'inefficacité du marché. Le défi de l'État est donc d'optimiser l'action de premier plan qu'il est censé faire, suivant le but ultime d'accroître les créations de richesses, de réduire la pauvreté et les inégalités. Les travaux théoriques et empiriques ont aussi indiqué

---

[13] Wagner, A. 1872. « Fondements de l'économie politique ». Traduction Léon Polack (1904), publiée sous la direction de Alfred Bonnet, Bibliothèque internationale d'économie politique.

[14] Keynes a théorisé les effets multiplicateurs des dépenses publiques (Keynes, J.M. 1936. « Théorie générale de l'emploi, de l'intérêt et de la monnaie. » Traduit de l'anglais par Jean de Largentaye, Éditions Payot, Paris). La loi de Wagner prédit que la part des dépenses publiques dans le produit intérieur brut (PIB) est une fonction croissante de l'amélioration du niveau de vie et que la part des dépenses publiques dans le revenu national augmente sous l'influence de l'industrialisation.

[15] Hayek, F.A. 1941. "The Pure Theory of Capital". Cistá teória Napitálu (1941).

que le problème majeur des pays africains est la maigreur de leurs moyens et l'absence d'économies d'échelle et d'envergure dans leurs faibles mobilisations de ressources publiques et privées. Cette situation implique un autre problème qui s'exprime par un manque d'insertion à l'économie mondiale.

Le défaut de compétitivité des produits africains, notamment agricoles, s'explique essentiellement par les faibles volumes de production qui, rapportés aux inputs mobilisés, nécessitent un coût moyen assez élevé. En face de ces produits africains, les règles du jeu commercial international de l'Organisation mondiale du commerce (OMC) sont constamment transgressées par les pays riches qui appliquent un protectionnisme déguisé depuis le General Agreement on Tariffs and Trade (GATT, 1947). L'Europe, les États-Unis, le Japon et maintenant la Chine, n'ont jamais caché les subventions qu'ils accordent à leurs secteurs agricoles, pour la compétitivité internationale de leurs produits. Les travaux de Jacques Berthelot (2012[16]) montrent que les politiques protectionnistes et de dumping de l'UE laminent les efforts de construction d'une économie ouest-africaine. Aujourd'hui, pendant que le ralentissement du commerce international est la principale cause d'une profonde récession économique mondiale causée par la pandémie de la Covid-19, le débat économique s'oriente de plus en plus vers le regain d'intérêt pour une autonomie accrue sur le plan économique.

Dans le contexte actuel de réflexion sur le PSE post Covid-19, l'État du Sénégal est interpellé sur d'autres problématiques

---

[16] Voir en particulier, Berthelot, J. 2012. « Enjeux et stratégies pour bâtir des agricultures paysannes durables basées sur la souveraineté alimentaire en Afrique subsaharienne », in Bernard Founou-Tchuigoua, B. et Ndiaye, (dir.). *Réponses radicales aux crises agraires et rurales africaines. Agriculture paysanne, démocratisation des sociétés rurales et souveraineté alimentaire*, Éditions CODESRIA, p. 169-234.

lancinantes qui sont au centre de l'objectif de transformation structurelle de son économie. Les perspectives de production de pétrole et de gaz ne doivent pas conduire le Sénégal dans la fausse voie d'émergence de certains pays africains, comme le Nigéria ou le Gabon, qui ont eu à privilégier des exportations significatives d'hydrocarbures bruts avec des recettes non maîtrisées évoluant à la merci des fluctuations du dollar et d'autres facteurs exogènes, causant des baisses intempestives des cours du pétrole. Ces pays souffrent actuellement de la baisse drastique des cours du pétrole, constatée depuis le mois de mars 2020. L'exploitation du pétrole et du gaz sénégalais est un atout supplémentaire qui ne doit avoir d'effets d'éviction sur aucun autre secteur comme ce fut le cas avec le tourisme dans les années 1960-1970 qui a évincé d'autres activités dans la Petite Côte et au Sine Saloum où l'accentuation actuelle de la pauvreté s'explique par le déclin de l'activité touristique.

Ce présent article suggère une vision alternative sur le plan économique, en apportant les ruptures essentielles nécessaires dans l'élaboration du PSE post Covid-19. Après une introduction qui montre le rôle plus que jamais prépondérant que l'État doit jouer dans l'économie, la première section aborde la méthodologie de planification en relation avec les anomalies notées dans l'élaboration de la phase 1 du PSE. Elle va déboucher sur un sommaire bilan de cette première phase, afin d'identifier et de proposer les principaux moteurs qui doivent être prioritaires dans le cadrage global des prochaines phases, notamment après le désastre post Covid-19. La conclusion fait une ouverture sur un certain nombre d'hypothèses indispensables, telles que les changements de mentalité, le remodelage des liens de coopération et l'utilisation de la prospective et des données pour guider les choix publics.

I. Des antécédents méthodologiques de planification aux effets Covid-19 : tirer les leçons pour une meilleure stratégie sur le plan économique

La crise économique liée à la Covid-19 a remis en cause plusieurs paradigmes d'analyse, jusque-là dominants dans la pensée économique. Elle a également fait rejaillir les idées nationalistes et de souveraineté telles que les ont clairement exprimées les États-Unis et la France sur le plan sanitaire. Elle a également montré les grandes vulnérabilités qui caractérisent les relations économiques internationales. La chute vertigineuse des débouchés internationaux des multinationales a causé un effondrement de l'activité économique avec plusieurs milliers de milliards de dollars US de pertes depuis février 2020. Elle a, enfin, montré que le modèle dominant d'accumulation du capital a montré ses limites et qu'il doit être remis en cause, rien qu'en constatant le grand dévoilement d'actions sociales, non conformes à la logique capitaliste, qui a été opéré dans tous les États touchés par la crise. L'économie mondiale s'est inscrite dans une logique de fonctionnement qui corrobore les théories keynésiennes sur le rôle des États, de même que les idées marxistes sur la dimension sociale devant être le fil conducteur de toute action économique dans les sociétés humaines. La Covid-19 a ainsi momentanément réhabilité la fibre morale de la théorie économique que l'orthodoxie libérale avait fini par anéantir. Elle a aussi indiqué une voie révolutionnaire de gestion des conjonctures très désastreuses.

En plus des leçons tirées de la crise des *subprimes* de 2008, le commun des mortels sait maintenant que les gouvernements peuvent mobiliser des fonds massifs en un temps record pour s'occuper d'une terrible conjoncture, de la même manière que la priorité sociale est actuellement la cible de toutes les actions économiques des États. Plusieurs activités dites non essentielles ont été suspendues. Cette même approche de priorisation sectorielle peut être valable lorsqu'un État choisit d'arrêter plusieurs autres travaux sur une année et de consacrer une part importante de ses ressources à une priorité momentanément ciblée. Chez les États africains, les actions de résilience contre la pandémie de la Covid-19 ont mis à nu les influences négatives longtemps suspectées des lobbies occidentaux sur leurs options de politique économique. Les capitaux publics et privés étrangers injectés en Afrique ont souvent été accompagnés de conditionnalités sur leurs options de politique économique, qui ont constamment réduit leurs marges de liberté en termes de choix d'investissements publics. C'est pourquoi les États africains ont perpétuellement besoin de prétexte pour justifier de choix d'investissements qui auraient dû normativement être les leurs en période normale.

C'est ainsi que dans le contexte de la pandémie de la Covid-19 au Sénégal, les arriérés sur la dette intérieure vont subitement être épongés pour 302 milliards de FCFA ; certaines entreprises en difficulté devaient bénéficier de 200 milliards de FCFA d'annulation de dettes fiscales ; le tourisme de l'injection de 100 milliards de FCFA, quand la santé devait avoir une dotation spéciale de 64,4 milliards de FCFA et l'assistance aux populations vulnérables 69 milliards de FCFA[17]. Ces actions, si elles sont bien exécutées, vont avoir en une année un impact socioéconomique supérieur aux retombées du PSE depuis 2014. La différence est qu'ici, la pandémie de Covid-19 devient une opportunité économique en servant de prétexte pour s'occuper des priorités, des urgences économiques du pays et d'injecter, rien que pour l'économie nationale, 1000 milliards de FCFA de dépenses publiques avec leurs effets multiplicateurs sur le PIB. Et si l'État sénégalais pouvait décréter qu'après la mobilisation de 1000 milliards de

[17] Il s'agit des dépenses prévues dans le cadre du fonds publics de riposte Force Covid-19, lancé en mars 2019.

FCFA pour le fonds Force Covid-19 en 2020, il va engager 1 000 autres milliards de FCFA de résilience sur le plan agricole en 2021 et 1 000 milliards de FCFA sur les plans technologique et numérique en 2022, et ainsi de suite ? Et pourquoi le PSE post-Covid-19 ne peut-il pas être pensé de cette manière, dès lors que, comme on peut le constater, la mobilisation des 1 000 milliards dans le cadre du fonds de riposte Force Covid-19 ne pose aucun problème par ailleurs ? La première phase du PSE a certes mobilisé des ressources publiques, mais celles-ci ont largement été consacrées à des investissements non prioritaires, piétinant ainsi les plus élémentaires vérités de la pyramide de Maslow.

Ce n'est plus un secret que, chantage sur la dette commerciale et corruption massive aidant, les lobbies internationaux s'organisent à perpétuellement trouver des débouchés à leurs produits en Afrique, au détriment de la production locale sur laquelle d'importants efforts de relance ont été fournis ces dernières années. Le cas du Sénégal est parfaitement illustrateur. Des produits comme le blé qui ont des substituts parfais au niveau local, comme le mil et le maïs, sont toujours massivement importés. Il en est de même pour le riz, l'oignon et la pomme de terre, sur lesquels la production locale peut couvrir l'essentiel des besoins nationaux. Les lobbies chinois s'activent pour écouler leurs marchandises qui ont mis à terre artisanat et petite industrie locaux, les lobbies occidentaux continuent de s'activer pour qu'il y ait de grandes constructions d'infrastructures largement exécutées par leurs multinationales, les lobbies indiens et américains ont réduit en intermédiaires les acteurs sénégalais en s'accaparant l'essentiel des chaînes de valeurs de la filière des anacardes. Cette liste est loin d'être exhaustive, mais elle permet d'avoir une idée de la diversion perpétuelle qui est à l'œuvre contre les pauvres pays d'Afrique, de connivence avec leurs dirigeants, pour assouvir les intérêts capitalistes et voraces d'une oligarchie financière et commerciale internationale pilotée à partir des pays riches, où les populations se sentent de plus en plus victimes de ce même système. Cette réalité est la principale gangrène qui a rendu inefficaces tous les plans de développement comme le PSE.

Il est temps que les dirigeants africains se libèrent des modèles de réussite, qui leur sont perpétuellement vendus (dragons, émergence, pays industrialisés, etc.) destinés à canaliser leurs énergies à la satisfaction des intérêts des multinationales occidentales. C'est après que des pays, comme le Japon, ont emprunté des voies appropriées pour faire décoller leurs économies, que ces modèles inadaptés sont proposés aux pays africains, sous le seul dessein de s'accaparer les commandes de leurs économies. De même que des indicateurs quantitatifs, certes intéressants mais dénués de sens immédiat, comme l'Indice de développement humain (IDH) et le Doing Business, ont conduit le gouvernement du Sénégal, à gaspiller beaucoup d'énergies à l'embellissement des grandeurs macroéconomiques. Le seul bénéfice en est d'accéder à l'aide extérieure redevenue le cercle vicieux qu'elle était dans les années 1990 et érigée en source privilégiée de financement des déficits publics. L'émergence n'est pas un objectif sur lequel se focaliser. Elle n'est pas un événement, mais un processus qu'il faut enclencher avec une stratégie spécifique (Lô, 2013[18]). Selon Alioune Sall[19], « l'émergence n'est ni un plan, ni un produit que l'on va vendre pour trouver des financements, mais un processus de transformation de l'économie, de la société et de la culture. On ne peut pas assigner à l'émergencc un horizon temporel précis. Nulle part les choses ne se sont déroulées ainsi ».

---

[18] Lô, M. 2003. *Le Sénégal émergent : agenda pour le futur*, Éditions Walfadjri, Afrique Challenge 2013.

[19] Réaction publique sur le Plan Sénégal émergent (PSE) en 2014.

Les pays asiatiques dits émergents dès les années 2000, comme Singapour, Taiwan, Inde, Brésil et d'autres, se sont inscrits dans une dynamique de croissance économique forte et soutenue à partir des années 1970, ce qui justifie les investissements massifs qu'ils ont concomitamment réalisés pour se mettre à niveau sur le plan infrastructurel et technologique. Dans ce cas, l'endettement public est essentiellement un appoint à une importante capacité d'autofinancement locale à travers la valorisation de l'épargne domestique accumulée avec le support de la croissance économique. Or, les plans d'émergence des pays africains s'accompagnent souvent d'un plan d'endettement public massif qui est le principal support des investissements publics réalisés et dont la plupart des marchés publics sont octroyés aux multinationales des pays créanciers. Le Sénégal avait recueilli 3 927 milliards de FCFA de lignes de crédits au groupe consultatif de Paris en 2014 pour la phase 1 du PSE, et en 2018, les engagements se sont chiffrés à plus de 7 300 milliards pour la phase 2[20]. Au-delà de la conditionnalité souterraine d'attribution de la part du lion des marchés publics aux multinationales étrangères, il s'agit d'un paradoxe flagrant dès lors que l'endettement est un levier qui doit permettre d'en avoir de moins en moins recours. Alors que de 3 927 milliards d'engagements obtenus au Groupe consultatif de Paris en 2014, le Sénégal est passé à 7 356 milliards de FCFA d'engagements en 2018. En outre, la conception d'un document de plan n'est certes pas une panacée pour changer la situation économique du Sénégal, mais il y a lieu aussi de s'offusquer de la manière dont le PSE a été élaboré en 2014. Le même scénario que lors des Plans d'ajustement structurel (PAS) s'est quasiment reproduit. Les experts externes du Fonds monétaire international (FMI), de même que ceux mobilisés dans le cadre de l'élaboration du PSE, n'avaient pas une fine maîtrise de la socio-

[20] Voir le Plan d'actions prioritaires 2014-2018 du PSE.

économie sénégalaise. Il est donc temps de croire aux capacités de prospective de l'Afrique, et de ses importantes capacités de résilience scientifique dans un monde de plus en plus caractérisé par des aléas économiques, sécuritaires et environnementaux.

La prospective consiste à se demander ce qui change et ce qui va changer, en pointant les acteurs possibles du changement. Les partis politiques sont des acteurs majeurs et potentiels du PSE, et du changement, puisque c'est un plan qui est censé être à l'œuvre jusqu'en 2035 et donc qui doit transcender l'action du régime actuel. Cela fait poindre une anomalie méthodologique : le fait de planifier l'économie sénégalaise pour plus de 20 ans sans adopter une démarche plus inclusive impliquant tous les Sénégalais, et notamment la classe politique qui est appelée à prendre le relai gouvernemental au bout du (des) mandat(s) du Président en exercice. L'idéal était ainsi de concevoir la planification économique en cherchant la caution de la société civile et de la classe politique significative afin de susciter leur engagement pour son exécution coercitive à l'horizon défini. Depuis le plan d'actions de Lagos en 1982, l'Afrique a été l'objet de multiples travaux scientifiques suffisants comme source de prospective économique et sociopolitique pour l'avenir. Le Sénégal regorge d'un dispositif riche et diversifié de laboratoires de recherches et de *Think Tanks* dont la mise en valeur des travaux suffit pour la prospective et la planification socioéconomiques à long terme. Le Centre de recherches économiques appliquées de l'université de Dakar (CREA) a piloté le programme MIMAP (Micro impacts of macroeconomic ajustments and policies) financé par le Centre de recherche et de développement international (CRDI) de la coopération canadienne et le Document de stratégie de réduction de la pauvreté (DSRP), dont la réussite est due, selon Fared Carden

(2009[21]), par le fait qu'ils étaient conçus par des chercheurs sénégalais avertis.

L'État sénégalais n'a pas lésiné sur les injections de ressources publiques dans la phase 1 du PSE. Le secteur privé attendu sur 60 % des financements n'a finalement pas bien répondu à l'appel. Le plan d'actions prioritaires 2014-2018 visait à mobiliser 9 700 milliards de FCFA, dont 3 927 milliards de FCFA attendus des partenaires techniques et financiers (PTF) recueillis au Groupe consultatif de Paris en février 2014. Après avoir mobilisé 5 637 milliards de FCFA de financements dans le cadre du PAP 2014-2018, dont 2 056 milliards de FCFA d'aide et de crédits effectivement obtenus des PTF, la croissance économique cumulée a été d'un peu moins de 27 % sur 4 ans. Avec un taux de croissance moyenne de 6,8 % entre 2014 et 2018 (5,1 % si on considère la période 2010-2019) et un taux d'investissement moyen de 28 %, la productivité moyenne du capital est de 24 %. Cela signifie que pour 100 FCFA investis, l'économie sénégalaise produit 124 FCFA, c'est-à-dire 24 FCFA de valeur ajoutée. L'encours de la dette publique est de 7 339 milliards FCFA au 31 décembre 2019, soit 55 % du PIB. Il est de 61 % du PIB si on tient compte de la dette du secteur parapublic (Diouf, 2020[22]). Et, il est la source d'un service de la dette qui engloutit maintenant plus du quart du budget général de l'État.

Le bilan est donc clair : la croissance économique est plombée par une faible productivité et l'amélioration des ressources publiques est négativement impactée par un lourd service d'une dette publique qui est redevenue le cercle vicieux qu'elle a été dans les années 1990. La crise économique liée à la Covid-19 est venue

---

[21] Carden, F. 2009. *Des connaissances aux politiques : tirer le meilleur parti possible de la recherche en développement*, CRDI, Éditions L'Harmattan.
[22] Diouf, A. 2020. « Cartographie et soutenabilité de la dette publique du Sénégal », Conférence 20/06/2020. ISF.

confirmer les fragilités stratégiques du cadrage macroéconomique global du PSE, dont les investissements publics ont largement été captés par les multinationales au travers des marchés publics. Elles récupèrent, de ce fait, la majeure partie de la valeur ajoutée créée, ce qui explique le caractère très peu inclusif de la croissance économique qui, pourtant, a été de 6,8 % en moyenne de 2014 à 2018. La transformation structurelle de l'économie est tributaire de la préalable révision en profondeur des moteurs de la croissance économique et de la configuration de la coopération internationale.

II. Trois secteurs prioritaires pour réviser les moteurs de la croissance

La révision et la restructuration des moteurs de la croissance économique, devront ainsi être pensées sous le fil conducteur du contenu local de l'économie sénégalaise. L'énergie électrique n'en est pas moins une priorité qui a été attaquée à bras-le-corps par le nouveau régime à partir de 2012. La réalisation des projets du plan Taakkal a permis, en conjugaison avec les efforts de production fournis à partir de 2012, de tabler sur une capacité installée de 1 927 MW à l'horizon 2021. La consommation est estimée à 500 MW environ en 2010, avec une croissance moyenne de 8 % par an, soit un peu plus de 1 426 MW de consommation prévisible à l'horizon 2021 (Ndiaye, 2018[23]). Le Sénégal se positionne donc de plus en plus comme exportateur net d'énergie électrique en Afrique de l'Ouest, avec son potentiel de 500 MW de surplus de capacité disponible à l'horizon 2021. D'importants efforts ont aussi été consentis à l'énergie solaire. L'inauguration de la centrale Taïba Ndiaye en 2019 (150 MW) a fait passer la part des énergies renouvelables de 7 % en 2011 à plus de 20 % en 2020 selon les chiffres du Ministère des Énergies et du Pétrole. La perspective de

[23] Ndiaye E. M. 2018. *Quelles alternatives socioéconomiques au Sénégal* ? Éditions L'Harmattan.

production du pétrole et du gaz est un atout majeur pour parachever la dynamique de maîtrise de l'énergie. Toutefois, le champ prioritaire de révision des moteurs de l'économie reste l'agriculture.

2.1. L'agriculture

Avec une incidence de pauvreté de 69 %, le monde rural constitue la plus pertinente cible pour réduire significativement et rapidement la pauvreté dans le pays. Il faut donc saluer l'attention portée au secteur agricole dans la phase 1 du PSE à travers le Programme d'accélération de la cadence de l'agriculture sénégalaise (PRACAS 1). Il existe plusieurs données et évidences qui montrent l'intérêt primordial de se focaliser sur ce secteur agricole. En 2012, après une croissance d'environ 2 % enregistrée en 2011, les plus de 4 % de croissance économique obtenus s'expliquent en majeure partie par le soutien au monde rural apporté par le nouveau régime selon les données de l'ANSD (34 milliards de FCFA hors élevage). De même qu'après avoir budgétisé et exécuté un programme agricole à 581 milliards de FCFA dans le PRACAS 1, le Sénégal est aujourd'hui beaucoup mieux loti sur la production de riz, d'oignon, d'arachide, de pommes de terre et de primeurs (fruits et légumes) dont les exportations ont atteint 122 000 tonnes en 2019, avec un impact bien perceptible sur le solde commercial et sur la croissance.

Mais la majeure partie des dépenses publiques est orientée vers le financement d'infrastructures budgétivores dont l'utilité est souvent contestée par l'opinion publique elle-même. Ces infrastructures ont englouti près de 1 500 milliards de FCFA entre 2013 et 2018, alors que le budget cumulé pour l'agriculture durant ces 5 années ne dépasse pas 800 milliards de FCFA. Du coup, le secteur agricole, considéré pourtant comme une priorité dans le PSE, reçoit chaque année une dotation budgétaire inférieure à 6 % du budget de l'État. En 2018, 2019 et 2020, le budget de l'agriculture s'est chiffré respectivement à 195 milliards, 203 milliards et 152 milliards de FCFA, soit moins de 6 % du budget général de l'État, compte tenu du budget du Ministère de l'Élevage et des Productions animales qui est passé de 24 milliards en 2018 à 26 milliards de FCFA en 2020[24].

La perspective des Accords de partenariat économique (APE) et de la Zone de libre-échange continentale africaine (ZLECAf), en liaison avec les mutations imminentes sur le plan monétaire, requiert des conditions qui sont loin d'être remplies. L'État du Sénégal s'est aussi engagé, à compter de cette année 2020, à aller plus loin dans la fiscalisation des produits agricoles. Mais les produits sénégalais (riz, oignon, pommes de terre, arachide, etc.) souffrent de sérieux problèmes de qualité qui limitent le potentiel d'exportations, et incitent les Sénégalais à préférer les produits importés. Il faut signaler enfin que d'importants efforts doivent être consacrés à la quête d'économies d'échelle au nom de la compétitivité, notamment par le relèvement des volumes de production au niveau de chaque filière.

Dans le PSE post-Covid-19, le secteur agricole s'impose plus que jamais comme la priorité des priorités de l'État. Le défi majeur est d'abord de gagner le pari de la hausse substantielle du budget annuel alloué à l'agriculture, au moins en respectant les 10 % (accords de Maputo) dès l'année 2021. Il faudra ensuite s'atteler à inverser la configuration extravertie de l'économie en se focalisant sur son contenu local et sur le renforcement du secteur privé national.

[24] République du Sénégal, Ministère des Finances et du Budget, Direction générale du budget. Loi de finances 2020.

2.2. La réorganisation du secteur informel et la promotion du secteur privé national

Il faut partir du constat général que les pays les plus résilients aux effets économiques néfastes de la pandémie de la Covid-19 sont ceux qui ont un secteur privé debout, moins dépendants du capital étranger. Par exemple, sur l'emploi et le maintien partiel des rémunérations, il a été nettement plus facile de négocier avec des entreprises de droit national qu'avec des entreprises de droit international. C'est ce qui explique les difficultés d'appliquer le confinement total dans la plupart des États africains où les secteurs privés nationaux sont quasiment inexistants. Au Sénégal, il était attendu du secteur privé 60 % des financements du PSE, mais c'est finalement l'État qui a fourni l'essentiel des plus de 5 700 milliards FCFA injectés, dont 2 056 milliards de FCFA d'endettement supplémentaire[25]. Et comme pour l'enfoncer davantage, le secteur privé national n'a pas pu significativement bénéficier des marchés publics, attribués en majorité aux investisseurs étrangers. La question qui se pose à ce niveau est la suivante. D'où est-ce que le secteur privé national va tirer sa force et son expérience initiales pour pouvoir exécuter de plus en plus de marchés de grande envergure, étant donné que la contrainte de capacité est le principal motif avancé pour justifier l'octroi des grands marchés publics aux multinationales ?

Les publications du Conseil des investisseurs européens au Sénégal (CIES, 2014[26]) montrent que les investissements européens à eux seuls représentent près de 34 % du PIB, 20 % des exportations, 18 % de la formation brute de capital fixe et 31 % des recettes fiscales du Sénégal. Le secteur privé national est largement

---

[25] DPEE. 2018. *Situation économique et financière en 2017 et perspectives 2018*. Mai.

[26] CIES. 2014, *Sénégal, une économie sur la voir de l'émergence*, Conseil des investisseurs européens au Sénégal, https://www.cies.sn/Economie/.

fondu dans un macrocosme informel qui concerne la plus grande partie de l'économie du pays. Il s'agit, en majorité, de micro-entreprises familiales qui exercent dans le transport, la restauration, le bâtiment et les travaux publics, la menuiserie, le commerce et les autres services (Fox et Sohnesen, 2012[27]). En Afrique de l'Ouest et du Centre, il s'agit souvent de Micro, petites et moyennes entreprises (MPME) non déclarées et sans comptabilité, échappant à la fiscalité et reposant à 90 % sur l'auto-emploi comme le relatent les travaux de Mbaye et Gueye (2018[28]). Selon les chiffres de l'Agence nationale pour la promotion de la petite et moyenne entreprise (Mbaye, 2020[29]), le secteur informel représente ainsi 42 % du PIB, alors que les 58 % restants reviennent à des intérêts étrangers. C'est cette prééminence du capital étranger dans l'investissement qui explique l'existence d'une croissance économique non inclusive dont le taux a pourtant franchi la barre des 7 % en 2017. Cette croissance n'est pas génératrice de beaucoup d'emplois, puisque le taux de chômage officiel est passé de 10,2 % en 2010 à près de 16 % en 2017 (DPEE, 2018[30]).

Pour que la croissance soit suffisamment inclusive et que l'économie soit de plus en plus résiliente face aux chocs exogènes, le principal moteur dans le PSE post-Covid-19 doit être la fortification du secteur privé national. Les enquêtes de l'ANSD

[27] Fox, L. et Sohnesen, T.P. 2012. « Household Enterprises in Sub-Saharan Africa: Why They Matter for Growth, Jobs and livelihoods » Document de recherche de politique n° 6184, Banque mondiale.
[28] Mbaye, A. A. et Guèye, F. 2018. « The Competitiveness Challenge of the Formal Sector in Francophone Africa: Understanding the Role of the Informal Sector and the Business Environment ». In: Adeleye I., Esposito M. (Eds.) *Africa's Competitiveness in the Global Economy*. AIB Sub-Saharan Africa (SSA) Series. Palgrave Macmillan, Cham, p. 25-52.
[29] Mbaye I. 2020, « Crise Covid-19 : une prise en compte de la réalité économique et sociale dans la riposte ». https://www.dakaractu.com/Crise-covid-19-une-prise-en-compte-de-la-realite-economique-et-sociale-dans-la-riposte-Par-Docteur-Ibra-MBAYE_a186890.html. M. Mbaye est cadre à l'ADPME.
[30] DPEE. 2018. *Situation économique et financière en 2017 et perspectives 2018*.

(2017[31]) sur les entreprises montrent une espérance de vie inférieure à deux ans pour l'écrasante majorité des industries naissantes. Et même pour les autres entreprises, la durée de vie n'excède généralement pas trente années. Cette situation tend à indexer les approches d'incubation, de même que les processus de création de ces entreprises ainsi que leur fragilité due à leur extrême informalité. Comme dans un cercle vicieux, la vulnérabilité des entreprises informelles implique inversement plusieurs autres situations dans lesquelles ces entreprises s'éloignent de toute éventualité de formalisation, limitant du coup, à la fois, leurs contributions fiscales et leur propension à valoriser les opportunités liées à l'accès à la commande publique.

Les IDE sont un acquis à valoriser et des synergies sont possibles à travers la valorisation des externalités d'offre des multinationales. Par exemple, à travers ses chaînes de valeurs, la grande distribution peut générer plusieurs MPME sénégalaises dans le transport, la surveillance, l'horticulture, le maraîchage, l'aviculture et la production laitière. De même que la production de pétrole et de gaz en perspective permettra l'émergence de plusieurs PME/PMI dans toutes les chaînes de valeurs des hydrocarbures.

2.3. L'économie numérique

La stabilisation du fonctionnement des universités et de la formation supérieure en générale, est un préalable pour une recherche fondamentale de qualité, une adaptation aux avancées technologiques, une capitalisation sur les données et une insertion dans l'économie numérique et l'intelligence artificielle. Au Sénégal, le nœud du problème est d'ordre financier, avec un cercle vicieux qui met en exergue les déficits d'infrastructures scolaires et universitaires, l'insuffisance de la formation scientifique et

[31] ANSD. 2017, *Rapport général du recensement général des entreprises 2017*.

technique en tension avec la variable démographique galopante à prendre en charge. Plutôt que d'en faire une opportunité, ces facteurs ont érigé la population en fardeau. Le parachèvement de la nouvelle carte universitaire et des Instituts supérieurs d'enseignement professionnel (ISEP) est un des champs prioritaires d'injection de ressources publiques dans le PSE post Covid-19.

Le tout doit être gouverné suivant une approche réfléchie de capitalisation humaine, en tant qu'unique gage de valorisation du dividende démographique. Le numérique est une révolution qui bouleverse rapidement les sociétés modernes. De récentes enquêtes prospectives ont montré que plus de 80 % des métiers à l'horizon 2030-2040 n'existent pas encore (Ndiaye, 2018). Actuellement, il est noté une migration accélérée de l'emploi des supports physiques vers des supports numériques. La Société générale de banques au Sénégal (SGBS) a déclaré en 2018 ne plus avoir besoin des emplois de guichetiers à partir de 2020. Le numérique et l'intelligence artificielle créent, certes, de l'emploi pour les pays producteurs de supports numériques et de technologies. Mais la disparition rapide des professions intermédiaires inquiète puisqu'il est la source d'un creusement silencieux du taux de chômage qui est passé de 10,2 % en 2010 à 16 % en 2018 selon les chiffres de l'ANSD (2018[32]). Pourtant, de la même manière que le tertiaire représente actuellement plus de 54 % de l'économie, le numérique et l'intelligence artificielle sont partis pour représenter beaucoup plus dans le futur. Ces enjeux sont bien saisis dans le programme Sénégal numérique 2025, qui est une stratégie prometteuse mais qu'il faudra réadapter et améliorer en révisant à la hausse les fonds à mobiliser et les objectifs sur le moyen et le court termes (Ndiaye, 2018).

---

[32] ANSD. 2018. *Enquête sur l'emploi, la rémunération et les heures de travail au Sénégal*, EERH, MEFP.

Le chantier numérique est donc une autre priorité nationale qui interpelle toutes les parties prenantes et surtout les opérateurs des télécommunications, que l'État doit davantage inciter à s'impliquer dans la conscientisation des populations notamment dans le cadre de leurs actions de responsabilité sociétale. Conjointement aux efforts financiers à fournir pour changer les mentalités, il est tout aussi crucial pour l'État du Sénégal de mobiliser suffisamment de ressources pour mener des opérations accessibles de renforcement des capacités sur l'usage d'Internet et d'autres objets connectés. Cette potentialisation doit s'adresser à tout demandeur, notamment aux illettrés de toutes les couches sociales, de connivence avec les mouvements associatifs et les autres regroupements à la base. Il s'agit surtout de permettre la maîtrise des rouages d'usage du *mobile banking* et surtout du commerce électronique afin de mieux en valoriser les rendements d'échelle. Mais pour que l'économie sénégalaise en tire profit, il faut que le secteur privé national soit suffisamment impliqué dans ces activités. À l'orée des mouvances du Big Data, il faut un programme révolutionnaire pour la maîtrise de l'information et des statistiques qui sont la matière première fondamentale de l'économie numérique.

Préconisations : impératifs de changements de mentalité, de remodelage de la coopération internationale et d'utilisation de données probantes pour les choix publics

Les mentalités doivent impérativement changer et le PSE post-Covid-19 doit prévoir un budget pour cela. Pour être opérationnel, ce changement de mentalité doit d'abord commencer au niveau des élites politiques et scientifiques. Le capitalisme et le moule dominant de théories qu'il a promues ont dépouillé la science économique de sa substance éthique et morale. La théorie économique orthodoxe n'a jusqu'ici pas servi aux Africains, pour la simple raison qu'elle a été taillée sur les objectifs d'accumulation de richesses des plus forts, même s'il faut reconnaître les tares de la mal gouvernance en Afrique. Elle a également promu un culte de l'efficacité et de la performance qui, suivant une logique de sélection naturelle, ne laisse aucune chance aux plus faibles, mettant à défaut ainsi les réflexions hétérodoxes qui penchent vers les valeurs de solidarité, de partage et de coexistence pacifique.

La crise économique et sociale, causée par la Covid-19, est venue chambouler ces conceptions théoriques qui ne se sont pas limitées à creuser les inégalités économiques dans la planète. Ces théories orthodoxes ont également promu, défendu et organisé la profanation de tous les équilibres qui fondent l'harmonie qui doit exister entre la nature et les hommes, mais aussi entre les hommes d'une génération à l'autre. Cette loi du plus fort est difficile à combattre puisque le développement de ses tentacules à travers le monde repose sur la corruption à grande échelle des élites politiques et scientifiques. Mais le capitalisme est démasqué et tous les paradigmes de pensées qui l'accompagnent sont partis pour être révisés en profondeur dans l'après-Covid-19. Aucun pays africain n'a le droit de rater ce grand rendez-vous de mutations dans les sources d'inspiration scientifique qui vont guider les politiques publiques.

Il est d'une nécessité imminente que l'Afrique profite maintenant de ses matières premières et de ses autres ressources naturelles en réinventant les stratégies de valorisation locale. L'expérience montre que cette valorisation ne peut se faire correctement avec les moyens de l'Occident, qui utilise des stratégies de forclusion sur les capitaux, les infrastructures et les institutions bancaires qu'ils détiennent en quasi-totalité. Que peut faire un producteur ivoirien (ou ghanéen) de cacao devant un importateur français (ou hollandais), appuyé par une banque puissante et détenant tous les moyens d'exploitation et de transport internationaux ? Le premier pas à franchir pour l'Afrique est ainsi de gagner son autonomie financière et de compter sur ses propres infrastructures en promouvant son secteur privé. Cela doit se faire avec le support simultané du commerce intra-africain qui est le gage initial de la réussite des producteurs africains. Il faut donc appuyer la Zone de libre-échange continentale africaine (ZLECAf) et amorcer sans délai le processus d'autonomie monétaire.

Par ailleurs, la prospective doit servir de boussole pour piloter le décollage économique de l'Afrique, qui doit être pensé dans un cadre intégré et non de manière cloisonnée comme le font les actuels dirigeants africains (Gabon émergent, Sénégal émergent, etc.). L'utilisation des données probantes dans les choix publics est une hypothèse implacable pour atteindre les objectifs escomptés. Depuis les années 1980, le Sénégal a subi d'importants préjudices économiques et financiers sur des partenariats public/privé conclus sans réelles études prospectives d'appui à la contractualisation et à la prise de décision. C'est le cas de la privatisation avortée de la Senelec et de la licence bradée à 50 millions de FCFA à Sentel GSM en 1999. De même que le contrat, resté sans effets, conclu en 2004 avec Arcelor Mittal ou la construction sur dix longues années de l'Aéroport international Blaise Diagne avec 5 avenants.

EFFETS ÉCONOMIQUES ET SOCIAUX DE LA PANDÉMIE DU NOUVEAU CORONAVIRUS ET LES PERSPECTIVES DE SORTIE DE CRISE

Par Pr Moustapha KASSÉ

Introduction

Les théories de la croissance endogène (Lucas, Romer et Barro) ont enrichi l'analyse des effets de l'investissement, réhabilité le rôle de l'État et renouvelé le débat sur l'origine de la croissance. Elles ont bouleversé la vision néoclassique qui porte les politiques des Institutions financières internationales en démontrant que la santé et l'éducation sont deux facteurs à très fortes externalités positives pour l'ensemble du système productif. Soigner et former les populations contribuent à élever la productivité globale de la main-d'œuvre et contribue à la compétitivité des entreprises.

Manifestement, le laisser-faire, le laissez-passer du libéralisme ainsi que la marchandisation des biens publics que sont la santé et l'école font vivre aux citoyens du monde les pires moments de leur existence. Dans ces secteurs essentiels de la vie, le néolibéralisme a toujours fait trop peu et trop tard avec un défaut coupable d'anticipation. Dans les chocs exogènes, le néolibéralisme s'intéresse plus à la réparation du système productif au détriment des hommes.

Aujourd'hui, la mondialisation libérale vantée pour faire notre bonheur vire au cauchemar pour des milliards d'individus avec la conjugaison de crises économiques, financières et sanitaires. Dans toutes les crises antérieures, ce sont les classes populaires qui ont payé la note et ont dû se serrer la ceinture. La crise sanitaire actuelle du coronavirus prend le même chemin que celle de 2008-2009 avec l'annonce des plans nationaux aux montants faramineux. Qui va payer la note cette fois-ci ? Quelle gestion des ressources mobilisées ?

I/ Les ressources financières mobilisées pour faire face à la crise

Au niveau mondial, les pays de l'OCDE, du G20 et des États-Unis ont mobilisé une cagnotte estimée déjà à plus de 100 000 milliards de dollars.

1 °) Au niveau du continent

D'après les évaluations de la CEA, la Covid-19 peut entraîner une baisse des recettes d'exportation d'environ 200 milliards de dollars, une perte de la moitié de son PIB avec une baisse de sa croissance de 3,2 % à environ moins de 2 %. Les causes se situent dans la perturbation des chaînes d'approvisionnement mondiales, la détérioration des revenus, la diminution des exportations et des importations de biens intermédiaires, tous ces éléments affectent directement les systèmes productifs. Les processus d'intégration seront ralentis ainsi que la mise en œuvre de certains projets comme la ZLECAf et les programmes intégrateurs de l'Agenda 2063. Enfin, la baisse des prix des matières premières entraînera des pressions budgétaires pour la plupart des pays et particulièrement les puissances économiques africaines que sont le Nigéria, l'Afrique du Sud, l'Algérie, l'Angola, l'Égypte, etc.

2 °) Au niveau du Sénégal : le contexte de la lutte, l'économie sénégalaise de l'espoir à l'angoisse

Au début de la crise sanitaire, l'économie sénégalaise allait mieux, alors même que la société sénégalaise se porte beaucoup moins bien. Certains indicateurs macroéconomiques sont robustes, d'autres s'améliorent et les déficits se réduisent. Soulignons, brièvement, quelques variables du tableau de bord : 1 °) la croissance économique est soutenue avec de vastes investissements surtout publics. Les taux pour 2019 et 2020 sont respectivement de 6,7 % et 6,8 %, le FMI étant même plus optimiste ; 2 °) l'inflation est maîtrisée avec une augmentation légère des prix ; 3 °) le déficit budgétaire s'est amélioré de 3,5 % du PIB en 2018, en hausse par rapport aux 3 % de 2017, financé principalement par des émissions d'euro-obligations, il restera l'éternelle assiette de l'impôt qui ne s'élargit pas à cause d'un patriotisme fiscal défaillant ; 4 °) l'endettement qui fait l'objet de beaucoup de polémiques plus politiciennes qu'économiques est soutenable avec un ratio Dette extérieure / PIB total de 62,9 % en 2018, contre 64,2 % en 2017. À l'évidence des questions d'opportunité et de rentabilité se posent pour certains emprunts comme le TER (un train cloué en gare depuis son inauguration), la Zone économique intégrée, etc. ; 5 °) l'accumulation d'arriérés de paiement de la dette intérieure plombe certaines entreprises du secteur privé.

Le bilan des politiques sectorielles est moins reluisant : (i) l'agriculture emploie 52,7 % de la population active et ne contribue qu'à 16 % du PIB, ce qui montre la faiblesse de la productivité par acteur et par surface cultivée. Elle est très vulnérable et constitue la jambe faible de l'économie bien que l'on dispose de tous les atouts pour une excellente politique agricole : l'eau, les facteurs de modernisation et de bons paquets technologiques surtout pour la production arachidière et maraîchère. Le pays demeure toujours dépendant de l'extérieur en produits alimentaires ; (ii) le secteur industriel contribue à 22,6 % du PIB et emploie 20,2 % de la population active. Nonobstant les importantes opportunités et en dépit de nombreux politiques, programmes et projets, les entreprises sont toujours confrontées à de nombreuses contraintes d'ordre technique, financier et humain qui entravent leur compétitivité ; (iii) le secteur des services contribue pour 53,8 % au PIB et emploie 26,5 % de la population active. Il bénéficie d'une excellente infrastructure de télécommunications qui a développé des investissements dans les téléservices, Internet de haut débit et le *mobile banking*. Ce sous-secteur en expansion est dominé par de puissantes multinationales. Trois importants volets soulèvent des problèmes : d'abord, le sous-secteur commercial qui tombe progressivement sous contrôle des supermarchés français, ensuite, le commerce import-export qui contribue à creuser le déficit de la balance commerciale et enfin, le sous-secteur du tourisme qui ne décolle pas pour de multiples causes, notamment l'absence de spécification des produits, la méconnaissance de la demande touristique et l'inefficience de la politique de promotion sur les grands marchés émetteurs.

3°) Le Sénégal entre plan financier de riposte à hauteur de 1 000 milliards de FCFA, état d'urgence et couvre-feu

Incontestablement, les autorités sénégalaises ont bien pris la mesure de la crise et s'inscrivent dans la bonne direction. Le Chef de l'État, dans un discours solennel et pathétique, se déclare « soucieux des effets de la crise sur l'économie nationale. Pour en atténuer l'impact, la création d'un fonds de riposte et de solidarité, doté de 1 000 milliards de FCFA alimenté par l'État et toutes les bonnes volontés, est une excellente mesure pour servir, entre autres, à soutenir les entreprises, les ménages et la diaspora. Il restera à réaliser (i) une étude approfondie pour spécifier l'origine des ressources financières attendues, (ii) les clefs de répartition aux bénéficiaires et les modalités, (iii) au finish l'évaluation précise de l'incidence sur l'économie globale.

Concernant la composition des ressources mobilisées, on peut entrevoir trois sources : la première serait la contribution des finances publiques. Cette contribution doit être rigoureusement évaluée en préservant les capacités d'investissement dans la perspective de relance de l'économie post-crise.

La seconde source devrait provenir de la BCEAO. Dans une déclaration, l'Institut d'émission a pris 8 mesures pour limiter l'impact négatif de la Covid-19 sur les économies de l'Union. Elles se décomposent comme suit : d'abord les interventions chiffrées avec la hausse de 340 milliards sur les ressources mises à la disposition des banques, 1 050 milliards pour élargir l'accès au refinancement, 25 milliards au Fonds de bonification de la Banque ouest-africaine de développement (BOAD), et ensuite trois mesures institutionnelles non chiffrées, notamment la sensibilisation des banques pour l'utilisation des ressources du guichet spécial, la négociation en vue de la réduction des coûts des transferts, l'approvisionnement en billets des guichets automatiques des banques, le réaménagement du calendrier d'émissions des titres publics sur le marché régional. Ces mesures sont largement insuffisantes pour régler les quatre contraintes majeures du financement de l'économie : (i) les besoins de liquidités des PME/PMI affectées par la crise, (ii) la faiblesse ou même l'absence de revenus pour les ménages en situation de quasi-confinement, (iii) l'abaissement des taux d'intérêt usurier (15 %) qui ruinent la compétitivité des entreprises et (iv) le retour aux avances directes de la Banque centrale au Trésor public. Dans une situation d'urgence sociale les ménages, en quasi-confinement, ont besoin de parachute monétaire pour leur survie.

L'écosystème financier est le problème majeur en ce qu'il manque de différenciation en matière d'offre, de dynamisme et d'innovation (mêmes types de produits et de services). Il est fortement concentré et se focalise sur le court terme avec des taux d'intérêt usuriers préjudiciables au financement des entreprises, au développement économique et au bien-être social. Cela explique sa surliquidité actuelle malgré la présence de plus en plus affirmée de non-banques, ce qui devrait rendre le marché contestable et les pousser à faire preuve d'audace et d'ingéniosité pour développer de nouveaux relais de croissance sur le segment de long terme. De plus, l'absence de corrélation entre les taux directeurs de la Banque centrale et les taux des banques commerciales va renforcer la fixation sur les opérations de court terme. La rentrée prochaine du compte d'opération à la maison-mère offre à la BCEAO de plus grandes opportunités. Désormais, elle dispose de ressources financières élargies pour mener des politiques semblables à celles de la Banque centrale européenne, de la FED ou de la Banque centrale de Chine.

La troisième source concernerait l'apport des Institutions financières internationales (FMI et Banque mondiale). Elles ont annoncé des contributions financières substantielles aux États et ont également demandé aux créanciers bilatéraux de geler les remboursements des dettes des pays pauvres, c'est une sorte de PPTE réduit. Les IFI doivent, en plus, lever ou relever le niveau de soutenabilité de l'endettement ; d'ailleurs, ce niveau n'a aucun sens pour des pays qui réussissent des programmes de croissance forte, inclusive et durable (Côte d'Ivoire et Sénégal, Éthiopie, etc.). Leur imposer un plafond d'endettement risque de casser le rythme.

La quatrième source est relative à la contribution des acteurs nationaux. Pour que les ressources soient importantes, il faut impliquer tout le secteur privé sans leur concéder un désarmement fiscal qui serait inefficace et désastreux pour le futur. À ce niveau, l'État doit faire preuve de transparence et de rigueur dans la gestion des fonds reçus et établir la confiance des potentiels donateurs.

Les mesures de confinement, d'état d'urgence et de couvre-feu qui sont prises partout dans le monde pour stopper l'épidémie vont ralentir les sociétés et le système productif. En définitive, la croissance économique en sera durement affectée, ce qui va accroître la précarité sociale : pauvreté, chômage, inégalités. Si les ressources mobilisées sont mal utilisées, nous rentrerons dans un cycle de récession dont on ne pourra sortir que par des politiques d'ajustement et de rigueur pouvant entraîner une grave situation d'état d'urgence sociale.

II/ Cette crise sanitaire appelle un large débat public sur les perspectives de réparation du système de santé et de l'école

L'opportunité qu'offre toute crise est d'ouvrir un débat large et prospectif sur ce qui est et ce qu'il faut faire. Les lois du capitalisme se soucient très peu du social avec la sublimation du marché comme forme suprême de la coordination économique alors même que celui-ci est myope à la fois pour les pauvres et les inorganisés que sont nos économies désarticulées et dépendantes. C'est pourquoi nos recherches actuelles se polarisent sur la problématique de « l'économique à l'épreuve du social ». La question essentielle pour l'Afrique est celle du financement du système social. Deux décennies de progrès ont été interrompues dans les années 1980, sous l'effet des politiques d'ajustement qui ont diminué de façon drastique, les dépenses d'éducation et de santé. Ce n'est nullement un hasard si ces deux secteurs sont au cœur des luttes syndicales et des revendications citoyennes au nom de la justice sociale et de l'équité. En matière de santé, nous manquons de politiques publiques cohérentes et efficientes qui fortifient les liens entre professionnels mais qui négligent gravement la prévention, l'anticipation.

Le Sénégal a largement les moyens d'une politique exemplaire de santé : d'abord, il possède l'une des meilleures facultés de médecine et de pharmacie de la francophonie, de bonnes institutions de formation des cadres intermédiaires, des centres de recherche bien adossés aux normes internationales avec des chercheurs pointus mais limités par la modestie des financements. Ensuite, le pays dispose d'une armée nationale pleine de compétences dans tous les domaines et bien équipée en capacités de réaliser toutes sortes de travaux d'infrastructure de base. Il suffit de la réengager dans les programmes de construction nationale comme l'avait souhaité le Président Mamadou Dia. Aujourd'hui, la plupart des circonscriptions médicales sont dirigées par des Officiers de l'École de santé militaire.

Conclusion :
Regardons l'avenir pour éviter un état d'urgence sociale

Les Chinois dans leur sagesse ancestrale ont deux mots pour désigner la crise : le danger et l'opportunité. Nous pouvons, comme eux, nous relever de toute situation tragique en réalisant les transformations structurelles et en mobilisant nos concitoyens, la jeunesse en tête, autour d'une vision stratégique clairvoyante portée par des politiques économiques et sociales efficientes. Il n'existe pas de fatalité à l'échec, réussir l'Émergence passera par une volonté politique consensuelle conduite par un leadership transformationnel, un professionnalisme qui utilise toutes les compétences et les savoirs et l'adoption d'un référentiel de valeurs patriotiques et de civisme.

Financer le développement : entre annulation de la dette publique et transferts de fonds des migrants

Par Abdou DIAW

Les différents appels lancés par des dirigeants du continent dont le Chef de l'État sénégalais, Macky Sall, et des Institutions financières internationales à une annulation et/ou à une suspension de la dette africaine semblent trouver un écho favorable auprès des créanciers, du moins pour certains. Aussitôt après la déclaration du président français, Emmanuel Macron, plaidant pour une « annulation massive » de la dette africaine, le FMI, se montrant plus pragmatique, semble lui emboîter le pas en annonçant l'allégement « immédiat » du service de la dette pour 25 pays membres du FMI dont 19 États africains : Bénin, Burkina Faso, îles Comores, Gambie, Guinée, Guinée-Bissau, Libéria, Madagascar, Malawi, Mali, Mozambique, Niger, République centrafricaine, République démocratique du Congo, Rwanda, Sao Tomé-et-Principe, Sierra Leone, Tchad et Togo. Cerise sur le gâteau, le G7 s'est dit favorable à la suspension provisoire du service de la dette des pays pauvres avec accord du G20.

Ces annonces ont fait le tour du monde telle une traînée de poudre à l'image de l'expansion virale du Covid-19. C'est comme une épine tirée du pied au regard des réactions qui ont suivi ; d'autres diront un bol d'air. Quoi qu'il en soit, ces différentes mesures prises par les créanciers internationaux surviennent dans un contexte où les finances publiques de la plupart des États sont soumises à une vive hémorragie. Les régies (impôts, douanes, trésor) saignent partout pour perfuser les secteurs les plus affectés (santé, entreprises, ménages…). Les besoins des États ont pris une courbe ascendante, pendant que les ressources financières se raréfient. Certains États s'imposent une austérité pour gagner des marges à travers des politiques de rationalisation sur certaines dépenses non urgentes et l'optimisation de ressources. Du coup, une annulation ne peut être qu'un soulagement. Toutefois, il convient de rappeler que ce n'est pas la première fois que les pays africains bénéficient de telles faveurs. On se rappelle de l'Initiative des pays pauvres très endettés (PPTE)[33] lancée en 1996 et qui prévoyait l'octroi d'un allégement de la dette globale à une quarantaine de pays les plus endettés dont 33 en Afrique). Dans l'objectif de contribuer à l'accélération des progrès au vu de la réalisation des Objectifs du millénaire pour le développement, l'Initiative PPTE est suppléée par l'Initiative sur l'allégement de la dette multilatérale (IADM) en 2005. Elle fournit un allégement de l'intégralité des dettes éligibles contractées auprès du Fonds africain de développement (FAD), la Banque interaméricaine de développement, l'Association internationale de développement de la Banque mondiale et le FMI par les pays en cours d'achèvement du processus de l'Initiative PPTE.

Beaucoup de pays africains avaient vu leur dette gelée ; d'autres se sont retrouvés avec des taux d'endettement largement en-dessous des seuils de leurs normes communautaires. N'empêche, près de 25 ans après, leur stock de dettes est reparti de plus belle. Ces programmes étaient-ils murement réfléchis ? Que sont devenus les États africains bénéficiaires ? Sont-ils devenus plus riches ou

[33] Amin, S. Diouf, M. Founou-Tchuigoua, B. Ndiaye, A. 2005. « Co-développement ou gestion du conflit ? » in Amin, S. (dir.). *Afrique. Exclusion programmée ou renaissance ?* Maisonneuve & Larose, Paris, p. 9-75 ; Dahou, K. Kassé, M. Ndiaye, A. 2002. « Endettement extérieur, croissance et pauvreté au Sénégal », in CONGAD, CADTM, CNCD (dir.) *Nous ne devons Rien !* p. 79-94.

plus pauvres ? Aujourd'hui, nous devons changer de paradigmes dans les stratégies d'annulation ou d'allégement de la dette des États du continent pour ne pas rester éternellement dans ce cercle vicieux d'endettement. Demain, nous allons encore tendre la main aux créanciers pour demander une nouvelle annulation. Il faut imprimer une rupture dans ces programmes de facilitations en faisant bon usage des ressources financières exonérées.

Si nos États veulent se faire respecter et avoir la voix au chapitre dans les instances politiques et financières mondiales, il leur faut radicalement imposer des changements dans la manière de gérer les ressources publiques. C'est un impératif d'instituer la transparence, l'efficience et l'efficacité dans la gouvernance de nos budgets. Celle-ci passe inévitablement par une bonne gestion de nos marchés publics, le gouffre financier des ressources financières de l'État. Autant, nos États sont appelés à bien négocier les contrats avec leurs partenaires bilatéraux comme multilatéraux durant toute la procédure, du montage financier au décaissement des crédits jusqu'à l'exploitation des ouvrages en passant, bien évidemment, par la réception et la mise en service. Que nos États soient dotés de personnes-ressources expérimentées capables de mener les négociations de nos projets d'envergure. Oui, vous me direz des détails, mais le diable est toujours dans le détail. Qu'il s'agisse des projets financés à travers les Partenariats public-privé (PPP), les *Build, operate and transfer* (Bot), les offres spontanées ou simplement les marchés publics, il nous faut beaucoup plus de préparation dans les négociations pour que nos intérêts soient les mieux protégés. Une chose qui ne sera pas facile d'autant que nos États devront faire face aux investisseurs et multinationales assistées d'une armada d'avocats d'affaires, de fiscalistes, de financiers, d'économistes, d'environnementalistes dotés d'une expertise insoupçonnée.

Dette privée, l'autre paire de manches

Après moult tractations, les pays membres du G20 et les créanciers du Club de Paris ont décidé d'accorder un moratoire (du 1er mai au 31 décembre 2020) aux 77 pays les plus pauvres sur le paiement du service de la dette. À la place d'une annulation, les pays débiteurs vont finalement se contenter d'une suspension du remboursement du service de la dette publique qui, il faut le rappeler, correspond à la charge de la dette (intérêt) ajoutée de l'amortissement du principal. Les pays débiteurs ont obtenu gain de cause auprès des créanciers publics. Cependant, au regard des conditionnalités déclinées dans la fiche descriptive conjointement publiée, le 16 avril 2020, par le Club de Paris et le G20, ces moratoires sont loin d'être un gâteau à croquer. En effet, il est mentionné dans ce document que chaque pays bénéficiaire devra s'engager à utiliser l'espace budgétaire créé pour augmenter les dépenses sociales, sanitaires ou économiques en réponse à la crise sanitaire. Les États débiteurs ne doivent contracter aucune nouvelle dette non concessionnelle pendant la période de suspension (…). S'agissant du processus de mise en œuvre du moratoire, les créanciers entendent mettre en œuvre, conformément à leur législation nationale et à leurs procédures internes, l'initiative de suspension du service de la dette, comme convenu dans le cahier des charges avec tous les pays éligibles.

Après avoir réussi à convaincre les créanciers publics à reporter le paiement du remboursement du service de la dette, les États demandeurs devront surmonter une autre étape qui consiste à amener les créanciers privés à accorder des facilités à leurs débiteurs durement touchés par la Covid-19. Une mission qui ne sera pas facile au regard du profil du portefeuille des investisseurs, des conditions d'endettement sur les marchés financiers et de la nature des instruments avec lesquels les États ont contracté leur dette. Conscients de la délicatesse de cette tâche, le FMI et la

Banque mondiale semblent prendre les devants en appelant à un assouplissement des conditions de remboursement de la dette commerciale. « Nous appelons les créanciers privés à participer à cette initiative à des conditions comparables », plaidait le Comité du développement[34], un forum du groupe de la Banque mondiale et du FMI, composé de 25 membres, représente tous les pays membres des deux institutions financières.

Bien que des États du G20 et d'autres créanciers du Club de Paris soient parvenus à lâcher du lest, il faudra réussir à convaincre le Club de Londres (qui réunit les créanciers privés) à faire, également, des concessions en accordant des facilités à leurs débiteurs. Ceci est une autre paire de manches. Une chose semble certaine, si les États à bas revenus et les institutions de Breton Woods n'ont pas obtenu une annulation de la dette auprès des partenaires bilatéraux et multilatéraux, ce ne sera pas avec les créanciers privés qu'ils le réussiront. Ceux qui détiennent la dette commerciale sont souvent composés, notamment des banques, des fonds d'investissements et autres investisseurs privés. En lieu et place d'une annulation, ces créanciers pourraient, peut-être, rééchelonner la dette en repoussant les échéances ou accorder des délais de grâce sur les intérêts.

Les États africains réussiront-ils à obtenir une suspension du remboursement du service de la dette auprès des créanciers privés ? En tout cas, il faudra batailler dur pour arriver au bout de cette mission titanesque. Plus ambitieux, Robin Guittard[35], porte-parole d'Oxfam France, estime que suspendre les dettes dues aux pays

[34] Déclaration finale du Comité du développement, https://www.banquemondiale.org/fr/news/press-release/2020/04/17/world-bankimf-spring-meetings-2020-development-committee-communique

[35] https://www.oxfamfrance.org/communiques-de-presse/moratoire-sur-la-dette-du-g20-une-premiere-etape-mais-insuffisante-les-creanciers-multilateraux-et-prives-doivent-suivre/

riches n'est qu'une des mesures attendues. D'énormes sommes dues par les pays pauvres le sont à de riches banques et à des investisseurs privés à New York et à Londres. C'est pourquoi il appelle à imposer à ces créanciers privés l'annulation de ces dettes et non pas laisser cette décision à leur bon vouloir. Tous les efforts menés jusque-là par les institutions de Breton Woods, les pays du G20 et les prêteurs du Club de Paris visant à alléger le remboursement des pays pauvres risquent d'être vains si on ne parvient pas à pousser les créanciers privés à répondre à l'appel des pays dits « pauvres » débiteurs.

Des facilités sur la dette commerciale se montrent difficiles si l'on sait que beaucoup d'États africains comme le Sénégal et la Côte d'Ivoire ont fréquemment sollicité, ces dernières années, les marchés financiers internationaux en émettant des eurobonds avec des taux frôlant les 6,50 % et des maturités allant de 10 à 20 ans. Aujourd'hui, ils sont 77 pays les plus pauvres de la planète, dont quarante pays d'Afrique subsaharienne, qui doivent rembourser, tous les ans, un total de 32 milliards de dollars US. Sur ce montant, la dette commerciale est estimée à 8 milliards de dollars ; les 24 milliards de dollars US qui restent sont détenus par les créanciers bilatéraux (12 milliards US $) et multilatéraux (12 milliards US $), notamment la Banque mondiale.

Mettre à profit l'argent de la diaspora sénégalaise !

Maillon essentiel de la chaîne économique de beaucoup de pays, notamment ceux de l'Afrique subsaharienne, les envois de fonds de la diaspora sénégalaise restent une source vitale de revenus. Impossible de nier leur poids conséquent dans nos économies. D'importantes études réalisées par certaines institutions (Banque mondiale, Organisation de coopération et développement économique, Organisation internationale pour les migrations) ont démontré l'impact positif de ces transferts dans les pays à revenu faible et intermédiaire. Au Sénégal, ils sont nombreux, les ménages qui dépendent en grande partie des membres de leurs familles expatriés. Sur le plan microéconomique, ces envois représentent une source de revenus essentiels pour les ménages. Ils alimentent essentiellement des dépenses de consommation et constituent une source importante d'amélioration des revenus des familles résidentes dans le sens où ils leur permettent de financer les dépenses de santé, d'éducation ou d'habitat.

Au Sénégal, personne ne peut nier la place stratégique qu'occupent les transferts des émigrés dans la cellule familiale. Pour preuve, en pleine crise sanitaire de Covid-19, des familles d'émigrés établies au Sénégal s'inquiétaient des retards dans les envois réguliers de leurs fils ou filles établis à l'extérieur. Inquiétude légitime ! Ceci en raison de la crise sanitaire qui sévit présentement dans le monde. Si l'on procède à une étude macroéconomique, ces fonds jouent un rôle de plus en plus déterminant dans la balance des paiements de nombreux pays en développement et peuvent significativement contribuer à réduire les vulnérabilités de leur position extérieure. Face à un solde commercial (de biens et de services) déficitaire, les transferts des émigrés viennent jouer un rôle de compensateur. Aujourd'hui, la crise sanitaire du Covid-19 qui secoue la planète, notamment l'Europe, les États-Unis, l'Asie, destination de beaucoup de nos concitoyens, a durement affecté ces transferts de fonds. Les envois de fonds, représentant plus de 10 % du PIB du Sénégal, soit 1 300 milliards de FCFA, connaîtraient un repli de près de 30 %[36] à la suite de la baisse de l'activité économique dans l'Union européenne (sur la base d'un confinement qui ne dure pas en Europe).

[36] Ministère de l'Économie, du Plan et de la Coopération. 2020. document « Programme de résilience économique et sociale », avril 2020.

Les premières évaluations d'impacts réalisées par certaines institutions n'augurent rien de bon ; et les perspectives sont plus que jamais incertaines. Le 22 avril 2020, la Banque mondiale relevait qu'en raison d'un fléchissement des salaires et de l'emploi des travailleurs migrants, exposés aux pertes de revenu et d'emploi en cas de crise économique dans leur pays d'accueil, les envois de fonds des migrants dans le monde devraient chuter d'environ 20 % en 2020[37]. Les flux de fonds vers l'Afrique subsaharienne ont connu un léger repli de 0,5 %, en 2019, à 48 milliards de dollars. En raison de la crise du coronavirus, ce déclin, selon la Banque mondiale, devrait être nettement plus marqué en 2020, à 23,1 %, pour atteindre 37 milliards de dollars US, avant un redressement de 4 % attendu en 2021.

Il convient de rappeler que le Sénégal est le quatrième pays africain subsaharien récepteur de flux financiers officiels en provenance de ses ressortissants résidant à l'étranger, derrière le Nigéria, le Soudan et le Kenya, selon l'ANSD[38], ajoutant que le volume de ces flux est estimé en 2017 à 2 220 millions de dollars US, soit près de 1 241 milliards de FCFA. Certes, personne ne peut nier le rôle déterminant que jouent les transferts des émigrés dans l'économie, au regard de la place qu'ils occupent dans les revenus des ménages, mais la crise a montré que ces fonds ne sont pas rentabilisés de manière beaucoup plus durable et efficiente. Leur fonction principale reste à satisfaire les besoins vitaux des ménages. Elle a également mis à nu la faible capacité de résilience d'une bonne partie des travailleurs migrants en raison d'une absence d'activités alternatives pouvant permettre d'absorber des chocs inattendus.

---

[37] https://www.banquemondiale.org/fr/news/press-release/2020/04/22/world-bank-predicts-sharpest-decline-of-remittances-in-recent-history

[38] ANSD. 2019. *Rapport « Profil migratoire du Sénégal en 2018 »*, ANSD, Dakar.

La crise démontre l'impérieuse nécessité de repenser le mode d'utilisation de ces flux financiers en orientant une partie vers des projets à forte valeur d'investissement. La situation actuelle doit conduire l'État à plancher sur un plan d'accompagnement des émigrés pour mieux rentabiliser leurs revenus et en faire une activité génératrice. À ce titre, la mise à contribution du cadre institutionnel existant comme le Fonds d'appui à l'investissement des Sénégalais de l'extérieur (Faise) devient importante. D'autres canaux pourraient être exploités pour une utilisation beaucoup plus efficiente et optimale des transferts des émigrés. Il s'agit de participer à la souscription aux titres publics souvent émis par l'État sur le marché financier, notamment les obligations. Ils peuvent également investir dans l'acquisition d'actions à la Bourse régionale des valeurs mobilières (BRVM) par l'intermédiaire des Sociétés de gestion et d'intermédiation opérant au Sénégal. Sur ce point, des initiatives comme l'émission de « diaspora bonds » sont à encourager.

La Banque de l'Habitat du Sénégal (BHS) semble montrer la voie en lançant, en mai 2019, à la BRVM, une obligation de 20 milliards de FCFA ciblant les Sénégalais de l'extérieur. L'émission de ces titres permettra de structurer ces flux pour les réorienter vers des secteurs d'investissement productif comme la construction de projets immobiliers. Les Sociétés de gestion et d'intermédiations (SGI) ont également un bon filon à exploiter. Qu'elles prennent l'initiative de mieux impliquer les travailleurs émigrés dans le champ des investisseurs afin de participer aux souscriptions aux titres publics des États et aux opérations achat/vente d'actions des entreprises cotées à la bourse régionale. Non sans oublier les Fonds communs de placement (FCP) qui peuvent être également une véritable niche pour la diaspora en matière d'épargne. À ce titre, il est important de concevoir des produits financiers adaptés aux besoins de ces travailleurs migrants. Le renforcement de la concurrence au sein des acteurs de l'écosystème de transferts d'argent paraît nécessaire comme la Banque centrale des États de l'Afrique de l'Ouest (BCEAO) l'avait suggéré dans une enquête[39] publiée en 2013. En effet, l'institution émettrice jugeait nécessaire de renforcer la concurrence dans le secteur des transferts d'argent, afin de favoriser la réduction des coûts. Cette action, précise la Banque centrale, passerait par la levée des clauses d'exclusivité imposées par le fournisseur principal de services de transferts rapides dans tous les pays de l'Union. Sur le même registre, elle appelle à encourager le développement de points de services de transferts rapides dans les milieux ruraux et la création de nouveaux produits pour favoriser la promotion d'opérateurs alternatifs comme les bureaux de poste, les coopératives d'épargne et de crédit ou les banques rurales, qui disposent de vastes réseaux accessibles aux pauvres et aux populations rurales. Enfin, la poursuite de la modernisation des systèmes de paiement par leur orientation vers le développement de nouvelles techniques de paiement, notamment l'exploitation du potentiel du *mobile banking* pour l'envoi et la réception des fonds des migrants par le téléphone mobile apparaît comme un impératif. Si l'on parvient à mettre en place des dispositifs d'encadrement, les transferts des émigrés pourront représenter une source stable et bon marché de financement extérieur, surtout en temps de difficultés financières. La valorisation de cette épargne captée par notre diaspora au profit de notre économie s'avère plus que jamais une nécessité.

---

[39] BCEAO. 2013. *Enquête sur les envois de fonds des travailleurs migrants dans les pays de l'UEMOA.*

COVID-19, SOUS-INDUSTRIALISATION ET FRAGILITÉ DU SYSTÈME SANITAIRE EN AFRIQUE : REMÈDE PAR LA DETTE OU NÉCESSITÉ DE REBÂTIR UN MODÈLE ÉCONOMIQUE RÉSILIENT ?

Par Thierno THIOUNE

Covid-19, sous-industrialisation et système sanitaire fragile en Afrique

Penser à surmonter de manière rapide la crise de la Covid-19 serait un acte de foi pour l'Afrique malgré qu'elle soit pour le moment le continent le moins touché grâce vraisemblablement à l'atout de la jeunesse de sa population dont 60 % ont moins de 25 ans. Les perspectives mondiales sont très incertaines. La Banque mondiale dresse un tableau sombre des perspectives en 2020 pour l'Afrique. Elle a montré clairement dans les Perspectives économiques mondiales publiées en juin que la crise de la Covid-19 risque de provoquer une crise alimentaire en Afrique. Elle estime que la contraction de la production agricole risquerait d'atteindre entre 2,6 % dans le scénario optimiste et jusqu'à 7 % en cas de blocages commerciaux du fait que les pays se sont repliés sur eux en fermant leurs frontières provoquant un fort recul des importations de denrées alimentaires de 13 à 25 %. L'OCDE est formelle, l'ampleur mondiale de la pandémie à coronavirus n'est pas uniforme partout, elle rencontre des réalités locales propres à l'Afrique de l'Ouest.

Par exemple, comment en Afrique de l'Ouest pourrait-on se protéger contre la Covid-19 si on a un accès limité aux installations de base pour le lavage des mains ? Dans une telle région où la plupart des populations habitent une agglomération urbaine très dense, que faire pour respecter la distanciation physique ? Que se passe-t-il quand confinement rime avec perte de revenus et moyens de subsistance ?

Pour sa part, la BAD, en mettant en place le projet d'appui en faveur des pays membres du G5 Sahel pour la lutte contre la pandémie à coronavirus, anticipe sur les difficultés de ces pays en pareil contexte de pouvoir faire face à la fois à l'enjeu sécuritaire et épidémique.

Dès lors, une quelconque relance se fera ou ne se fera pas sans véritablement penser à une « industrialisation agricole et médicale » … du continent. Aujourd'hui, le PIB industriel demeure très faible dans toute l'Afrique. C'est un réel indicateur de la sous-industrialisation continue du continent malgré l'existence d'une classe moyenne africaine consommatrice encore faible, comptant 150 millions d'individus en 2018, un chiffre qui devrait bondir à 210 millions d'ici à fin 2020 et 490 millions en 2040 sur une population estimée à 2 milliards d'individus à l'horizon 2050.

À côté de la plupart des systèmes sanitaires des pays du continent demeurant vulnérables et fragiles, tout cela laisse à croire que beaucoup de facteurs seraient susceptibles de contrarier les mesures d'endiguement et d'atténuation mises en place, pour une relance ou une reprise économique envisageable.

Au Sénégal, par exemple, où est notée une densité de médecins de 0,7 pour 10 000 habitants[40] et plus d'un tiers des habitants de l'Afrique de l'Ouest qui n'ont pas d'installation pour se laver les mains chez eux, il ne serait pas ubuesque de penser que la tâche reste titanesque. Dès lors, il s'agira de trouver les réponses budgétaires intégrant les interventions de protection sociale

[40] https://www.indexmundi.com/map/?v=2226&r=af&l=fr

nécessaire destinées aux ménages et au secteur informel d'une part, et d'autre part, de bâtir et redynamiser à la fois un système sanitaire viable concomitamment à la capacité à mobiliser les ressources nécessaires au financement des programmes de relance seul gage à semer les graines pour une reprise et pour rendre nos économies plus résilientes.

Annulation ou report de la dette ?

Très probablement, on pourrait répondre par l'affirmative au regard des différentes initiatives notées depuis l'apparition de la Covid-19. On se rappelle de l'appel du Président de la République Macky Sall pour l'annulation de la dette publique africaine qui avait suscité un écho favorable avec l'invite du Pape François pour une réduction ou annulation de la dette qui pèse sur les budgets des pays les plus pauvres.

Par la suite, le Sénégal a participé à l'Initiative de suspension du service de la dette (ISSD) qui s'est matérialisée par la suspension du paiement du principal et des intérêts dus à l'ensemble des créanciers du secteur bilatéral officiel jusqu'au 31 décembre 2020 pour un montant de 90,57 milliards de FCFA (137 millions d'euros), soit 13,51 % du service de la dette extérieure dû en 2020. Au fond, c'est véritablement un mix de décisions (une dose d'allégement, une dose d'annulation et une dose d'accompagnement de financement concessionnel des institutions financières) qu'il faudrait concevoir. Le processus est enclenché. Déjà, les institutions financières africaines proposent des réponses assez ambitieuses. La BAD met en place une obligation sociale « Combattre la Covid-19 » de 3 milliards USD et une facilité de réponse à la Covid-19 de 10 milliards USD. La BCEAO jugée timorée, appuie les établissements de crédit et des entreprises pour les aider à faire face à l'épidémie. La BOAD accorde 120 milliards de FCFA de prêts concessionnels pour financer des mesures d'urgence dans le cadre de la gestion de la crise sanitaire.

Suite à la proposition faite au G20 d'accorder un financement d'urgence de 150 milliards USD au continent, les ministres africains des Finances ont coordonné un appel à une relance économique immédiate à hauteur de 100 milliards USD. Le FMI a approuvé un allégement immédiat de la dette de 25 pays pauvres au cours des 6 prochains mois. Parmi ces pays, 11 se trouvent en Afrique de l'Ouest : Bénin, Burkina Faso, Gambie, Guinée, Guinée-Bissau, Libéria, Mali, Niger, Sierra Leone, Tchad et Togo.

C'est dire que même si Cesar Calderon, économiste principal à la Banque mondiale, estime que « les mesures immédiates sont importantes, seul un allégement de dette permettra d'injecter les ressources indispensables pour lutter contre la pandémie et préserver la stabilité macroéconomique de la région » (Communiqué de presse n° 2020/099/AFR de la Banque mondiale). Pour ma part, il est vital, pour le financement des projets ambitieux de développement, d'aller plus loin, c'est-à-dire, penser à une annulation pure et simple ne serait-ce qu'une partie d'une certaine dette dite multilatérale et/ou bilatérale.

De l'opportunité de la mise en place de la Zone de libre-échange africaine (ZLECAf)

En réalité, pour faire de la ZLECAf un pari gagnant-gagnant pour tous les pays de la CEDEAO, de l'UEMOA et pour le Sénégal, certains préalables s'imposent, notamment le renforcement des capacités productives, l'amélioration des infrastructures liées au commerce, l'accessibilité au financement du commerce pour une facilitation des échanges.

Véritablement, la mise en œuvre de la ZLECAf offre une opportunité de diversification économique par le biais de la création de chaînes de valeurs régionales intégrées, ainsi que du démantèlement des barrières tarifaires et non tarifaires. De ce point de vue, c'est sans nul doute que la ZLECAf constitue une véritable opportunité au sens que les secteurs d'activités (l'agriculture, l'élevage, les industries alimentaires, les industries extractives, chimiques, de tabac…) mais également le pouvoir d'achat des ménages connaîtront une amélioration notoire. C'est dire que la ZLECAf est aujourd'hui plus pertinente que jamais. Elle a le potentiel de stimuler le commerce intra-africain, de promouvoir une intégration régionale plus forte et, à terme, des économies plus résilientes face à une récession mondiale. Dans cette perspective de l'après-Covid-19, la ZLECAf pourrait servir d'amortisseur efficace à la crise selon Mayaki (groupe de travail sur les Conditions de réussite dans la mise en œuvre de l'Accord de libre-échange continental africain, Travaux parrainés par l'Agence de développement de l'Union africaine), cette pandémie serait alors l'occasion d'accélérer l'intégration du continent.

Nécessité de rebâtir un modèle économique résilient

Ce virus fera plus de mal à l'économie qu'à la santé. L'ADN de l'économie des pays africains, c'est l'informel. En Afrique de l'Ouest, l'informalité est une réalité au vu de son poids. Ce sont, pour la plupart, des économies qui se caractérisent par un sous-emploi, l'insuffisance de la demande effective. De ce point de vue, toutes mesures de confinement (partiel, mobile, total…) se transforment très rapidement en confinement des revenus et un tarissement des ressources. En réalité, elles (ces économies) sont victimes du cercle vicieux de la pauvreté (Nurske)[41] ou sont en

[41] Nurkse, Ragnar. Problems of Capital Formation in Underdeveloped Countries. pp. vii, 163. New York : Oxford University Press, 1953.

situation d'équilibre de la pauvreté (Galbraith)[42] qui fait qu'il est vital alors de mettre l'économie informelle au cœur des politiques publiques à l'échelle continentale.

Pour pallier tout cela, il urge de repenser un modèle économique de développement fondé sur des stratégies de développement que nous recommandons au travers de trois points :

- des stratégies de développement à partir de trois politiques d'industrialisation dites par promotion des exportations soit par substitution d'importation accompagnée d'un certain protectionnisme dans les secteurs concernés soit par substitution d'exportation basée sur le développement d'une industrie nationale ;

- la création d'entreprises publiques, la planification et l'intégration économique régionale, notamment sur le plan industriel pour remédier au problème de l'étroitesse du marché ;

- l'augmentation du degré d'industrialisation de l'agriculture ; un véritable programme de développement agricole afin de remédier à la priorité accordée à l'industrie (lourde) considérée comme activité novatrice et moteur de développement au détriment de l'agriculture considérée comme dynamique passant par l'accroissement de la productivité, les réformes agraires, le développement rural…

Somme toute, le grand exercice à réussir et sur lequel est attendu les grands leaders de ce continent consiste dans le choix d'un développement autocentré ou d'un développement extraverti dès lors que nous savons qu'il s'agit aujourd'hui d'une désarticulation de nos économies et que nous savons également que la croissance du secteur moderne ne se propage pas au secteur traditionnel.

---

[42] Galbraith, J. K. Le nouvel État industriel. Essai sur le système économique américain, N.R.F., éd. Gallimard, trad, franc., 1968, p. 416.

L'ÉCONOMIE IMMÉDIATE : MODÈLE DE RÉSILIENCE POST COVID-19 PAR UNE APPROCHE DE TERRITORIALISATION DES POLITIQUES PUBLIQUES

Par Alioune DIONE, Cheikh GUÈYE
et Cheikh Ahmadou Bamba DIAGNE

Introduction

Le contexte de la Covid-19, la forte dépendance de la plupart des économies et le caractère extraverti de l'activité économique dans une situation de vulnérabilité des populations montrent à quel point il demeure urgent de se focaliser sur l'économie de l'ici et maintenant[43], comme un ressort de résilience et de transposition économique de la puissance culturelle ignorée chez les peuples africains en général et le Sénégal en particulier. Cette pandémie qui perdure et d'autres qui peuvent arriver vont de plus en plus tenir le monde en haleine et mettre la santé et l'économie en mode survie. Dans ce contexte, le confinement des États dans leur propre territoire et les populations dans leurs milieux sociaux semblent inviter à un nouveau regard sur l'immédiat.

L'immédiat est défini comme étant : « ce qui précède ou succède dans le temps et dans l'espace sans intervalle[44] ». Dès lors, il est admis que l'immédiat est un référent incontournable et que rien dans la vie, qu'il soit matériel ou immatériel, physique ou imaginaire ne lui échappe.

---

[43] Tolle, E. 2010. *Le Pouvoir du moment présent-Guide d'éveil spirituel*, Éditions J'ai lu.

[44] Dictionnaire Larousse.

En effet, ce concept s'inspire de la conclusion faite sur le modèle économique thaïlandais et de la « philosophie de l'économie suffisante[45] », concept lié au bouddhisme et prônant la modération et l'autonomie comme principe de vie économique et social. L'économie suffisante a émergé lors du régime militaire du maréchal Phibunsonkhram dans les années 1930 et reflétait le mode de vie adopté par la majorité des Thaïlandais.

L'économie immédiate partage les mêmes principes et caractéristiques que l'économie suffisante qui a permis au Roi Rama IX de susciter un boom considérable de 1987 à 1997, propulsant son pays dans l'enceinte des puissances émergentes.

À l'instar de la Thaïlande, le Sénégal peut potentialiser l'économie immédiate en la reconnaissant comme une économie reflétant ses spécificités culturelles, ses modes de production, de consommation et d'échange et comme une contribution décisive contre l'extraversion économique.

L'absence de transformation structurelle est la raison pour laquelle cette économie ne peut endiguer la pauvreté grandissante et les fabriques de vulnérabilité. Le commerce et l'agriculture emploient l'écrasante majorité des agents de l'informel, soit environ 73 % de 2010 à 2019[46]. Au-delà, le bâtiment et les métiers artisanaux connexes, la réparation mécanique comme clusters de métiers (au moins 10 allant de l'électricité, à la peinture, à la soudure, aux métiers du froid, à la restauration, etc.), le transport,

---

[45]Mongsawad, P. 2010. "The Philosphy of The Sufficiency Economy, a contribution of the theory of development", *Asia Pacific Development Journal*, Vol. 17, United Nations Economic and Social Commission for Asia and the Pacific (ESCAP), p. 123-143.

[46]Mbaye, A. A. Diagne, C. A. B. 2020. « Sauver l'économie informelle face au Covid-19 en Afrique de l'Ouest », *The Conversation* mai 2020.

les nouveaux métiers du digital, occupent une place de choix dans ce kaléidoscope de secteurs.

C'est toute une économie qui fonctionne dans l'immédiat temporel et spatial, avec ses normes et ses règles, qui rendent compte d'une organisation propre qui lui assure sa créativité exceptionnelle, sa souplesse, sa frugalité ainsi que sa capacité de résistance et de rebond. L'économie immédiate est une économie de proximité qui, dans tous les espaces, locaux tisse des liens avec les milieux sociaux et d'appartenance et construit des boucles locales d'échange. Elle se pose en véritable alternative à l'économie néolibérale qui génère l'extraversion avilissante, institutionnalisée et qui a fini de déshumaniser l'économie en rendant vulnérables les individus, populations et communautés. À ce niveau, il faut savoir que la problématique est assez complexe avec le besoin urgent des pouvoirs publics de corriger beaucoup d'extraversions et d'incohérences en parlant de territorialisation des politiques publiques.

L'économie immédiate est celle du « *sabablou* » (entrepreneuriat volontariste) et non du « *soukëndikou* » (dépendance), de l'accumulation au goutte-à-goutte (*toqëtoqë*), du « *dërëm* » (argent) associé au « *ngërëm* » (agrément de Dieu) qui pour beaucoup de ses acteurs donne un sens à l'existence dans son monde proche et dans l'au-delà. Cette dimension spirituelle dans un pays de croyants où le travail prend une dimension sacerdotale est incontournable pour comprendre les logiques profondes de l'économie immédiate[47].

Sous ce rapport, le rôle de l'État est central. Il est l'acteur qui peut, à travers ses institutions, ses politiques et stratégies, notamment ses orientations en matière de finances publiques,

---

[47] Fall, A. S. Guèye, C. 2003. "Derem ak Ngerem : le franc, la grâce et la reconnaissance. Les ressorts de l'économie sociale et solidaire en Afrique de l'Ouest », *Revue du MAUSS* 2003/1 (nº 21), p. 97-112.

occasionner ou renforcer des mécanismes de création de richesses et favoriser le rôle prépondérant des entreprises et de l'entrepreneuriat dans les terroirs et les territoires[48].

L'articulation entre les stratégies, les espaces et les ressources est déterminante en économie et les perspectives de modélisation d'une approche immédiate doivent s'appuyer sur le caractère réel, intégratif et soutenable d'une économie qui devient de plus en plus accessible à l'écrasante majorité des agents économiques.

Devant la panne de paradigmes économiques nouveaux ou alternatifs, l'économie immédiate est une voie conceptuelle et un champ de pratiques économiques au même titre que l'économie sociale et solidaire, l'économie circulaire, positive, etc.

Ces différentes formes d'activité économique ont bien contribué à la satisfaction de besoins et aspirations des populations. Elles portent de bonnes pratiques qui ont besoin d'être systématisées et valorisées dans le cadre d'une révolution économique contribuant à amoindrir ou éliminer les facteurs négatifs exogènes. De ce point de vue, elles ne doivent pas constituer des alternatives économiques marginales et des formes d'économie interstitielles qui n'ont pas la reconnaissance de l'économie dominante.

Dans l'approche de rupture de l'économie immédiate, l'espace sera appréhendé en termes de terroir avec toutes les potentialités et comme creuset d'un entrepreneuriat à hauteur d'homme, tourné vers la satisfaction des besoins de vie simple et attaché à l'environnement immédiat. Dès lors, une commune, une communauté rurale, un pays, un espace régional peuvent se percevoir comme territoire à analyser sous l'angle de toutes les potentialités

[48] Kassé, M. 2015. *L'économie du Sénégal. Les 5 défis d'un demi-siècle de croissance atone*, Éditions L'Harmattan.

économiques qu'ils présentent en rapport avec l'économie immédiate, aux différents niveaux micro, méso et macro.

C'est pourquoi l'économie immédiate peut prétendre contribuer au développement territorial en étant le moteur du local et dégageant les barrières institutionnelles classiques[49] (faiblesse technique, bureaucratie, assiette fiscale étroite, etc.).

Aussi, cette réflexion se veut une investigation sur le caractère scientifique dans sa nature et sa mise en œuvre ainsi que son institutionnalisation en termes de capacité de réponse à la territorialisation des politiques publiques et de la viabilité de l'espace de création de richesses économiques.

Conception scientifique

Au regard de l'avènement et de la systématisation de la pensée économique depuis les physiocrates au milieu du XVIIIe siècle jusqu'à l'École classique à la fin du XVIIIe siècle, de l'École néoclassique de la fin du XIXe siècle jusqu'à l'École Keynésienne, la profondeur historique des théories économiques est à l'aune de l'économie réelle même si le débat a porté sur des objets divers allant de la place de l'agriculture, du libre-échange, de l'emploi, de la monnaie ou de la croissance.

Cette croissance devenue le focus actuel et exclusif a occulté toute la dimension inclusive et sociale de l'économie considérée comme une science exacte[50], et minimisé la dimension immédiate et réelle de l'économie en favorisant l'économie spéculative qui ne reflète plus la production manufacturière, avec un hiatus considérable entre les biens et services réels et la nature économique véritable qui doit être réelle et intégrative. Cela appelle alors une

[49] Ndiaye, A. 2015. *Paradigmes du développement, quels système et approches pour l'Afrique ?* Éditions L'Harmattan.
[50]Sarr, F. 2016. « *Afrotopia, penser l'Afrique* », Éditions Philippe Rey.

articulation avec la réalité du processus de production, avec tous les pans jusque-là omis et qui sont portés par les acteurs locaux afin d'assurer une reproduction et une résilience des sociétés.

L'économie immédiate : un concept et une réalité intégratrice

Le monde semble être pris en otage par l'économie spéculative, les crises financières multiples, les guerres commerciales, la compétition effrénée sur les ressources pour satisfaire un modèle économique matérialiste et hédoniste. Les scandales répétitifs sur la drogue, les faussaires de devises, la corruption sur le foncier, la fraude fiscale et tous les flux financiers illicites, représentent les manifestations des contre-valeurs contre lesquelles l'économie immédiate se présente avec ses références locales, religieuses, sociétales.

Les deux premières natures de ce modèle économique résident dans le caractère réel et intégrateur qui invite à un processus de création de richesses à partir des biens réels issus de l'environnement naturel, physique, géophysique, minier, local et de la culture dans le sens de tout besoin anthropologique.

En jaugeant le niveau de l'articulation avec l'immédiat au sens temporel et spatial, on s'inscrit véritablement dans un paradigme réel et intégratif, enchâssé dans l'humain et de la société. C'est à ce niveau qu'elle se démarque des autres paradigmes tels que l'économie circulaire, rapide, sociale et solidaire, entre autres, qui peuvent ne pas être immédiates quand l'essentiel de leurs activités profitent à des institutions financières, qui leur prêtent avec des taux usuriers. Les facteurs de production d'une économie immédiate doivent faire l'objet d'une domiciliation par transfert interne et diffusion locale de technologie.

La Covid-19 a dévoilé tout le génie créateur des artisans qui ont pu s'adapter aux normes de fabrication de masques dans un délai urgent avec une créativité et une ingéniosité également démontrées par de jeunes inventeurs d'équipements et appareils usuels et pratiques : kits de lavage de mains, respirateurs, robots, etc.

Étant donné le caractère tentaculaire du secteur dit informel dans l'activité économique au Sénégal, toute politique destinée à obtenir une relance durable de l'économie devra nécessairement s'appuyer sur ce type d'activité. Les économistes appellent « transformation structurelle » le processus conduisant au déplacement des ressources (essentiellement les travailleurs) des activités à faible productivité vers les activités à plus forte productivité. Or, ces dernières se retrouvent essentiellement dans le formel, tandis que les activités à faible productivité correspondent surtout à l'informel (y compris l'informel agricole). Le concept d'économie immédiate facilitera la transformation structurelle qui est la principale raison pour laquelle les performances de croissance réalisées ces dernières années n'ont pas fait baisser significativement la pauvreté ni généré des emplois de qualité. Malheureusement, les acteurs considérés comme informels ne sont pas assez intégrés dans les orientations de politiques publiques, alors que 97 % des entreprises sont dans le secteur informel et leur contribution financière est directement ou indirectement retenue par les collectivités locales.

Il en découle un gap important à plusieurs niveaux en termes de performance économique, de contribution aux finances publiques et de résilience, par manque de soutien et d'appui en matière de formalisation et d'optimisation quand on sait qu'une écrasante partie des produits semi-manufacturiers pouvait être assurée par ces acteurs. Dans cette optique, l'économie immédiate peut constituer un lit de petite industrialisation immédiate ou industrialisation légère tournée vers les besoins locaux. L'endettement extérieur et la faible contribution des secteurs primaire et secondaire dans la création de richesses à l'intérieur du territoire sont les conséquences du choix d'un modèle qui marginalise des pans entiers des acteurs et entrepreneurs de l'économie. Ce modèle qui reflète la division internationale des échanges, avantage les pays du nord et fait de nos pays la périphérie[51] permanente du système économique international.

Économie de proximité

La troisième nature majeure de cette économie est le caractère soutenu et durable qui corrige, en réalité, cette économie par une exigence de la faire porter par les acteurs du lieu de production ou de consommation. Ce caractère soutenu a un multiple avantage en ce sens qu'il invite à la fois à une correction du système de fonctionnement et de production par une amélioration du capital humain.

Le caractère soutenu de l'économie immédiate réside dans la focalisation sur l'exigence de localiser et d'ancrer le système de production au sein de la population résidente. C'est tout le sens de l'approche coopérative de Mamadou Dia, ancien Président du Conseil dans les premières années d'indépendance qui considère la maîtrise et le transfert de technologie de production et de conservation comme un paramètre crucial. Il est alors évident que le retard technologique risque de rendre impertinente toute option autour de l'économie immédiate d'autant plus que le coût unitaire en temps et en qualité des produits est nettement dépendant de cette donne.

À ce niveau, les décideurs détiennent la solution en termes d'innovations, de transferts et diffusions technologiques. L'exemple de l'importation des « houes Chine » par Senghor a constitué une

[51] Amin, S. 1973. *Le développement inégal*, Les Éditions du Minuit.

occasion de parfait transfert de compétence quand on sait que les forgerons ont assuré toute la réparation pour ensuite passer à un niveau de fabrication ayant conduit à s'approprier cet outil de production.

Dans une approche d'économie immédiate, il faut impérativement entamer un processus d'accompagnement des entreprises locales à se mettre à niveau afin de pouvoir coexister avec toute entreprise étrangère par une politique de transfert et diffusion technologiques.

En définitive, l'économie immédiate se caractérise par le souci de se focaliser sur la valeur ajoutée dont l'importance s'optimise en fonction du caractère endogène du produit brut. C'est pourquoi elle n'est pas autarcique, mais elle est résiliente par l'accessibilité de la matière première et à sa mise en valeur ou sa transformation par les acteurs locaux.

Application dans les politiques publiques et optimisation de l'activité économique par les chaînes de valeur

Dès lors que l'immédiateté et l'utilité de l'activité de production et de création de richesses sont perceptibles dans la forme, il devient nécessaire de voir comment assurer une application dans les politiques publiques. À cet effet, la philosophie de l'économie suffisante thaïlandaise, l'esprit de contournement de Cheikh Ahmadou Bamba et de Muhammad Yunus[52] face à l'étouffement par les multinationales, l'approche coopérative préconisée par Mamadou Dia, le schéma du Président Sankara articulant la production à la consommation et le « systémisme » de Cheikh Anta Diop[53] conjuguant l'environnement et la culture à partir de la valeur

---

[52] Yunus, M. 2006. *Vers un Monde sans Pauvreté*, Éditions J.-C. Lattès.

[53] Diop, C. A. 1969. *Antériorité des Civilisations nègres. Mythe ou Vérité historique ?* Éditions Présence Africaine.

ajoutée constituent cinq piliers possibles de mise en œuvre de l'économie immédiate. Il s'agit alors de voir que cette option invite à deux stratégies en fonction des œillères sur la valeur ajoutée : valorisation et optimisation.

Le recentrage sur la satisfaction des besoins de consommation n'exclut pas des exportations qui peuvent avoir un impact positif sur la balance commerciale. À ce titre, les secteurs de l'habillement sont un exemple éloquent. Ils ont connu au Sénégal un essor avec le « costume africain » et ont permis aux artisans de se faire une part de marché, mais la valeur ajoutée de ces acteurs aurait été accrue si la confection était faite avec du pagne tissé africain ou d'autres tissus locaux dont l'utilisation pourrait avoir un impact chez les producteurs locaux de coton. C'est également le cas de l'ingéniosité des artisans de Ngaay qui auraient bénéficié de l'énorme potentialité de l'économie immédiate issue de la valorisation des peaux de bétail abattu si l'État avait pensé à l'implantation d'une industrie dans le domaine.

L'optimisation de l'immédiat signifie la maximisation de la chaîne de valeur. Plus un produit brut est transformé, plus sa valeur ajoutée est grande. C'est pourquoi la confection d'un habit à partir d'un pagne fabriqué localement consommé à grande échelle viabilise l'économie d'un pays ou d'une région comme le présageait le Président Thomas Sankara quand il disait : « Consommons ce que nous produisons et produisons ce que nous consommons ».

En définitive, la particularité de l'économie immédiate, c'est de se focaliser exclusivement sur la valeur ajoutée qui est le principal indicateur de viabilité économique : plus la valeur ajoutée est grande, plus la nature est immédiate. L'entrepreneuriat familial et le regroupement en GIE constituent, à cet effet, les premiers socles pour booster l'économie immédiate.

La valorisation du potentiel économique

La valorisation est la conséquence d'un choix de production. L'on valorise tout ce qui est accessible et constitue un besoin. Le potentiel économique non valorisé est extrêmement important et cause la pauvreté des régions et terroirs.

Le pire du phénomène de l'extraversion est que dans la plupart des cas, on assiste à une exportation de produits bruts à fort potentiel de valeur ajoutée comme l'arachide au Sénégal. Pourtant, même une transformation minimale peut générer des ressources supplémentaires et une petite industrialisation. La consommation de la pâte d'arachide est en hausse significative dans les pays asiatiques et américains et peut constituer une opportunité dans cette optique.

L'exemple de la Casamance est également illustratif avec un potentiel agro-sylvo-pastoral extrêmement important en produits agricoles saisonniers, notamment des quantités importantes de mangues pourrissent faisant perdre énormément d'opportunités de rentrées de devises quand on sait que ce produit est très prisé en Europe et en Asie. Cette opportunité d'emplois mal saisie pourrait faire l'objet d'une démarche favorisant un transfert de technologies de transformation pour la filière mangues séchées et donner du travail à des milliers de jeunes de cette région, voire favoriser la venue d'autres provenant des autres régions du Sénégal.

En définitive, cette politique de valorisation et de transformation dans beaucoup de filières dépend de choix politiques et institutionnels et requiert un volontarisme des pouvoirs publics.

Cette valorisation peut contribuer à l'élaboration d'un éventuel indice de souveraineté économique immédiate (ISEI) en calculant la part de valeur ajoutée de l'ensemble des biens et services d'une aire géographique de consommation donnée.

Réponse économique à la territorialisation des politiques publiques

Le défi de la mise en œuvre de l'économie immédiate sera d'abord celui de la capacité et du courage politique à faire face à l'ultra hégémonie du système capitaliste. Il s'agit d'adopter la philosophie du contournement[54] à l'instar de Muhammad Yunus (2006) face à l'impitoyable action des multinationales.

Mais, en dehors du courage et de la détermination, considérer l'« immédiat » dans les options économiques permet ainsi de corriger l'extraversion en considérant plus le lieu de production ou de consommation des biens et services et le raccourcissement des échanges autour de boucles locales. À ce niveau, l'économie immédiate est une économie d'inclusion sociale et territoriale. Les pouvoirs publics en quête d'équité socio-spatiale et d'inclusion doivent accentuer les investissements dans les secteurs de production investis par le plus grand nombre d'acteurs.

Cette option permet de considérer le territoire comme facteur et paramètre de l'évaluation économique. L'immédiat est alors la circonscription spatiale économiquement appréhendée dans l'optique de production souhaitée (boucles économiques locales protégées de la concurrence extérieure). Elle conditionne les décideurs politiques et économiques et fait ressortir les avantages comparatifs lors d'un marketing territorial.

Elle permet ainsi de valoriser l'économie locale et de doter, par exemple, les acteurs de l'artisanat d'un important marché dans un espace plus élargi tout en poussant vers une industrialisation légère progressive et intégrée.

---

[54]Dione, A. 2016. *Lecture scientifique de l'Action de Khadimou Rassoul*, préface de Professeur Souleymane Bachir Diagne de l'Université de Columbia, Éditions Majalis, chap. V, la philosophie du contournement ou la sagesse de la himma, p. 241.

L'inclusion économique : partenariat public-privé et formalisation de l'économie immédiate

Le nombre d'acteurs du secteur (97 % des entreprises du Sénégal et 96 % des créations d'emplois) et la qualité des produits doivent dicter un processus de formalisation systémique allant de l'approche coopérative à la création de regroupements de GIE, par exemple, pour aboutir à des Toutes Petites Entreprises (TPE). Lesquelles TPE pourraient également se constituer en regroupements et donner des Petites et Moyennes Entreprises (PME) dans le cadre des opportunités de services des structures étatiques et non étatiques.

Le partenariat public privé systématisé dans l'optique de valoriser l'économie immédiate à travers la formation et le transfert de technologie peut également assurer un accès aux marchés publics et le développement de l'expertise locale.

La formalisation peut permettre de saisir les occasions des marchés publics et des périodes de grande consommation comme les événements religieux pour en faire des opportunités majeures de création d'emplois temporaires et permanents. Les Magal, les Gamou, les autres fêtes religieuses musulmanes et les milliers de célébrations sont, au-delà du caractère de tourisme religieux, autant d'événements générant des besoins de consommation et par conséquent des opportunités d'affaires que l'économie immédiate peut apprendre à satisfaire autour des lieux abritant ces événements. Des jeunes se lancent de plus en plus vers des « campagnes » et des services de l'événementiel qui pourraient bien être systématisés avec l'approche coopérative.

L'articulation des fonds destinés à la création d'emplois pour les jeunes avec des secteurs productifs aurait permis de contourner les échecs récurrents des financements et la mortalité des entreprises pour ne pas dire des initiatives. La Délégation à l'Emploi Rapide mise en place par l'État du Sénégal aurait permis de formaliser les activités culturelles des cérémonies en rendant leurs coûts de production plus bas grâce aux contrats entre les GIE prestataires et les organisations de producteurs agricoles sur la base d'un financement ciblé et une articulation avec les différents mécanismes d'appui à la politique de l'emploi et de la jeunesse.

La mise en place de GIE[55] constitués de profils diversifiés permet à la fois d'utiliser des jeunes diplômés et moins diplômés dans la création massive d'emplois permanents grâce à la systématisation des prestations faites dans plusieurs domaines.

Une possibilité d'homologation des prix de fournitures par les coopératives aux GIE de production permettrait de rendre compétitifs les prix de prestations et d'améliorer la qualité des services.

L'économie immédiate pour booster la production locale et l'optimisation des finances publiques locales

La plupart des économies locales africaines sont articulées à des chaînes de valeurs extraverties parce que depuis l'époque coloniale, on ne pense les potentialités immédiates de l'environnement et de la culture que par rapport aux besoins des autres. Il convient alors de recentrer leur viabilité sur la capacité d'usage des ressources par un accompagnement des pouvoirs publics centraux et décentralisés. L'implantation de GIE par l'organisation et l'accompagnement des jeunes entrepreneurs rend viable l'économie locale en lui permettant de se fonder sur les produits immédiats et les besoins de vie.

[55] Voir Document de conception d'AFreeMAction pour l'économie immédiate, juillet 2019.

Le portage de la production par les acteurs locaux, notamment les autorités décentralisées, a l'effet de procurer aux collectivités locales des ressources fiscales additionnelles dans un contexte où la décentralisation n'a jusque-là pas mis en place un système performant de collecte des impôts. Les entrepreneurs locaux peuvent bénéficier d'une préférence locale sous condition de prestations de qualité. Cette accessibilité au niveau local a le mérite de permettre à ces acteurs de bénéficier de ces opportunités et de pouvoir contribuer par un retour de taxes ou impôts dans le cadre d'un partenariat local public-privé.

Le caractère intégratif de l'économie immédiate qui appelle à considérer le coût non monétaire et l'action citoyenne comme mode de contribution au développement du terroir permet d'obtenir, de manière passive, une forme de contribution qu'il faut juste optimiser, permettant un gain additionnel par effet de dépenses non injectées qui appelle en retour à une préférence résidentielle de l'attribution des marchés de la collectivité territoriale de ressort.

Viabilisation économique de l'espace CEDEAO : un important marché régional irrigué par l'économie immédiate

Dans l'approche de l'économie immédiate, l'espace CEDEAO peut être considéré comme un marché plus large étant donné le lit culturel commun provenant d'une historicité commune, des chartes (Mandé), conventions locales et transfrontalières, des parentés articulées sur des distances courtes et longues, des appartenances identitaires (ethnies, religions), etc. Les produits agricoles et artisanaux constituent, sous ce rapport, un énorme marché déjà stimulé par une demande croissante des milieux urbains dont les consommateurs apprécient de nouveau les délices emblématiques des terroirs. Foires régionales, marchés sous-régionaux ou transfrontaliers, zones d'échanges solidaires comme la Sénégambie méridionale, la zone Sikasso-Korhogo-Bobo Dioulasso ou encore Maradi-Katsina-Kano se multiplient pour encadrer et structurer l'économie immédiate et la CEDEAO des peuples.

L'enjeu du marché intérieur est au cœur de toute analyse sur l'économie immédiate comme le montre l'exemple de la Chine ou près de 80 % des produits manufacturiers sont destinés à leur marché intérieur. La CEDEAO est, dans cette optique, un immense marché économique faiblement optimisé. Le niveau d'endettement et la vulnérabilité[56] de la plupart des économies africaines s'expliquent avant tout par ce hiatus entre la faible exploitation des potentiels locaux et l'extraversion de pans entiers de l'économie.

Pourtant, une politique commune fortement appuyée par les États comme dans les grappes de convergence aurait permis une levée de contribution significative au financement du développement par les secteurs primaire et secondaire de ces économies.

Les produits halieutiques, les produits de transformation d'origine végétale, les objets en cuir peuvent faire objet d'une attention particulière des pouvoirs publics en renforçant les producteurs et en élaborant des politiques dans le sens de les accroître et de les rendre compétitifs. Des avantages comparatifs sont identifiés au sein de chaque pays et la sous-région, considérée comme terroir dans l'approche économique immédiate, permet de booster ces opportunités économiques.

Dans l'approche économie immédiate, la politique intégrative commune considèrera toute la zone, dans son ensemble, comme un terroir-marché. L'accessibilité des ressources sur lesquelles sera bâtie l'économie de l'espace est ici considérée, les activités non

[56] Fonds Monétaire International. 2019. *Rapport Régional 2019 du Fonds Monétaire International*. FMI.

soutenues par le capital humain d'origine seront appréhendées dans une perspective de diffusion et de transfert de technologie.

Cette optique édicte une articulation systémique entre les ressources économiques naturelles et énergétiques avec les ressources humaines et les institutions établies. Cette considération majeure de l'économie réelle permet d'entraver le phénomène de l'endettement des régimes successifs qui ont généré la « Dette odieuse de l'Afrique »[57]. C'est ce qui semble être perçu par les partenaires européens et explique la précipitation dans les négociations et les signatures des APE qui se feraient sans doute au détriment d'un vrai choix de politique autour de l'économie immédiate.

Possibilité d'une industrialisation basée sur le potentiel immédiat

Un développement industriel inclusif dispose déjà d'une potentialité de ressources assez considérables. Un tissu industriel peut bel et bien être établi et accompagné par les organismes de financement communautaire avec des politiques élaborées à partir des cadres de l'UEMOA et de la CEDEAO.

L'artisanat peut servir comme embryon d'un système de production industrielle à grande échelle tout en maintenant ces acteurs dans un premier niveau de production à l'échelle de ce qui est connu avec les grandes entreprises qui sont relayées par des PME dans les pays européens et asiatiques. Il s'agit juste de mettre en place une industrialisation inclusive avec des niveaux de transformation superposés dans une logique de valorisation des produits des terroirs.

[57]Ndikumana, L. et Boyce, J. K. 2013. *La dette odieuse de l'Afrique, comment l'endettement et la fuite des capitaux ont saigné un continent*, Éditions Amalion, p. 19.

Dans cet espace CEDEAO, une industrialisation sensible à l'économie immédiate peut être obtenue grâce à la transformation des produits bruts disponibles et hautement stratégiques dans le commerce international : café, cacao, bananes, arachide, karité, coton, tissus traditionnels africains, etc. Une politique industrielle régionale et intégrative pourra assurer toute la résilience des producteurs artisanaux et viabiliser leur activité en amont des industries mises en place.

Conclusion

En définitive, la Covid-19 a surpris nos institutions et a mis à nu leur faiblesse ainsi que le hiatus qui existe entre leurs langages, leurs méthodes d'analyse et de mesure et les dynamiques économiques et sociales à l'œuvre dans les espaces nationaux et régionaux. L'économie immédiate qui est une dimension longtemps occultée par l'extraversion doit être réhabilitée. Il s'agit de toute action, activité ou processus de création de richesses qui part de la production brute issue de l'environnement immédiat et de la culture locale et qui se focalise sur la meilleure alternative de valeur ajoutée. Elle a alors été toujours pratiquée de façon diffuse à des moments donnés mais n'a toujours, jusque-là, pas été systématisée et reconnue.

Ainsi, toute stratégie de politique économique et sociale qui ne respecte pas le caractère réel, intégratif et soutenu des activités n'est pas sensible à l'économie immédiate, quel que soit le niveau de productivité économique. Elle peut être hypothéquée à tout moment par des aléas ou chocs exogènes.

Aussi, faudrait-il approfondir l'étude à un triple niveau : celui des praticiens qui veulent exercer des activités hautement sensibles à l'économie immédiate pour sortir leurs terroirs de la torpeur ; celui des ONG qui veulent promouvoir ce modèle économique ainsi que la sphère des décideurs publics, tels que l'État et les collectivités territoriales qui veulent mieux s'articuler à une économie réelle et durable.

UNE NOUVELLE ÉCONOMIE GÉNÉRATRICE D'UNE SOUVERAINETÉ STRUCTURELLE

Par Cheikh Ahmadou Bamba DIAGNE

Les économies en développement sont caractérisées par leur vulnérabilité. La crise sanitaire que nous traversons depuis quelques mois entraîne dans son sillage une série de conséquences sociales, économiques, politiques et géopolitiques. Elle nous fait prendre conscience de l'extrême fragilité des communautés humaines dans lesquelles les solidarités sont à la fois organiques et mécaniques. Au sortir de cette crise sanitaire mondiale, plus rien ne doit être comme avant dans la gouvernance publique et la prise en charge des préoccupations des populations. À l'instar des pays développés et émergents, les pays en développement sont touchés par la pandémie de la Covid-19 avec des conséquences désastreuses. L'humanité traverse la crise la plus terrible, la plus violente et la plus rapide de son histoire. L'incertitude et l'angoisse sont les plus partagées, nous n'avons aucune visibilité sur l'avenir, sûrement les pays les plus malins vont s'en sortir avec moins de stigmates.

La crise a permis l'éclosion d'une panoplie d'initiatives que le système économique normal empêchait de germer. Elle a mis en évidence l'extrême fragilité de secteurs tels que le tourisme, la sous-traitance ou les services, l'artisanat, la culture, qui ne peuvent jouer le rôle d'ossature de l'économie nationale. À situation exceptionnelle, les réponses doivent être exceptionnelles. Voici quelques pistes de réflexion et d'action.

Les piliers d'une économie souveraine

Un écho de conscience résonne aujourd'hui dans le monde entier sur la nécessité de maintenir les écosystèmes naturels, de freiner la croissance extravertie, de réorienter les économies vers la production et la consommation responsables, d'investir dans la santé publique, de libérer la propriété intellectuelle, de réduire les inégalités… Des idéaux qui étaient passés de mode depuis que le capitalisme domine le monde. Ce système, nous le savons depuis longtemps destructeur et injuste, mais nos modes de vie et nos économies y sont pré-conditionnées. La crise de la Covid-19 suffirait-elle pour rompre le lien ?

Certainement pas définitivement, mais elle pourrait constituer l'occasion d'un virage économique bénéfique tout à fait négociable, si les bons piliers de l'économie réelle sont soutenus et si l'attitude est de la dynamiser, de mobiliser les ressources locales et de sortir de la dépendance. Si nous changeons d'optique sur notre économie, nous constaterons que plus de 97 % des actifs sont dans l'économie informelle et les acteurs s'en accommodent presque bien. Mis à part quelques activités prises dans des logiques mafieuses et qui doivent être neutralisées, la plupart de l'activité informelle est bénéfique et subvient aux besoins de centaines de milliers de ménages. Elle doit toutefois se hausser aux standards du travail décent en se formalisant. Dans les faits, les dynamiques économiques locales sont aussi dépendantes du formel que de l'informel.

Nous constatons aussi que l'informel continue à être, malgré les politiques désastreuses et les circonstances handicapantes, le secteur le plus résilient. La crise alimentaire nous rappelle d'ailleurs son caractère stratégique, à la fois en termes de souveraineté alimentaire et de paix sociale. Nous constatons aussi que le libre-échange ne permet pas de subvenir aux besoins primaires aux moments de crise et qu'un minimum de capacité de production doit être garanti localement. Mais que l'initiative privée à petite échelle est capable de s'organiser pour fournir le marché local, que l'innovation ne manque pas et la demande non plus. La crise de la Covid-19 a permis l'éclosion de dizaines d'initiatives que le système économique normal empêchait, d'une façon ou d'une autre, de germer.

Nous constatons également que des secteurs tels que le tourisme, la sous-traitance ou les services sont d'une fragilité extrême et ne peuvent pas jouer le rôle d'ossature de l'économie nationale, quels que soient les avantages comparatifs dont ils bénéficient. Ils constituent en réalité des secteurs rentiers et les maillons faibles en temps de crise.

L'occasion d'un nouveau départ

Ces recommandations économiques présentent les possibilités qui s'offrent aujourd'hui au Sénégal pour faire de cette crise une occasion de s'engager dans un chemin économique différent. Elles remettent en question beaucoup de paradigmes notamment par rapport aux piliers de l'économie nationale et leurs acteurs.

Transformer la sortie de crise alimentaire en sauvetage du secteur agricole

Ensuite, il s'agit d'optimiser le stockage et la transformation pour absorber la surproduction de produits périssables (fruits et légumes). Pour cela, il faudra créer une capacité de stockage alimentaire, des usines et des ateliers de transformation des aliments et encourager la transformation et le stockage domestiques. Il faut éviter coûte que coûte les déperditions alimentaires.

L'assainissement des réseaux de distribution est un enjeu majeur pour l'immédiat et l'avenir. Il faut donc s'y attaquer sans attendre. Pour cela, il faut encourager les producteurs à vendre leurs produits sur les marchés de gros en subventionnant le transport et en fixant les prix. Il faut aussi instaurer le paiement des producteurs à la livraison de la marchandise et un contrôle strict des marchés de gros. La spéculation sous toutes ses formes doit être réprimée sérieusement. L'économie réalisée par la diminution des intermédiaires et la répression de la spéculation permettra de réduire significativement les prix d'achat par les consommateurs. Le plus salutaire en ces temps difficiles serait de mettre en place une banque alimentaire qui rachète le surplus des marchés de gros, fixe les prix minimums, gère les stocks de produits de base, détermine les besoins alimentaires et prévoit le programme de production… Bref, qui donne de la rationalité au système de production agricole avec en priorité le droit d'accès à une alimentation saine pour tous les habitants du Sénégal.

Dans cette conjoncture, le secteur agricole peut être à la fois notre caisse de provision et notre bouée de sauvetage. Pour cela, il demande à être revalorisé et considéré comme un pilier principal de l'économie nationale. Les principales décisions qu'un gouvernement avisé devra prendre dans ce sens sont de revoir les prix, de s'occuper de la distribution et de prévoir la production et le stockage. Toutes les subventions, encouragements, facilitations destinées au soutien de l'exportation, devront être réorientés vers l'agriculture vivrière et la consommation locale.

La création d'un État stratège

Le concept d'État stratège fait référence à l'intervention de l'État dans la vie économique du pays en vue de l'organiser afin de définir des domaines de priorité à développer, et d'organiser une aide adaptée à ces secteurs. Les actions de l'État stratège témoignent d'une volonté d'accroître la performance des entreprises nationales, cela est d'autant plus d'actualité dans un contexte de mondialisation des échanges.

La stratégie est, en effet, inhérente à toute action humaine, dès l'instant où celle-ci s'efforce d'aller au-delà de la simple improvisation, du raisonnement à court terme : elle implique que cette action soit commandée par des objectifs préalablement définis, en fonction des préférences de l'acteur, mais aussi des ressources qu'il détient et des contraintes qu'il subit ; la démarche stratégique présuppose une projection dans le temps, le souci de prendre en compte et d'intégrer les différentes variables liées au contexte dans lequel l'acteur est placé, la volonté de faire prévaloir un principe de cohérence globale. La stratégie apparaît, dans cette perspective, indissociable de l'idée de rationalité : échappant à la pure contingence, pour être mise au service de la réalisation d'objectifs plus généraux, les décisions ponctuelles deviennent par-là même « rationnelles » ; tous les acteurs sociaux, quels qu'ils soient, et les individus aussi, sont amenés à se comporter en « stratèges », à partir du moment où ils entendent placer leur action sous l'empire de la rationalité. Le développement de la société moderne a ainsi conduit à la diffusion d'une rationalité calculatrice, qui a envahi la vie sociale entière et dont le concept de stratégie n'est que la traduction valorisée; formalisant les règles qui commandent les interactions stratégiques.

La problématique d'État stratège témoigne de la prise de conscience d'une nécessaire collaboration des secteurs privé et public afin d'accroître la compétitivité notamment de l'économie nationale. La collaboration tend à apparaître peu à peu comme une évidence, alors que les États se doivent de trouver leur place dans une économie mondiale qui tend à être marquée par la division internationale du travail. L'État devient coordinateur des différentes actions et est garant de la cohérence de celles-ci, mais permet également de créer une synergie entre les petites et moyennes entreprises, les centres de recherche et les grands groupes industriels. Le rôle de l'État stratège s'inscrit dans une démarche de développement économique par l'innovation, perçue comme facteur de croissance et parfois quelque peu délaissée. L'État stratège s'intègre dans une logique de puissance et de rayonnement. Rendre une nation plus compétitive sur le plan économique revient à la rendre plus influente sur la scène internationale.

Reconnaissance de l'activité informelle

Venons-en maintenant à ce que nous appelons communément « l'informel ». Il s'agit de l'ensemble de l'activité économique qui se réalise dans le dos de l'État. Elle atteint selon les régions et les localités les 90 %. Elle tourne en moyenne autour des 40 % avec un poids important dans les quartiers populaires et le monde rural. Il ne s'agit donc pas d'un phénomène marginal, mais d'un état de fait bien installé et qui touche de façon directe ou indirecte la majorité des Sénégalais.

Le problème le plus souvent avancé contre la reconnaissance de cette activité concerne le fait qu'elle ne contribue pas aux recettes fiscales. En réalité, elle n'est pas la seule, beaucoup d'autres activités ne contribuent que très faiblement aux recettes fiscales, soit parce qu'elles sont exonérées ou parce qu'elles pratiquent l'évasion fiscale à grande échelle. De ce point de vue, il n'y a que le salariat qui peut se vanter d'être un contribuable exemplaire.

Le véritable enjeu de la reconnaissance de l'activité informelle se rapporte à la Caisse de sécurité sociale. Celle-ci a intérêt à intégrer l'ensemble de la masse active dans l'équation sociale et à élargir au maximum l'assiette de contributeurs. Tant que plus de la moitié de l'économie est hors système, tant que les contributions sociales seront inférieures aux dépenses. L'opportunité que nous avons aujourd'hui est de donner un nouveau départ à la Caisse de sécurité sociale en intégrant les actifs informels en tant que bénéficiaires. Une fois la crise passée et leur situation stabilisée, ils passeront en contributeurs.

Reconnaître l'activité informelle et la sécuriser (en termes de conditions de travail et de sécurité de l'emploi) avant de la taxer seraient le meilleur moyen de « l'intégrer ». En réalité, elle est bien mieux intégrée dans l'économie réelle que ne le sont des activités dûment déclarées. C'est donc à l'État de faire le premier pas vers la reconnaissance du travail informel.

Avons-nous les moyens de cette politique ?

À situation exceptionnelle, réponses exceptionnelles. Un moratoire sur la dette commerciale et l'annulation des dettes bilatérale et multilatérale seraient un véritable coup de pouce à notre économie, mais l'essentiel est à engager à l'intérieur.

Pour la mobilisation d'urgence d'un fond pour relancer l'activité économique faisant à la fois face à la pandémie, à ses répercussions et à son redémarrage, il faudra appeler à la contribution sérieuse du secteur bancaire, du secteur des assurances, de la Caisse des Dépôts et des Consignations, mais aussi des entreprises privées et publiques, dont les contributions peuvent être en nature.

Dans tous les cas de figure, une réforme fiscale est à prévoir. Elle devra mettre comme objectif l'élargissement de l'assiette fiscale, l'instauration d'une justice fiscale et l'augmentation significative des moyens humains, techniques et logistiques du fisc. Il faudra également revaloriser les terres agricoles, créer des clusters, octroyer des titres de propriétés... Reconnaître la valeur réelle des biens et les intégrer dans le cycle de l'économie.

Un nombre important de mesures peuvent être entreprises pour mobiliser les fonds et les ressources nationales. Il s'agit d'une opération délicate politiquement pour un gouvernement, c'est pourquoi elle n'est jamais abordée et l'on passe directement à l'option la plus facile : l'endettement.

Pour la suite, le modèle économique sera bien inspiré de suivre les mêmes principes que la dynamique populaire à l'œuvre aujourd'hui : la perspective d'un avenir meilleur se conçoit par nos propres moyens solidaires, avec en ligne de mire l'intérêt commun.

Lors de l'indépendance en 1960, une brèche semblable s'était ouverte avec Mamadou Dia, à l'occasion de laquelle nous aurions pu changer « légitimement » de modèle économique. Le séisme économique mondial dû au coronavirus nous ouvre aujourd'hui une seconde brèche, une opportunité à saisir pour reprendre notre économie en main et ne pas nous laisser, encore une fois, pris en otage dans un modèle économique défaillant et profondément injuste. Il faut du courage pour entreprendre le saut. Or, jusque-là, le gouvernement actuel n'en a pas montré beaucoup.

CAP SUR LES TRANSFORMATIONS BIOÉCONOMIQUES SOUHAITABLES AU SÉNÉGAL POST COVID-19

Par Abdourahmane NDIAYE et Muhammad BÂ

Introduction

À l'heure où les économies capitalistes avancées (États-Unis d'Amérique, Europe) vacillent face à la pandémie du Covid-19, des voix s'élèvent pour affirmer qu'« il revient à l'Afrique de prendre l'initiative politique en proposant une feuille de route à la communauté internationale, plutôt que de l'attendre... » (Yade, 2020[58]). Cette proposition qui aurait semblé relever d'une provocation pure et simple et classée sans suite comme rhétorique a, dans le contexte de la pandémie, une résonance particulière.

D'abord, parce que la pandémie démontre avec éclat que prospérité ne rime inéluctablement ni avec bonheur ni avec résilience. Bien au contraire, Ulrich Beck a démontré que le capitalisme est une société du risque (Beck, 2001[59]). Et que ce risque lui est consubstantiel. Par exemple, réduisant hier les budgets de la santé, on compromet aujourd'hui la capacité des systèmes sanitaires à faire face à une pandémie. L'enjeu des politiques d'austérité, loin de vouloir réviser le fonctionnement des institutions, poursuit l'objectif de réaliser des économies et de

---

[58] Yade, R. 2020. « Seule l'Afrique apparaît en capacité de penser la destinée collective de l'humanité », Le Monde, https://www.seneplus.com/opinions/seule-lafrique-apparait-en-capacite-de-penser-la-destinee

[59] Beck, U. 2001. *La société du risque. Sur la voie d'une autre modernité*, Éditions Aubier.

satisfaire aux conditionnalités des critères de convergence et notamment du respect du dogme néolibéral du déficit public plafonné à 3 % du PIB. Pour maximiser les profits individuels, la dystopie capitaliste impose un risque collectif aux sociétés humaines tellement important, qu'elle pourrait compromettre leur existence.

Ensuite, face à cette dystopie capitaliste, on oppose depuis le XVIIIème siècle, au moment du capitalisme naissant, d'autres voies portées par les utopistes (Paquot, 2007[60]). Depuis le début des années 1970, une utopie résiliente fondée sur la bioéconomie émerge et prend de l'ampleur (Meadows, Meadows and Randers, 1972[61] ; Illich, 1973[62] ; Georgescu-Roegen, 1978[63] ; Passet, 1979[64]). « Au cours du XXème siècle, la bioéconomie a été définie dans divers champs académiques : étude des populations en biologie, modèles de gestion des ressources naturelles ou approche entropique de l'économie à la façon de Nicholas Georgescu-Roegen. Depuis le début des années 2000, la bioéconomie est érigée comme mot d'ordre institutionnel sous l'impulsion de l'OCDE puis de la Commission européenne, qui en ont fait le fer de lance d'une croissance durable et propre, substituant les ressources fossiles par les biotechnologies. La mise à l'agenda de la bioéconomie, au niveau européen, a été amorcée par des

---

[60] Paquot, T. 2007. *Utopies et utopistes*, Éditions La Découverte, collection Repères n° 484. Les travaux des utopistes ont été précurseurs sur l'idéal-typique de la décroissance, même si le vocable n'était présent. Les circuits courts, les jardins partagés, les mutualisations de toutes sortes, le partage du travail, l'habitat participatif, le prêt à taux zéro, la propriété collective du capital et des outils de production sont autant de recettes proposées par les utopistes dès 1516 avec la parution d'*Utopia*, l'œuvre de Thomas More.

[61] Meadows, D., Meadows, D. et Randers, J. 1972. *Halte à la croissance*, Éditions Fayard.

[62] Illich, I. 1973. *La Convivialité*, Éditions Seuil.

[63] Georgescu-Roegen, N. 1978. « De la science économique à la bioéconomie », *Revue d'économie politique*, vol. 88, n° 3, p. 37-382

[64] Passet, R. 1979. *L'économique et le vivant*, Éditions Payot.

politiques de recherche-innovation, dont les procédures de conception et de financement ont été fortement influencées par les pans industriels de l'oligarchie financière. Les recompositions potentielles induites par la bioéconomie dans le secteur primaire génèrent des tensions, car concurrençant d'autres visions pour le futur de ce secteur (Pahun, Fouilleux et Daviron, 2018[65]) et surtout des écosystèmes naturels et sociétaux.

Approfondissant ce propos liminaire, nous précisons dans un premier temps les notions de bioéconomie et de résilience, avant de montrer dans un second temps que sans déconnexion, le Sénégal ne peut participer à redonner l'espoir à sa population en termes de niveaux et de conditions de vie. Dans un troisième temps, nous répondons à la question des conditions de possibilités de la fondation d'une stratégie de développement résilient sur l'extraction des ressources naturelles.

I –/ Préciser les contours de la bioéconomie et de la résilience

La bioéconomie, sujet à un débat controversé de nos jours, est selon Pahun, Fouilleux et Daviron (2018), « une expression qui fait florès depuis le début des années 2000 », donnant une visibilité à des recherches qui tendaient à rapprocher économie et sciences du vivant dans des perspectives de gestion rationnelle et précautionneuse de la nature. Ces auteurs montrent que ce terme revêt aujourd'hui un autre sens et décrit une autre réalité, soutenus par les lobbies de l'agriculture productiviste, de la chimie et des biotechnologies et diffusés par des institutions internationales

---

[65] Pahun, J., Fouilleux, È., Daviron, B. 2018. « De quoi la bioéconomie est-elle le nom ? Genèse d'un nouveau référentiel d'action publique ». *Nature Sciences Sociétés*, vol. 26, n° 1, p. 3-16.
https://doi.org/10.1051/nss/2018020. Il faut remarquer que le Sénégal n'a pas de programme officiel sur la bioéconomie pour développer des chaines de valeurs durables.

comme la Commission européenne, l'OCDE ou la FAO. Cette inflation sémantique témoigne, d'après ces auteurs, d'une modification de la vision de l'agriculture (secteur primaire) et de sa gouvernance, en particulier au sein de la Commission européenne. Il y a tout lieu de penser que cette vision de la bioéconomie tend à « produire plus avec plus » grâce à des cellules conçues comme des usines miniatures et une nature réduite à de nouvelles ressources à exploiter (Pahun, Fouilleux et Daviron, 2018).

Pour notre part, la bioéconomie retenue ici est celle des pères fondateurs (Georgescu-Roegen, Passet, le Groupe des Dix, etc.), en lien avec une gouvernance rationnelle et précautionneuse des ressources au profit d'un développement résilient[66] et non d'une approche anthropocentrique, majoritaire chez les économistes néoclassiques, de soutenabilité faible dans laquelle les ressources naturelles sont considérées comme des actifs substituables, qui attribue à l'homme le droit d'exploiter la nature.

La version anthropo-biocentrique de la bioéconomie (Magnaghi, 2003[67]) mobilisée ici est une des sources d'inspiration des penseurs de la transition sociale-écologique qui proposent de rompre avec la surconsommation pour faire advenir une décroissance sereine (Latouche, 2007[68]) et une sobriété heureuse (Rabhi, 2010[69]). Les tenants de ce paradigme défendent l'idée d'une transition urgente vers un humanisme reconnaissant le lien organique entre vivants, écosystèmes, histoire et sociétés. La perspective n'est pas à proprement parler un problème économique, au sens étroitement économiciste. Sa portée est bioéconomique, car elle concerne le

---

66 Selon Ancey, Pesche et Daviron (2017), la notion de résilience véhicule des traits compassionnels et sécuritaires, caractéristiques d'une idéologie néolibérale entraînant par ailleurs l'affaiblissement des politiques publiques.

67 Magnaghi, A., 2003. *Le projet local*, Éditions Mardaga.

68 Latouche, S. 2007. *Petit Traité de la décroissance sereine*, Éditions Les Mille et Une Nuits.

69 Rabhi, P. 2010. *Vers la sobriété heureuse*, Actes Sud Éditions.

mode de vie particulier de l'humanité en tant qu'espèce biologique[70] vivant dans un univers physique régi par des principes thermodynamiques (Georgescu-Roegen, 1978)[71]. Alors que la rationalité économique reposait sur la convention d'une nature avare de ses fruits et considérée comme inépuisable, l'humanité se trouve confrontée aux conditions strictement inverses de la destruction de ses ressources naturelles par des productions excessives (Passet, 2011[72]) qui, à notre avis, mettent en exergue, somme toute, leur caractère fini et limité et leur grande générosité. Toujours selon Passet (1979), le vivant et son environnement terrestre doivent être appréhendés comme une unité, la biosphère. Englobées dans la biosphère, les organisations économiques doivent en respecter les lois et les mécanismes régulateurs. Ainsi, le paradigme qui s'impose n'est plus celui de la mécanique, mais celui de la biologie évolutive et de la physique thermodynamique, notamment à travers la loi de l'entropie[73]. Les écosystèmes complexes assurent, à travers la loi de l'entropie, la survie évolutive de l'humanité à travers celle de la biosphère à laquelle elle appartient. Il n'est désormais d'économie viable que

[70] À partir des travaux de la bio-anthropologie repris par Alfred Lotka, Georgescu-Roegen fait la distinction des espèces vivants suivant les instruments endosomatiques et exosomatiques. Les instruments endosomatiques sont des moyens d'agir sur le monde qui sont constituants de l'individu. Par contre, les instruments exosomatiques sont des outils qui ne sont pas des constituants biologiques directs de l'individu. L'homme a la spécificité d'utiliser des instruments exosomatiques pour agir sur le monde.

[71] Lorsqu'un système thermodynamique est isolé sans échange possible avec l'extérieur, il ne peut qu'évoluer spontanément vers le maximum de son entropie pour tendre vers un état d'équilibre définitif (2e principe) alors que la quantité de son énergie interne reste conservée et sa qualité se réduit (1er principe).

[72] Passet, R. 2011. « L'avenir est à la bioéconomie », journal quotidien Libération du 23 mai 2011.

[73] La loi de l'entropie stipule qu'un système isolé croît toujours et de manière irréversible. Autrement, dans un système isolé (c'est-à-dire un système qui n'échange ni matière ni énergie avec son environnement), l'énergie disponible reste constante en quantité, mais se dégrade en qualité et de manière irréversible.

bioéconomique ouverte aux lois de la nature et à son écoute attentive.

Le Sénégal, en venant de découvrir des mines de pétrole et de gaz, se trouve interpellé par la problématique des économies rentières et des tentations du syndrome hollandais ou malédiction des matières premières ou des ressources naturelles (Auty, 1990[74]). Le syndrome hollandais est un phénomène économique qui met en exergue le déclin de l'industrie manufacturière locale, comme la conséquence inéluctable de l'exploitation des ressources naturelles. L'accroissement des recettes d'exportation finit par provoquer l'appréciation de la devise et renchérir les exportations des autres secteurs au bénéfice des importations. L'appréciation de la devise entraîne une baisse de la compétitivité-prix de l'ensemble de l'économie, d'où la malédiction ! Notre réflexion, en s'inscrivant dans le cadre d'un programme scientifique bioéconomique, nous amène à questionner les orientations du Plan Sénégal émergent (PSE) fondé sur une croissance économique dont le moteur principal serait le secteur des rentes extractives des mines et des hydrocarbures. Le débat, tel que posé, porte sur les stratégies d'une gouvernance ouverte du type Initiative pour la transparence des industries extractives (ITIE[75]). Les gisements de ressources

---

[74] Auty, R. 1990. *Resource-Based Industrialization: Sowing the Oil in Eight Developing Countries*, Clarendon Press, Oxford.

[75] L'ITIE, en anglais Extractive Industries Transparency Initiative (EITI) est une organisation internationale à but non lucratif et de droit norvégien chargé de maintenir à jour et superviser la mise en œuvre d'une norme. Lancée en 2003, l'objectif de la norme est d'évaluer les revenus des ressources pétrolières, gazières et minérales d'un pays qui sont gérées de manière transparente. L'Initiative a pour but de renforcer les systèmes gouvernementaux en accentuant la gouvernance publique et celle des entreprises. Elle est aussi source d'information pour sensibiliser la population, favoriser le débat public, face aux acteurs du secteur extractif et à l'usage qui en fait des revenus qui en sont issus. L'ITIE part du principe que les ressources naturelles d'un pays appartiennent aux citoyens de ce pays. Lorsque l'extraction de ces ressources est bien gérée, la richesse générée peut contribuer à développer le secteur économique et social. Une mauvaise gestion du secteur débouche rapidement sur des conflits armés.

minérales (pétrole et gaz) découverts récemment sont accueillis comme devant insuffler des trajectoires inattendues aux projections de croissance économique d'émergence néolibérale. Comment le Sénégal peut-il forger une stratégie de développement alternatif et résilient fondée sur des ressources minérales fossiles dans un monde qui transite vers une économie décarbonnée ? Comment bâtir et développer une sécurité énergétique pour l'Afrique comme base des transformations structurelles souhaitées ? Comment se positionner sur les pistes de solutions pour aller « Au-delà du capitalisme sénile » (Amin, 2001[76]) et organiser l'exode vers la civilisation qui ne peut s'entrevoir qu'avec une économie décarbonnée, résiliente, solidaire et coopérative ? Ce programme ne peut se réaliser sans sortir de l'économisme, c'est-à-dire une société entièrement dominée par les impératifs de l'appareil productif et plus particulièrement par la sphère financière internationale (Passet, 2003[77]).

D'abord construite et utilisée dans plusieurs champs scientifiques, la notion de résilience bénéficie de l'explosion de ses usages dans des publications à caractère scientifique à partir du milieu des années 1990 (Ancey, Pesche et Daviron, 2017[78]).

---

[76] Amin, S. 2001. *Au-delà du capitalisme sénile*, Éditions Presses Universitaires de France, collection Actuel Marx Confrontation.

[77] Passet, R. 2003. « Introduction » in Merlant, P., Passet, R., Robin J. 2003. *Sortir de l'économisme. Une alternative au capitalisme néolibéral*, Les Éditions de l'Atelier, p. 9-16.

[78] « L'exégèse de cette notion a ensuite donné lieu à de nombreuses publications qui rendent compte de la pluralité qu'elle recouvre. Au-delà de sa polysémie, l'idée généralement attachée à la notion de résilience porte sur les capacités d'adaptation et de transformation d'un « système » face à des chocs externes » (Ancey, Pesche et Daviron (2017). Pour une discussion approfondie des interprétations du concept de résilience, on lira avec intérêt Ancey, V., Pesche, D. et Daviron, B. 2017. « Résilience et développement : complément, substitut ou palliatif : Le cas du pastoralisme au Sahel ». *Revue internationale des études du développement*, vol 231, n° 3, p. 57-89. doi:10.3917/ried.231.0057.
URL : https://www.cairn.info/revue-internationale-des-etudes-du-developpement-2017-3-page-57.htm

La bioéconomie à l'origine, suivant les premières publications de Georgescu-Roegen (1971)[79], un paradigme qui avait l'ambition de se substituer à la mécanique newtonienne qui faisait foi dans les sciences économiques notamment suite à la révolution marginaliste. Ce paradigme propose de « re » penser la science économique et la politique économique à partir des principes de la biologie évolutionniste et de la physique thermodynamique classique. Notre propos est ici de proposer la bioéconomie comme paradigme qui peut conduire à repenser les politiques du Sénégal dans la gestion de ses ressources extractives. Deux raisons peuvent justifier ce choix.

Tout d'abord, la bioéconomie est un paradigme qui a pour ambition d'inscrire la préoccupation écologique au centre de la réflexion et de la décision économique. La sphère économique étant un sous-système de la terre et de l'univers, les processus économiques ne peuvent se spécifier uniquement dans une logique arithmomorphique dialectique (Georgescu-Roegen, 1978). Plus concrètement il s'agira d'exploiter les ressources suivant une logique d'optimum[80] et non de maximum. Pour cela la contrainte de l'équilibre de la biodiversité devra en permanence définir la frontière des possibilités d'exploitations de ces ressources.

L'autre raison qui justifie le choix de la bioéconomie comme paradigme pour les politiques publiques à la sortie de la crise de la Covid-19 repose sur le fait que l'économie du « tout pétrole » ne protège pas des chocs exogènes. De notre point de vue, il y a lieu de développer une agriculture biologique (organic agiculture, selon

---

[79] *Georgescu-Roegen, N. 1971. The* Entropy Law and the Economic Process, 1999. cambridge, Harvard university press.

[80] L'optimum est atteint lorsque les ressources disponibles sont utilisées au mieux, c'est-à-dire qu'aucune autre combinaison ne peut donner une meilleure issue sans gaspillage de ressources. Pour le dire autrement, c'est le point où pour améliorer la combinaison présente, il faut sortir des sentiers raisonnables en termes de gestion précautionneuse des ressources.

l'expression de Georgescu-Roegen, 1978 : 372[81]) qui devra s'appuyer sur un degré faible de mécanisation, c'est-à-dire sur les technologies appropriées (Adair, 1984[82]) et d'utilisation des engrais chimiques. Cela peut paraître paradoxal à l'heure où il est impératif de réaliser l'objectif de sécurité alimentaire face à une croissance démographique. Mais, comme le pensaient les précurseurs de la bioéconomie, il faut associer le programme bioéconomique à l'éthique bioéconomique, qui invite à sortir de la logique du « tout, tout de suite » héritage de la révolution industrielle avec une quête effrénée de productivité (Georgescu-Roegen, 1971). En lieu et place, la logique de justice et de tempérance permet de penser cette agriculture biologique dans les moyen et long termes.

En somme le programme bioéconomique que nous proposons comme vadémécum de la politique à adopter pour la gestion des ressources extractives repose d'abord sur un changement d'éthique. Il s'agira d'exploiter nos ressources gazières et pétrolières en dehors du principe de maximisation de l'économie orthodoxe. On peut, à bon droit, nous opposer l'argument du critère de choix des options. En effet, comment définir l'efficacité d'une politique sans ce principe de maximisation ? La réponse, une fois de plus, nous la trouvons chez Georgescu-Roegen (1977 : 270[83]) : « en minimisant les regrets futurs que les actions présentes pourraient susciter. » Ce

---

[81] Georgescu-Roegen, N. 1978. « De la science économique à la bioéconomie », *Revue d'économie politique*, vol. 88, no 3, p. 337-382.

[82] Adair, P. 1984. « Développement endogène et technologies appropriées en milieu rural », in *Économie rurale* n° 162, 1984. p. 2.
Doi : https://doi.org/10.3406/ecoru.1984.3050___www.persee.fr/doc/ecoru_0013-0559_1984_num_162_1_3050. L'approche des technologies appropriées et du développement endogène est une invitation à sortir des modèles transposables et du mimétisme ; et à penser que les modèles doivent toujours faire l'objet d'une appropriation locale. Comme le dit si justement Joseph Ki-Zerbo, « qui dort sur la natte d'autrui, dort à la belle étoile ! ».

[83] Georgescu-Roegen, N. 1977. « The steady state and ecological salvation : A thermodynamic Analysis », *BioScience*, vol. 27, no 4, p. 266-270.

programme ne peut se faire sans opérer une déconnexion dans la gouvernance des ressources minérales.

II — / La déconnexion comme mode de gouvernance des ressources minérales

La notion de déconnexion développée par Samir Amin (1986[84]) ne signifie pas un retour à l'âge de pierre ni une visée autarcique. La déconnexion propose une rupture avec le système capitaliste dominant. Faire de l'inversion stratégique dans la vision des rapports internes/externes, une réponse aux exigences incontournables d'un développement autocentré. La déconnexion favorise la reconstruction d'une mondialisation fondée sur la négociation, et non la soumission aux intérêts exclusifs des oligopoles impérialistes. Elle favorise la réduction des inégalités internationales. La forme principale de la déconnexion actuelle se définit par la remise en cause des cinq privilèges de l'impérialisme contemporain : contrôle des technologies de pointe, accès aux ressources naturelles de la planète, pilotage et subordination du système monétaire et financier intégré à l'échelle mondiale, accaparement des technologies de l'information et de la communication et production, contrôle et diffusion des armements de destruction massive.

Les pays émergents sont engagés sur cette voie, avec plus ou moins de détermination. Notre objectif est alors d'identifier les invariants et les changements naissants à l'œuvre au Sénégal, au crépuscule de la pandémie Covid-19 et à l'aube de ce 21ème siècle. Ce travail d'identification analytique devrait conduire à des propositions de scénarii à partir desquels des stratégies pourront être définies et proposées aux niveaux national, sous-régional et continental. Pour ce faire, nous nous appuyons sur deux grands courants de pensée : la déconnexion de Samir Amin (1986) et la

[84] Amin, S. 1986. *La Déconnexion*, Éditions La Découverte.

bioéconomie qui sous-tendent des expériences écosocialistes situées, au sens de la théorie du site symbolique (Zaoual[85], 1999 ; Machrafi, 2008[86]).

Restituée dans le langage courant, la déconnexion est un synonyme de la déglobalisation, de la démondialisation[87]. L'école néomarxiste du développement (Samir Amin, Arghiri Emmanuel, André Gunder-Franck, etc.) a montré que la triade soumet les périphéries à la satisfaction de ses besoins au détriment des populations des périphéries. La déconnexion est ainsi une voie qui permet de centraliser ce qui fait l'essence de la vie pour revenir aux valeurs qui renvoient à une culture du dedans (Ndiaye, A. et al. [dir.]. 2018[88]). Ce que certains nomment l'« économie immédiate » (Dione, 2020[89]). Elle permet de prendre ses distances avec la compétition mondiale pour se construire intrinsèquement[90]. C'est pourquoi, de notre point de vue, la déconnexion est une lecture différente mais convergente avec le corpus de la pensée écosocialiste, lorsqu'elle affirme que l'on doit s'émanciper du

---

[85] Zaoual, H. 1999. « Théorie des sites et organisation « économique » », in Latouche et al., *Critique de la raison économique. Introduction à la théorie des sites symboliques*, L'Harmattan, p. 79-109.

[86] Machrafi, M. 2008. « Introduction au paradigme des sites. Épistémologie et concepts », *Revue Repères et Perspectives*, n° 11, p. 81-92.

[87] Marquis, S. 2011. « La déconnexion, par Samir Amin », Médiapart, https://blogs.mediapart.fr/serge-marquis/blog/101111/la-deconnexion-par-samir-amin

[88] Ndiaye, A. et al. (dir.). 2018, *Rapport Alternatif Sur l'Afrique numéro zéro*, Éditions Enda Tiers Monde, Forum du Tiers Monde, Codesria, Fondation Rosa Luxembourg, Dakar, 115 p.

[89] Dione, A. 2020, « L'économie immédiate : baromètre et levier de résilience face à la pandémie du Covid-19 », Senplus https://www.seneplus.com/opinions/leconomie-immediate-barometre-et-levier-de-resilience-face-a-la-pandemie-du-COVID-19

[90] Comme l'ont fait la Chine, la Russie, l'Inde, le Venezuela, Cuba, le Vietnam. L'Afrique du Sud vient rallonger cette liste puisque l'Apartheid a occasionné une déconnexion forcée qui s'est traduite par les embargos du reste du monde. À l'image du protectionnisme éducateur de Friedrich List. 1998. *Système national d'économie politique*, Préface d'Emmanuel Todd, Éditions Gallimard, collection Tel.

système capitaliste afin d'engendrer une décroissance productive et se libérer du consumérisme insolent, vecteur d'obésité et de maladies cardio-vasculaires dans les pays développés et de malnutrition et de la faim dans les pays périphériques du capitalisme mondialisé. En outre, les griefs faits au consumérisme (déchets en quantités croissantes, pressions sur l'environnement et sur certaines ressources, impasse sur les conditions de travail dans les pays exportateurs à bas coût de main-d'œuvre, etc.) se sont amplifiés. Devenus plus visibles et saisis comme objets de mobilisations, ces problèmes, notamment écologiques, sanitaires et inégalitaires, ont progressivement suscité une montée en puissance de réactions, diverses mais potentiellement convergentes, pour essayer d'y remédier (Rumpala, 2009[91]). Cette quête émancipatrice est en lien avec la réorientation sur la satisfaction de nos besoins essentiels. Ces facteurs vont de facto créer une richesse sociale. C'est cette perspective qu'Ivan Illich (1973) propose dans sa société conviviale qui redonne du temps libre et remet l'outil au service des communautés humaines.

Riche en hydrocarbures, en ressources minières et hydriques, le continent africain est encore perçu en des termes très réducteurs, liés à sa faible participation aux échanges de flux de capitaux et de marchandises. Encore contraintes par « les partenaires au développement » au travers de leur aide fatale (Moyo, 2009)[92], les économies africaines n'arrivent pas à dépasser la principale cause de la faiblesse (voire de l'absence) de la réflexion sur des stratégies

---

[91] Rumpala, Y. 2009. « La “consommation durable” comme nouvelle phase d'une gouvernementalisation de la consommation », *Revue française de science politique*, vol. 59, n° 5, octobre 2009, p. 967-996.

[92] Moyo, D. 2009. *L'Aide fatale. Les ravages d'une aide inutile et de nouvelles solutions pour l'Afrique*, Éditions J.-C. Lattès. Voir également la recension de Raffinot, M. 2009. « Dambisa Moyo, L'Aide fatale. Les ravages d'une aide inutile et de nouvelles solutions pour l'Afrique » *Afrique contemporaine*, vol 232, n° 4, p. 209-216. doi:10.3917/afco.232.0209.

d'un développement pro-pauvres, introverti, autocentré capable d'éradiquer la pauvreté et de réduire les inégalités qui sapent la cohésion sociale et le mieux vivre ensemble.

Comment déconnecter la gouvernance des ressources minérales ? La gouvernance est entendue ici comme une recherche de mise en compatibilité entre divers modes de régulation, de cultures, de légitimités et d'intérêts à priori non convergents. Sachant qu'au XIXème siècle, la plupart des ressources de la nature issues de l'industrie extractive étaient déjà exploitées en Afrique. On y produisait cuivre, fer, or, sel, en grandes quantités, avec une qualité telle qu'ils rivalisaient avec les produits concurrents venus d'Europe (Sodji, 2019[93]). Poussées par une volonté de contrôle des matières premières, les élites des anciennes colonies se sont empressées de mettre en place des cadres politico-juridiques protecteurs pour les investissements (Radmann, 1978)[94]. Les visions court-termistes et extraverties des dirigeants n'auront ainsi pas permis aux États de poursuivre la voie d'une croissance économique autocentrée (Austin, 2010)[95] et d'amorcer les transformations structurelles souhaitables.

III — / Les industries extractives, une base périmée pour les transformations structurelles souhaitables ?

Au Sénégal, l'exploitation des minéraux remonte à l'indépendance, même si elle est restée marginale du fait de sa faible contribution au produit intérieur brut. Les matières premières

[93] Sodji, A. 2019. La gouvernance des ressources naturelles en Afrique, https://www.lawworld.fr/la-gouvernance-des-ressources-naturelles-en-afrique/#_edn1

[94] Radmann, W. 1978. « The Nationalisation of Zaire's Copper: From Union Minière to Gecamines » p. 25-47.

[95] Austin, G. 2010. « Développement économique et legs coloniaux en Afrique », *International Development Policy.*

exploitées alors sont principalement le phosphate de Taïba et les carrières de la région de Dakar. En 2014, le secteur contribuait en moyenne à moins d'un milliard de francs CFA par an (IGE, 2014)[96]. Le démarrage de l'exploitation de l'or en 2009, suivi de celui du zircon en 2014 et l'essor des cimenteries ont donné de l'ampleur à la contribution du secteur des mines qui s'est accru à hauteur de 35 % du volume total des exportations en 2017 avec un apport financier de 124,5 milliards de francs CFA (CN-ITIE, 2019)[97]. Toujours selon la Commission nationale-ITIE, la contribution du secteur (mines et hydrocarbures) a subi un léger fléchissement, passant à 120,3 milliards de francs CFA en 2018, soit une baisse de 4,2 %.

Avec la crise des industries extractives, on assiste à la chute des prix des actions de la plupart des firmes minières, de plus de 75 % par rapport à leurs niveaux de début 2015, organisée par ceux qui prétendent être les « partenaires » du développement de l'Afrique. Ni l'entrée des BRICS (Brésil-Russie-Inde-Chine-Afrique du Sud) ni les maigres nouvelles promesses du G20 – principalement destinées à subventionner les multinationales – ne peuvent masquer la stagnation généralisée au sein des circuits de l'économie mondiale les plus importants pour l'Afrique. Dans ce contexte, la prospérité mondiale rime avec la maltraitance de la santé environnementale (Harvey, 2017)[98] et sociétale. La déconnexion nous renvoie à une centralité de nous-mêmes dans nos relations avec le reste du monde. Seule voie, nous semble-t-il, capable de concilier urgence écologique, défis économiques et sociétaux.

---

[96] République du Sénégal, IGE. 2014. *Rapport public sur l'état de la gouvernance et de la reddition des comptes*, juillet.

[97] Comité National de l'Initiative pour la transparence des industries extractives du Sénégal. 2019. *Rapport de conciliation 2018*, CN-ITIE, décembre.

[98] Harvey, D. 2017. *Marx, Capital et la folie de la raison économique*, London, Profile Books ; Michael Roberts. 2016. *La longue dépression*, Chicago, Haymarket.

Certes, en tentant d'augmenter l'efficacité des dispositifs de taxation, au travers des réformes des codes miniers, les États africains poursuivent l'objectif d'amélioration de leurs recettes minières et pétrolières et donc de renforcement de leurs capacités d'intervention pour le développement. Encore faut-il qu'elles ne soient pas happées par les pratiques de corruption et autres subterfuges kleptocratiques. Alors que le Sénégal fait partie des pays qui respectent le mieux les règles de transparence, l'État n'a pas su empêcher l'éclatement de l'affaire Petro-Tim. C'est un scandale de corruption supposée qui ébranle le Sénégal jusqu'à sa présidence. Aliou Sall, le frère du président de la République du Sénégal, aurait bénéficié d'un pot-de-vin en contrepartie de l'attribution de concessions pétrolières et gazières dans les eaux sénégalaises, selon un reportage de la BBC paru dimanche 2 juin 2019[99]. Si l'affaire Petro-Tim est connue depuis des années au Sénégal, la chaîne de télévision britannique va plus loin en affirmant détenir des documents confidentiels qui, pour la première fois, étayeraient ces soupçons de corruption[100]. L'idée est de faire de l'exploitation des ressources naturelles un levier d'émergence économique, à condition que les recettes pétro-minières soient gérées de manière idoine, en dehors des clans et autres logiques prédatrices. « Pour être compétitif, le Sénégal doit [...] offrir aux acteurs potentiels de l'industrie pétrolière, des conditions attrayantes et susceptibles de favoriser le développement des investissements pétroliers d'exploration ou de production sur le territoire national. »[101] Mais à l'inverse et de manière symétrique, ce cadre défini pour la compétitivité des États est également

[99] Consultable en suivant l'onglet suivant :
https://www.youtube.com/watch?v=UlTXRWMYpzQ
[100] Pour de plus amples développements, cf. :
https://www.lemonde.fr/afrique/article/2019/06/04/au-senegal-le-frere-du-president-soupconne-de-corruption_5471359_3212.html.
[101] Loi 98-05 du 08 janvier 1998 portant Code pétrolier. Exposé des motifs.

attrayant pour les investisseurs, ce qui peut s'écarter (ou compromettre) des objectifs officiels du développement. En examinant les réformes pétrolières et gazières des pays africains, l'on ne peut se passer de se demander si la visée de telles réformes n'est pas tant de doter l'État d'une marge de manœuvre financière plus grande que d'organiser l'harmonisation des cadres de gouvernance au profit des grandes firmes pétro-gazières. Il s'agit en réalité d'une régulation des prétentions des États par le marché au travers de l'Initiative de transparence des industries extractives (ITIE). L'Initiative cherche à « moraliser » ou à travailler l'acceptabilité des réformes et de la gouvernance des ressources pour l'opinion publique nationale et internationale. D'autant que selon les travaux novateurs de Patrick Bond, les réformes sont pour la plupart impulsées par les bailleurs de fonds ou effectuées sous leur contrôle. Leur objectif non avouable est de faciliter l'accès des firmes pétro-gazières aux ressources naturelles africaines à des conditions préférentielles, traduites par les approches concurrentielles des codes miniers (Bond et Garcia, 2015[102] ; Bond, 2017[103]).

Dès avant le pic des matières premières de 2011 et l'effondrement de 2015, la stratégie néolibérale de la petite économie ouverte, orientée vers l'exportation avait causé d'énormes dégâts en termes de développement humain, d'équité entre les sexes et l'environnement (Bond, 2006)[104]. Bien que les profils de pauvreté, de mortalité, de morbidité et d'éducation se soient quelque peu améliorés (en particulier après le programme d'allégement de la dette par le G7 en 2005, qui a permis d'éliminer progressivement les coûts d'exploitation prohibitifs des services

---

[102] Bond, P. et Garcia, A. (Ed.). 2015. *BRICS : Une critique anticapitaliste*, Johannesburg, Jacana Media.

[103] Bond, P. 2017. « Les BRICS peuvent-ils rouvrir la « porte de l'Afrique ? » » dans Mutasa, C. et Nagar, D. (Ed.), *Afrique et acteurs externes*, Londres, IB Tauris.

[104] Bond, P. 2006. Looting Africa, Londres, Zed Books Editions.

publics de base), les conditions de reproduction de la vie quotidienne en Afrique ne se sont pas améliorées, surtout depuis le début de la récession mondiale de 2008 (Gumede, 2016[105]). Comme l'atteste l'enquête de suivi de la pauvreté au Sénégal, l'incidence de la pauvreté n'a que faiblement reculé, passant de 48,3 % en 2006 à 46,7 % en 2011 (ANSD, 2013[106]). Depuis la dévaluation du franc CFA de 1994, le recul de la pauvreté et l'amélioration des conditions se font attendre (Ndiaye, 2008[107]).

Au Sénégal, l'exploitation devrait entrer en vigueur à partir de 2022 selon les projections du nouvel opérateur australien Woodside Petroleum. Sa production s'étalera sur 25 ans et atteindra à son maximum une valeur d'environ 100 000 barils/jour entre 2030 et 2037 (RSTT, 2020[108]). Le FMI, dans une étude récente, évalue le poids des revenus pétroliers et gaziers entre 5 et 8 % du PIB, d'après le Réseau Sénégalais des Think Tanks, dans sa note d'orientation du 4 février 2020, intitulée « La gouvernance des ressources pétrolières et gazières : état du débat et perspectives ».

---

105 Gumede, V. (Éditeur). 2016. *La Grande Récession et ses Implications pour les Valeurs Humaines : Leçons pour l'Afrique*, Johannesburg, Real African Publishers.

106 Agence Nationale de la Statistique et de Démographie. 2013. *Deuxième enquête de suivi de la pauvreté au Sénégal (ESPS-II)*.

107 Ndiaye, A. 2008. « L'initiative PPTE est-elle efficace pour la réduction de la pauvreté ? Le cas du Sénégal », in Daffé, G., Diagne, A., (dir.). *Le Sénégal face aux défis de la pauvreté. Les oubliés de la croissance*, Éditions CRES, Karthala, CREPOS, p. 301-322. Des écarts contradictoires subsistent dans les statistiques livrées par l'ANSD concernant l'incidence de la pauvreté monétaire au Sénégal. En effet selon l'ESPS-II, l'incidence de la pauvreté monétaire était de 48,3 % en 2006, or le Document de stratégie de réduction de la pauvreté-II, l'évaluait à 50,5 %. Quoi qu'il en soit, ces données attestent du fait que la pauvreté ne recule pas de manière significative. « D'après les résultats de l'Enquête sénégalaise auprès des ménages de 2001 (ESAM-II), 48,5 % de ces derniers vivent en-dessous du seuil de pauvreté monétaire, alors que lors de l'ESAM de 1994 (ESAM-I), la pauvreté concernait 61,4 % des ménages. Quant à la part de la population vivant en dessous du seuil de pauvreté, elle s'élève à 57,1 % des ménages en 2001/2002 contre 67,9 % en 1994/1995 » (Ndiaye, 2008, p. 315).

108 Réseau Sénégalais des Think Tanks. 2020. « La gouvernance des ressources pétrolières et gazières : état du débat et perspectives ».

Selon cette même source, l'exploitation du gaz naturel avoisinera le même volume liquéfié que 100 000 barils de pétrole équivalent entre 2026 et 2042 avant de décliner progressivement à partir de 2043 (RSTT, 2020)[109].

Distinguer pétrole et gaz naturel pour éviter de jeter le bébé avec l'eau du bain

Une distinction de taille mérite d'être opérée ici entre le pétrole et le gaz naturel. D'une manière générale dans les travaux, on ne fait pas toujours la part entre le coût carbone du pétrole comparativement à celui du gaz naturel, les considérant comme des ressources fossiles épuisables et polluantes.

Considéré comme la moins polluante des énergies fossiles, le gaz naturel est une source d'énergie primaire, naturellement présent dans le sous-sol et ne subit pas de transformation après son extraction. Le gaz naturel provient de la transformation de matières organiques en gaz. Sa combustion, sans fumée ni particules, dégage essentiellement de la vapeur d'eau et du CO_2. Son émission de gaz carbonique est 25 % moindre que le fioul et 50 % que le charbon. Ce qui en fait le combustible le plus propre, le moins impactant sur l'environnement et adapté aux besoins industriels et domestiques (Engie, 2019[110]). La souveraineté énergétique du Sénégal doit s'appuyer sur le gaz naturel et ouvrir une nouvelle ère conduisant à la souveraineté énergétique de l'Afrique de l'Ouest.

[109] La réflexion stratégique pour l'après 2043, doit être enclenchée dès maintenant, il faut identifier les moteurs qui prendront le relais du pic de l'exploitation du pétrole au Sénégal.

[110] Engie. 2019. « Gaz naturel : combustible et source d'énergie » https://particuliers.engie.fr/gaz-naturel/conseils/types-gaz/gaz-naturel-source-energie.html

Une stratégie déconnectée, aux antipodes du modèle de la petite économie ouverte

Comment faire de ces ressources minérales des accélérateurs des transformations structurelles devant permettre à la CEDEAO de devenir une zone économique prospère et résiliente ? Comment peuvent-elles engendrer une souveraineté énergétique des pays africains ? Pour notre part, nous émettons de fortes réserves à l'idée communément admise et émise, y compris par des progressistes, qui consiste à aller dans le sens des visées et des mécanismes d'ITIE pour démocratiser la gouvernance des ressources naturelles. En effet, cette Initiative, aussi importante soit-elle pour approfondir la gouvernance démocratique des ressources naturelles minières et hydrocarbures ou pour assurer des retombées en termes de développement local au profit des populations, ne rompt pas avec le schéma actuel qui voudrait que les pays du Tiers Monde exportent des matières premières non transformées tout en important des produits manufacturés à haute intensité en valeur ajoutée. Ce qui perpétue la détérioration des termes de l'échange. À ce premier constat source de préoccupation, s'ajoute un autre encore moins acceptable, qui suggère le développement durable dans les pays du Nord et la croissance dans les pays du Sud ! Ce qui engendre des migrations climatiques pourvoyeuses de travail indécent. De surcroît, ces fausses bonnes idées orchestrent la mobilité invisible des richesses du Tiers Monde vers la Triade et la mainmise sur les ressources naturelles par des firmes transnationales kleptomanes comme Glencore. Enfin, la majorité des pays africains affiliés à l'Initiative de transparence des industries extractives et partie prenante d'une croissance tirée par les exportations n'a pas réussi à transformer l'avantage, s'il en était un. Pour rompre ce schéma, une réflexion sérieuse et approfondie sur une gouvernance souveraine des ressources naturelles et leur capacité à renforcer notre position dans le nouvel ordre mondial post Covid-19 est menée au sein du Réseau Alternatif Sur l'Afrique (RASA).

La stratégie consiste à segmenter les marchés du pétrole et du gaz et leur conférer des fonctions différentes. Pour ce faire, le pétrole trop polluant peut être une source de rentrée de devises, puisqu'il s'exporte bien et facilement. Le gaz pourrait occasionner l'approfondissement de la recherche en direction des smart cities comme Masdar à Abu Dhabi, ville écologique modèle, la première au monde à être construite pour une vie zéro carbone et zéro déchet. Dongtan est un autre exemple, cette fois-ci chinois, de ces mêmes ambitions. Plutôt que de faire de ces ressources une source de recettes d'exportations sans envergure, comme c'est déjà le cas des phosphates, il faudra les entrevoir comme une chance d'aborder autrement l'Afrique du futur en misant sur des technologies propres apportant de la plus-value sociétale en termes de cadre et niveau de vie. Entrevoir le futur africain sans, ou avec moins de carbone est possible.

À ce niveau, une opérationnalisation de la bioéconomie peut se faire en suivant le schéma décrit dans la figure ci-dessous. Il s'agit d'une économie qui articule différents maillons de la chaîne économique en commençant par l'agriculture. Comme mentionné plus haut le développement de ce secteur doit se faire en misant sur un développement organique et harmonieux avec le respect des exigences de la biodiversité. L'agriculture devra aussi être un secteur producteur de biomasse. Celle-ci est un facteur essentiel de la transformation structurelle fondée sur la bioéconomie. À la place des énergies fossiles qui sont, suivant les termes de Georgescu-Roegen, un facteur fonds, la biomasse est un facteur flux et qui devra servir comme intrant à la chaîne de la transformation qui s'appuiera sur le levier qu'est la biotechnologie. Les produits et déchets de la biotechnologie devront servir à différents secteurs et même retourner à l'agriculture.

Modèle : Chaîne de production de la biomasse

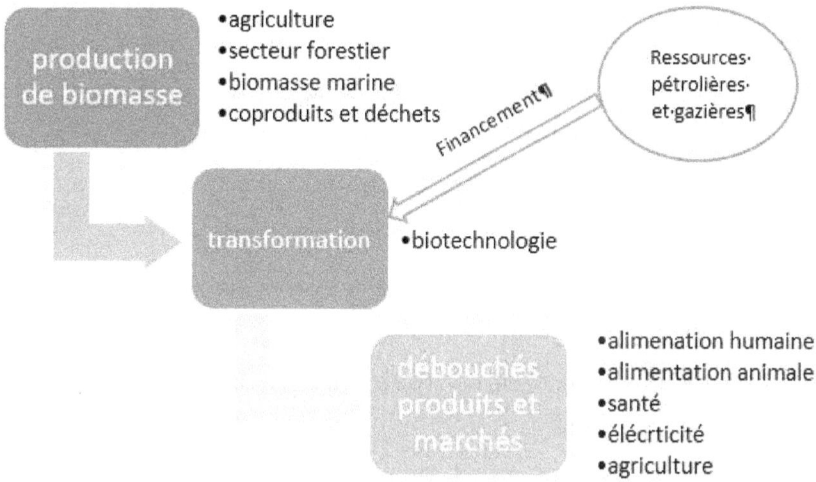

Source : les auteurs à partir de Delgoulet et Pahun (2015)

Pour faire des ressources extractives un levier de développement soutenable, nous proposons de découpler pétrole et gaz. Les recettes issues de leur exploitation constitueront à moyen et long termes la source principale du financement de la recherche-développement pour des technologies propres (voir le modèle ci-dessus). L'axiome de la biotechnologie est pour nous un activateur de souveraineté, à condition que les résultats de la recherche alimentent l'émergence et la consolidation de start-up.

Conclusion

Dans le contexte « anthropocénique » que connaissent les sociétés humaines, la transformation des modes de vie sonne comme une urgence social-écologique. En effet, nous devons revenir sur les dynamiques exponentielles enclenchées sur tous les fronts : émission de Gaz à Effet de Serre, usage des énergies fossiles, surconsommation d'eau, dégradation des sols, déforestation, destruction des ressources halieutiques, érosion de la biodiversité, dispersion de produits toxiques et/ou écotoxiques… Pour ce faire, il faut sortir de la culture du « No Limit » en s'éloignant de l'esprit absurde de la « Fable des abeilles » de Bernard de Mandeville qui postule que les vices privés sont supposés engendrer des vertus collectives, ce qui petit à petit a versé dans une approche apologétique de la consommation et de la croissance sans fin (Mandeville, 2007 [1705-1724])[111].

Le temps est venu pour infléchir, voire s'émanciper des dérives d'une société de croissance qui a du mal à réaliser la croissance. Pire, elle repose sur un modèle de prédation des ressources naturelles et sociétales qui n'en finit pas de montrer toutes ses limites. Toujours plus n'est pas toujours mieux, surtout en ces moments de centralité de l'Anthropocène (Revkin, 1992[112] ; Crutzen et Stoermer, 2000[113] ; Grinewald, 2012[114]).

L'option d'une auto-alimentation des besoins d'André Gorz, fondée sur une autoproduction peut être vue comme une invitation

---

[111] Mandeville, B. 2007. [1705-1724]. *La Fable des abeilles*, première partie, Éditions Vrin, textes philosophiques, trad. Carrive, L. et P. ; voir également Ndiaye, A. 2020 à paraître. « Transition sociale-écologique et circuits courts alimentaires de proximité : entre gouvernementalisation et engagement citoyen » in Bouisset, C. et Vaucelle, S. (dir.), *Transitions et reconfigurations des spatialités*, Éditions Quaé, collection Ecopolis, 16 p. On peut enfin lire avec intérêt Grandjean, A. sd. « Anthropocène : un diagnostic terrifiant », https://alaingrandjean.fr/points-de-repere/anthropocene-diagnostic-terrifiant/.

[112] Revkin, A. 1992. *Global Warming: Understanding the Forecast*, American Museum of Natural History, Environmental Defense Fund, New York, Abbeville Press, p. 55.

[113] Crutzen, P. J. et Stoermer E. F. 2000. "The 'Anthropocene'", Global Change. IGBP Newsletter, n° 41, p. 17-18.

[114] Grinewald, J. 2012. « Le concept d'Anthropocène, son contexte historique et scientifique », *Entropia*, n° 12, printemps 2012, Parengon/Vs.

à la réintroduction d'une intelligence sociale, vectrice de richesse (non matérielle et matérielle), source de résilience. Pour éviter le développement, cette « occidentalisation du monde » (Latouche, 2005[115]), les transformations structurelles souhaitables doivent se bâtir sur des économies domestiques intégratrices et solidaires. Ce qui implique un climat propice à l'éclosion d'initiatives de coopération non marchande, marchande et multiscalaire (locale, régionale, nationale et africaine. Ce climat nécessite un engagement volontariste de l'État pour inciter et accompagner la création de coopératives, mutuelles, groupements d'activités, groupements d'intérêt économique, associations et entreprises sociales et solidaires, à l'échelle des territoires. Fonder les transformations sur de petites unités de production sous forme de sociétés de personnes ou de capitaux répondant à des règles fiscales et de rémunération encadrées serait un début pour la reprise de la souveraineté perdue. Faire de l'approche des sites symboliques d'Hassan Zaoual (1999) un des piliers de cette stratégie. La transformation sociale et économique doit être « assumée de l'intérieur par des acteurs locaux, autonomes, responsables, compétents, organisés et insérés profondément dans leurs sites symboliques d'appartenance » (Panhuys, 2013, p. 115[116]). L'autre pilier de la transformation sociale est l'hybridation de la solidarité mécanique et de la solidarité organique, à la fois inscrite dans les communautés humaines et les rapports sociaux de production. Les ressources tirées des ressources naturelles pourraient alors amorcer le financement de la transition vers un socialisme écologique ou écosocialisme. En somme, il

[115] Latouche, S. 2005. L'occidentalisation du monde. *Essai sur la signification, la portée et les limites de l'uniformisation planétaire*, Éditions La Découverte/Poche, collection Essais.

[116] Panhuys, H. 2013. « Rôle des socioéconomies dites informelles dans l'Afrique postcoloniale » in Panhuys, H., Mudjir, M.M., et Mulumba, P.M. (dir.). 2013. *L'économie sociale et solidaire dans le basculement du monde au Nord et au Sud. De l'entreprenariat institué au partenariat situé*, Éditions L'Harmattan, collection Économie plurielle, p. 113-154.

s'agit de quitter les calculs à court terme et de sortir progressivement des relations de soumission aux intérêts du capitalisme financier mondialisé. L'ère post-Covid-19 sonne comme une urgence à un recentrage sur les préoccupations endogènes qui prend appui sur les circuits courts, levier du développement local (Ndiaye, 2016[117]). Cette déconnexion bioéconomique est non seulement possible, mais elle relance la relocalisation des dynamiques économiques, favorise le circuit court et par conséquent renforce l'autonomie et constitue un paratonnerre aux chocs exogènes de plus en plus complexes, à l'instar de la pandémie du Covid-19. L'étude de cas des ressources minérales est certes un exemple pertinent pour impulser une approche bioéconomique que nous proposons. Cependant, la bioéconomie devra réinvestir l'agriculture et les autres secteurs vitaux pour une souveraineté comme celui de la chimie et de la médication (hybridation de la recherche de la pharmacopée et de la médecine moderne) pour ne pas justement créer une économie du « tout pétrole » avec des industries pétrochimiques qui vont contribuer, à n'en pas douter, à la détérioration de l'environnement. Il est temps de mettre l'énergie au service de l'Afrique ! (Eze, 2019[118]) pour en faire un levier de développement endogène.

La transition social-écologique à laquelle nous vous convions est une articulation entre systèmes naturels et systèmes humains pour à la fois construire un nouveau récit commun résilient et des

[117] Ndiaye, A. 2016. « How can Short Food Supply Chains be a lever for the development of a local economy based on peasant family farms? » Review Policy in Focus, The International Policy Centre for Inclusive Growth, United Nations Development Programme, p. 24-27.

[118] Eze, P. A. 2019. « Il est temps de mettre l'énergie au service de l'Afrique », *Financial Afrik*, 19 septembre 2019. https://www.financialafrik.com/2019/09/15/il-est-temps-de-mettre-lenergie-au-service-de-lafrique/

institutions robustes devant rendre possible leur ancrage (Laurent, 2017[119]).

[119] Laurent, É. 2017. À l'horizon d'ici. Les territoires au cœur de la transition social-écologique, Éditions Le bord de l'eau, collection Polis Académie.

GOUVERNANCE DÉMOCRATIQUE DES RESSOURCES MINÉRALES

Par Élimane Haby KANE

Le Sénégal vit une période charnière de son histoire économique. Un passage en cours d'un pays à économie faible vers un pays minier, riche en ressources naturelles diverses qui devrait donc voir sa structure économique substantiellement transformée. Cette nouvelle donne constatée depuis le démarrage de la production d'or en 2009, du zircon depuis 2014 et l'annonce en 2014 de découvertes importantes de gisements de pétrole et de gaz sur le territoire on shore et offshore a fait de ce pays une destination attractive pour les grands groupes pétroliers comme Total, British Petroleum, venus rejoindre d'autres groupes moins puissants qui disposent des compétences nécessaires à l'exploration comme Kosmos et Cairn Energy, entre autres. Ainsi, le Sénégal est devenu une destination privilégiée pour les affaires, comme en témoignent l'intensité des opérations maritimes et les ballets de missions économiques de coopération.

Le secteur des industries extractives, resté longtemps marginal et discret, émerge comme une nouvelle tendance lourde qui progressivement gagne de l'importance et suscite l'intérêt aussi bien des acteurs internationaux que nationaux. En effet l'activité minéralière, malgré qu'elle remonte à l'indépendance du Sénégal, est restée marginale du fait de sa faible contribution à l'économie nationale. En 2014 déjà, elle contribuait en moyenne à moins d'un milliard de francs CFA par an (IGE, 2014)[120]. Toutefois, en plus du phosphate et des carrières exploitées depuis les années 1960, le démarrage de la production de l'or en 2009, suivi du zircon à partir de 2014, et l'essor des cimenteries ont boosté la contribution du secteur minéralier qui va représenter 35 % du volume total des exportations en 2017 avec une contribution financière annuelle d'environ 118 milliards de francs CFA (ITIE, 2017)[121].

Les dernières découvertes pétrolières de dimension mondiale ont provoqué un débat sans précédent au Sénégal, jusque-là centré sur les retombées financières éventuelles de leur exploitation. Les enjeux économiques, environnementaux, sociaux et autres, sont le plus souvent occultés dans ce débat qui souffre de ne pas être structuré, avec une option de gouvernance centralisée et peu communicative de la part de l'État, alors qu'il est nécessaire pour l'ensemble des acteurs, particulièrement les populations d'avoir une maîtrise des enjeux de l'économie minéralière pour lui rassembler les conditions d'une gouvernance efficiente, juste, participative, équitable et durable.

C'est dans ce contexte que le Sénégal a connu une révision constitutionnelle par voie référendaire, en 2016. Cette révision a introduit dans l'article 25 en son alinéa 1 de la constitution de la République du Sénégal qui stipule :

> « Les ressources naturelles appartiennent au peuple. Elles sont utilisées pour l'amélioration de ses conditions de vie. L'exploitation et la gestion des ressources naturelles doivent se faire dans la transparence et de façon à générer une croissance économique, à promouvoir le bien-être de la population en général et à être écologiquement durable. »

---

[120] Voir rapport IGE, 2014.
[121] Rapport ITIE 2017.

Et plus loin en son alinéa 3, « … Tout citoyen a le devoir de préserver les ressources naturelles et l'environnement du pays et d'œuvrer pour le développement durable au profit des générations présentes et futures. »

L'article 25 constitutionnalise un certain nombre de défis qui doivent être surmontés dans la réalité de la gouvernance des ressources naturelles pour préserver l'ambition démocratique et l'état de droit de la République du Sénégal. Il s'agit de veiller au caractère transparent et démocratique de la gouvernance des ressources naturelles à travers une implication active du peuple sénégalais dans les processus et instances de prise de décision sur les ressources. Faire en sorte que ces ressources soient effectivement utilisées, à travers les politiques budgétaires mises en place, pour améliorer les conditions de vie des Sénégalais et leur assurer un bien-être. Par ailleurs, il s'agit de veiller à ce que ces ressources soient exploitées dans le souci de préserver l'environnement et de contribuer à un développement durable. Enfin, il s'agira aussi, dans ce travail, de s'assurer que les citoyens sont suffisamment outillés pour assumer entièrement leur responsabilité et le devoir de préserver les ressources naturelles dans l'intérêt national et dans celui des futures générations.

Gouvernance démocratique versus logique de marché

Depuis quelques années, plus particulièrement entre 2011 et 2017, l'État du Sénégal a pris des engagements en signant des contrats de recherche et de production avec des groupes du secteur privé multinational. Malgré les découvertes qui révèlent un énorme potentiel de réserves en différents minerais et en hydrocarbures, l'État du Sénégal continue de signer de nouveaux engagements sans prendre le temps d'évaluer les nouveaux enjeux et de revoir les conditions de base pour ce faire, ni d'amorcer un débat national sur la question, malgré la confirmation dans la dernière réforme constitutionnelle de l'appartenance juridique des ressources naturelles au peuple. Le gouvernement du Sénégal tarde cependant à adopter une nouvelle démarche face à une nouvelle donne dans un secteur stratégique, à haut potentiel de création de richesses, mais aussi pourvoyeur d'externalités qui impactent négativement les conditions et moyens d'existence des populations riveraines.

Compte tenu des enjeux nouveaux qui caractérisent l'environnement du secteur des ressources minérales, particulièrement les hydrocarbures et du caractère stratégique du pétrole et du gaz qui ont toujours eu des impacts transformateurs, mais aussi déstabilisateurs dans les pays producteurs, il semble nécessaire pour le gouvernement d'adopter une approche plus circonspecte et une démarche inclusive. A cet effet, il est important de privilégier la concertation en vue de sensibiliser et de mobiliser les citoyens pour permettre une meilleure compréhension des enjeux économiques, environnements, sociaux et géostratégiques qui s'invitent aujourd'hui dans notre pays. Du côté du peuple, une action urgente d'auto-détermination et de débat sur les nouveaux enjeux s'impose aussi, en vue de surveiller l'action du gouvernement et de contrôler la responsabilité déléguée à nos représentants exécutifs qui accumulent des décisions qui nous engagent sur au moins deux générations à venir.

Le Sénégal dispose de réserves importantes en phosphate, en pétrole et gaz, ainsi que d'autres minerais comme l'or, le zircon, l'ilminite, l'asphalte… La période devient donc propice pour prendre les mesures nécessaires permettant au peuple sénégalais d'être prêt à assumer sa responsabilité souveraine de propriétaire des ressources naturelles, mais surtout devant la nation qui intègre les générations futures.

Malheureusement, la gouvernance du secteur est marquée par des goulots d'étranglement importants notamment l'asymétrie dans les relations de négociation entre l'État du Sénégal, et la faiblesse des revenus domestiques mobilisés, malgré la croissance de plus de 6 % affichée depuis plus de cinq années. Cette asymétrie est d'abord visible dans la maîtrise de l'information concernant le potentiel du secteur et les capacités d'analyse et de planification sur les retombées de l'extraction des ressources. Selon le Fonds Monétaire International, ce sont les entreprises étrangères qui exploitent les ressources qui informent l'État sur les données sismiques et sur les estimations des revenus.

Changer de paradigme : l'exception sénégalaise, comme opportunité analytique de gouvernance démocratique et équitable des ressources minérales

Compte tenu du contexte international du secteur, marqué par l'expérience connue des pays riches en ressources minérales et des pratiques en la matière, il semble important de considérer au moins deux facteurs avant de s'engager dans une entreprise d'exploitation :

- S'assurer que l'État dispose du cadre juridique et institutionnel et des moyens techniques d'assurer les obligations contractuelles de recherche et de partage des richesses issues de la production.

- S'assurer que l'État dispose d'une stratégie claire avec des instruments fiables pour surveiller les stratégies d'optimisation fiscale utilisées par les firmes multinationales du secteur.

- S'assurer que l'État dispose de capacités humaines et techniques pour évaluer et contre expertiser les impacts socioéconomiques et environnementaux de l'extraction des ressources sur les populations et leur écosystème.

En effet, l'un des plus grands risques des pays détenteurs de ressources est de s'engager dans leur exploitation sans disposer des moyens techniques permettant de maîtriser les données sismiques, de contrôler les opérations au niveau de tout le circuit de la chaîne de valeur, de s'assurer de la fiabilité du système et du respect des engagements des entreprises qui utilisent des procédés complexes. Proche de nous, les expériences de la Mauritanie, du Ghana et du Nigéria sont édifiantes au vu des grandes différences constatées sur les prévisions de production et les quantités de la production déclarée, mais aussi sur les déclarations sous-estimées des entreprises concernant les quantités de production exportées. L'autre risque est lié à l'optimisation des revenus que l'État peut tirer de l'exploitation des ressources qui est menacée par des pratiques abusives mais très fréquentes des entreprises transnationales qui recourent à des stratégies pour profiter des flux financiers générés dans le secteur avec l'utilisation de sociétés-écrans, de différents types transferts de prix et l'usage des paradis fiscaux… permettant de ne pas payer leur part d'impôt aussi bien dans les circuits d'approvisionnement, les transactions commerciales externalisées, que dans le partage de bénéfices. En l'absence de ces deux préalables, il semble prématuré et même risqué de s'engager dans l'exploitation et la commercialisation de nos ressources pétrolières et gazières. Alors que le Sénégal est loin de réunir ces conditions dans l'état actuel de son organisation institutionnelle. Les contrats en cours ont été signés dans des conditions plus que favorables aux entreprises partenaires, car étant régis par le code pétrolier de 1998 dont la visée fut d'attirer les investissements étrangers, concédant ainsi des avantages fiscaux et de partage de production aux investisseurs. Aujourd'hui que nous avons la certitude de l'importance de notre potentiel, donc de la réduction des risques pour les investisseurs, il est impératif de revoir les dispositions contractuelles dans ce secteur. Il est donc nécessaire de questionner le paradigme selon lequel ces critères sont établis dans l'élaboration des contrats-types de recherche et de partage de production.

En effet, le paradigme en vigueur dans la gouvernance des ressources minérales est caractérisé par l'asymétrie des rapports entre les pays riches en hydrocarbures et la plupart des groupes d'investisseurs provenant du secteur privé transnational. Il colporte un certain nombre de clichés qui pourtant déterminent les termes de l'échange dans le secteur. Il s'agit d'abord de dire que les États, surtout les pays à revenus faibles, n'ont pas les moyens des investissements nécessaires pour extraire le pétrole et le gaz. Ils ne disposent pas non plus de capacités techniques nécessaires pour gérer le système d'exploitation des ressources. Tandis que les conventions dans le domaine ne considèrent la valeur des ressources que quand elles sont commercialisées. Ce qui veut dire que les ressources n'ont pas de valeurs intrinsèques tant qu'elles ne sont pas extraites et mises sur le marché. Ensuite en élaborant la typologie des risques, les risques financiers dans la logique de marché sont toujours surestimés au détriment des risques liés aux externalités économiques, sociales et environnementales au niveau des pays et populations où les ressources sont exploitées.

Cette vision des rapports de partenariat mérite d'être révisée en se départissant d'une logique d'économie de marché et en construisant un nouveau cadre de référence à partir des besoins et aspirations des peuples, surtout dans le cas du Sénégal, où les ressources appartiennent juridiquement et sociologiquement au peuple.

De par cette spécificité (car dans la plupart des cas les ressources appartiennent à l'État, à l'exception des États-Unis d'Amérique, où elle peut appartenir à des privés), le Sénégal entre dans le petit cercle des pays d'exception, avec l'Éthiopie. Il faut aussi noter que d'autres approches plus souveraines sont pratiquées, notamment en Indonésie, en Amérique du Sud, au Venezuela, en Bolivie et au Brésil.

L'exception sénégalaise, si on peut le dire ainsi, peut aussi se fonder sur la particularité du pays qui, comparé à l'essentiel des autres pays riches en ressources minérales, bénéficie d'une tradition de démocratie sociale, un espace public assez ouvert où en principe, la loi protège les libertés individuelles et collectives, une expérience de dialogue multi-acteurs dans les processus de prise de décisions. Si le Sénégal ne peut être cette exception du point de vue des pratiques internationales hégémoniques, il ne pourra se prévaloir d'une dérogation spéciale du secteur des ressources minérales aux principes constitutionnels de transparence, de participation et de redevabilité. En devenant un pays pétrolier, le Sénégal peut bien représenter un laboratoire et une opportunité pour changer cette perception de certains acteurs du secteur qui semblent préconiser la thèse que la spécificité de ce secteur justifie une gestion opaque et dirigiste en évoquant des raisons assez simplistes, notamment la complexité des transactions minières et la rigidité des standards conventionnels. C'est à la limite risqué de penser qu'au Sénégal aussi, le secteur peut être géré différemment dans le dirigisme et le secret des transactions, sans que les citoyens ne puissent provoquer un débat, comme en témoigne du reste les mouvements de protestations qui ont suivi la révélation d'une chaîne étrangère sur les conditions de signatures de contrats pétroliers entre l'État du Sénégal, l'homme d'affaires Franck Timis et British Petroleum[122]. Dès lors, l'approche la plus efficace est

[122] La révélation de BBC dans un reportage publié le 2 juin concernant des transactions irrégulières entre Frank Timis et BP ont suscité des mouvements de protestations et notamment une pétition initiée par Legs-Africa signée par près de vingt-huit mille citoyens et la création de la plateforme « Arr li niu bokk » (sauvegarder notre bien commun) qui a organisé plusieurs manifestations et dont certains membres ont fait l'objet de garde à vue et d'emprisonnement.

d'instaurer le dialogue public national sur les enjeux et les défis stratégiques du secteur avant de déterminer un cadre de partenariat.

Pour une gouvernance qui met d'abord le peuple en avant

C'est riche de cette conviction que nous déplorons la précipitation de l'État du Sénégal à signer de nouveaux engagements dans des conditions non transparentes et sans justification pertinente des partenaires choisis. La meilleure attitude républicaine consisterait à geler toutes les négociations en cours, le temps de mettre en place une approche inclusive de mise à jour du cadre logique de référence et les mécanismes inclusifs de gouvernance des ressources qui guideront les engagements.

Malgré les récentes réformes intervenues dans le cadre juridique du secteur minier et des hydrocarbures, les conditions d'une gouvernante démocratique et inclusive ne sont toujours pas réunies, aussi bien dans le processus de prise de décisions en matière de signature de contrats de recherche, d'exploration et d'exploitation des ressources, que dans la gestion et la redistribution des revenus vers les communautés de base. Si le nouveau code minier renforce les dispositifs pour un partage de revenu avec les collectivités territoriales, les fonds prévus à cet effet ne sont pas encore effectifs et le cercle de décision est toujours maintenu entre le président de la République et le ministère de tutelle du secteur.

Le Comité d'Orientation Stratégique pour le pétrole et le Gaz mis en place par le président de la République, par le décret 2016-1542, en octobre 2016, ne répond pas encore à cette exigence d'inclusion des différentes parties prenantes, notamment la société civile.

Dans cette éventualité, il est fondamental que le peuple soit prioritaire dans la stratégie à mettre en œuvre par l'État du Sénégal, pour exploiter les mines, le pétrole et le gaz au Sénégal, plutôt que de mettre en avant des considérations et injonctions relatives à une logique de marché globalisé dont les termes de l'échange sont déséquilibrés et iniques.

Il faudra veiller à placer le peuple devant et au cœur de la gouvernance des ressources minérales, car c'est un enjeu de l'état de droit, comme l'indique la constitution du Sénégal. La prise en compte de ses aspirations et la satisfaction de ses besoins sont les mesures d'efficacité des politiques publiques. À cet effet, il est déterminant de privilégier le dialogue national élargi et décentralisé, l'analyse en commun des opportunités et externalités, des forces et faiblesses internes, avant de s'engager dans l'accélération de l'exploitation des ressources minérales qui est un levier des Objectifs de Développement Durables (ODD 3) et du Plan Sénégal Émergent.

INNOVATION FRUGALE ET ÉCONOMIES EN DÉVELOPPEMENT : QUELLES PERSPECTIVES POUR L'ÉCONOMIE SÉNÉGALAISE DANS UN CONTEXTE DE CRISE

Par Mohamet DIOP

L'innovation frugale est un concept de plus en plus courant dans les économies en développement avec une littérature peu développée surtout dans les pays d'Afrique Subsaharienne. En effet la réalité du phénomène d'innovation dans ces économies rentre difficilement dans les grilles d'analyse standards (Haudeville et Lebas, 2018[123]). Nous assistons à un système piégé dans une zone où les faiblesses respectives de la capacité d'absorption et des mécanismes d'accès aux technologies étrangères se renforcent mutuellement (Foray, 2009). À cet effet, beaucoup d'innovations issues d'un savoir-faire local visent à répondre à des besoins locaux avec des coûts moindres. Elles revêtent un caractère « informel » avec un contenu de connaissances élémentaires. Certains auteurs ont travaillé sur le sujet et ses diverses variantes. Ils ont permis d'obtenir quelques définitions qui existent dans la littérature. Nous analysons les modalités de ce nouveau type d'innovation, ensuite les implications et les enseignements pour de nouvelles opportunités au Sénégal dans un contexte de crise et de changement de paradigme.

---

[123] Haudeville, B. et Lebas, C. 2018. « Développer l'innovation en Afrique et dans les PMA : construire le SNI, encadrer l'innovation frugale, multiplier les systèmes locaux ». *Mondes en développement*, n° 184, p. 101-118.

I –/ De l'innovation traditionnelle à l'innovation frugale

En partant de la définition suivante, « l'innovation est conditionnée par le contexte géographique dans lequel elle est menée, car elle a lieu dans des contextes sociaux et culturels spécifiques, avec les particularités de l'aspect social qui font partie intégrante de l'innovation » (Battistelli, 2014[124]), il apparaît que l'innovation ne répond pas toujours aux standards mais se conforme à certaines conditions, au contexte et à l'environnement de sa mise en œuvre. En combinant les innovations telles que le « low cost, le good enough et l'innovation sociale, il est possible de délimiter l'innovation frugale dans son sens large. C'est une innovation qui vise à créer des produits et services adressés essentiellement aux populations à faibles revenus dans les pays émergents (Zeschky, Winterhalter et Gassmann, 2014[125]).

De nombreuses théories, assez similaires, ont été développées dans la littérature afin d'expliquer ce phénomène qui consiste à redéfinir et développer des produits ou procédés à faibles coûts pour un marché cible (Agarwal et Brem, 2012[126]). En d'autres termes, certains auteurs définissent l'innovation frugale aussi simplement que ceci : faire le mieux avec le peu de ressources disponibles (Angot et Plé, 2015[127]). L'essence même de l'innovation frugale est de « faire mieux » avec le peu de ressources

---

[124] Battistelli, A. 2014. « La recherche psychosociale sur le processus d'innovation individuelle et d'équipe : un bilan des connaissances. » *Psychologie du travail et des organisations*, vol. 20, n° 4, p. 336-352.

[125] Zeschky, M.B., Winterhalter, S. et Gassmann, O. 2014. "From Cost to Frugal and Reverse Innovation: Mapping the Field and Implications for Global Competitiveness". *Research Technology Management*, 57(4), 20-27. DOI : 10,543 7 /08956308X5704235.

[126] Agarwal, N. et Brem, A. 2012. Frugal and Reverse Innovation-Literature Overview and Case Study Jnsights from a German MNC in India and China, p. 1-11.

[127] Angot, J. et Plé, L. 2015. "Serving Poor People in Rich Countries: The Bottom-of-the-Pyramid Business Model Solution". *Journal of Business Strategy*, 36(2), 315.

disponibles dont disposent certaines populations (TEDTALKS, 2014[128]). Dans la même dynamique, l'innovation frugale doit répondre aux questions de produits à faibles coûts avec des valeurs sociales et économiques élevées, sans être sophistiquées (Radjou et Euchner, 2016[129]).

En évoquant l'innovation frugale, la notion hindie de « jugaad » va de pair, car de là dérive la frugalité, d'où la particularité de cette innovation. L'expression « innovation frugale » est plus qu'un concept ; de nos jours, elle a permis d'améliorer des contextes sociaux et changer des vies. C'est dans ce sens que les produits et services issus de ce concept ne sont ni sophistiqués ni parfaits, mais créent une plus-value sociale à des prix très bas (Micaëlli, 2016[130] ; Radjou et Euchner, 2016 ; TEDTALKS, 2014).

Adaptés pour les marchés émergents, les produits de l'innovation frugale présentent de nouvelles fonctionnalités (Zeschky, Winterhalter et Gassmann, 2014). Ces produits ont des fonctionnalités simples d'utilisation ; l'innovation frugale fait partie des types d'innovations aux contraintes réduites tout comme les innovations à faibles coûts, de rupture et inversées (Weyrauch et Herstatt, 2016). Cependant, l'innovation frugale se distingue des innovations aux contraintes réduites par ses critères techniques nouveaux, pour des marchés nouveaux.

Une innovation frugale doit apporter un lot de réconfort, répondre à des besoins, améliorer le niveau de vie des populations.

---

[128] Tedtalks & Talks, T. (Dir.). 2014. « Navi Radjou : Une résolution de problèmes créative face à des limites extrêmes ». in *One of 1,000+ TED Talks New Ideas Every Weekday*.

[129] Radjou, N. et Euchner, J. 2016. "The Principles of Frugal Innovation: An Interview with Navi Radjou : Navi Radjou talks with Jim Euchner about jugaad and frugal innovation and their place in corporate R&D", *Research-Technology Management*, 59(4), 13-20.

[130] Micaëlli, J. -P. 2016. « Comprendre l'innovation frugale : le diptyque proposé par Navi Radjou et ses co-auteurs ». *Innovations*, vol. 51, n° 3, p. 95-104.

Mais des critères sont à respecter afin de faire de ces innovations une réalité, d'en faire un plus dans la vie des populations cibles. Ils sont de plusieurs ordres (C. K. Prahalad, 2007) : la création de produits ou services de qualité, même peu de ressources sont mobilisées pour leur réalisation ; la vente de ces produits ou services à des prix moindres (soit 90 % en moins) comparativement aux prix dans les pays occidentaux. C'est un défi de taille pour toutes les entreprises qui veulent se lancer dans ce type de marché ; la possibilité de transport des produits ou services dans d'autres lieux et circonstances donnés afin de pouvoir les mettre en fonction dans des milieux presque similaires partout dans le monde. Enfin, le prix des produits ou services en question doit être à la portée des populations vivant au bas de la pyramide économique et facile d'utilisation. Ce nouveau type d'innovation est un enjeu dans les économies en développement.

II — / Enseignements et implications pour les économies en développement : le cas du Sénégal

L'innovation dans les économies en développement se caractérise par de multiples facettes, allant du petit bricolage aux laboratoires sophistiqués dont le contenu technologique est important. L'innovation frugale, contrairement à l'innovation traditionnelle, a pour objectif de faire du social business. De plus en plus, elle se modernise ; elle est un processus d'entrepreneuriat et source de profit à la fois, car elle permet de gagner et d'apprendre (Louçà, 2014[131]). L'idée, en matière d'innovation, est aussi de permettre une autonomie des populations tout en répondant à leurs besoins. Pour cela, elle doit être disponible, facile d'acquisition et d'utilisation par l'usage, abordable, accessible et visible.

[131] Louçà, F. 2014. "The Elusive Concept of Innovation for Schumpeter, Marschak and the Early Econometricians". *Research Policy*, 43(8), p. 1442-1449.

En d'autres termes, l'innovation frugale se caractérise aussi par une rupture avec les solutions établies. Elle est le domaine privilégié des innovateurs à faible potentiel technologique en leur permettant de lutter à armes (presque) égales avec les grandes firmes installées. (Haudeville et Lebas, 2016[132]).

En 2020, la crise sanitaire mondiale a entraîné des conséquences économiques néfastes, particulièrement pour les économies extraverties, dont celles en développement. De plus en plus, face à cette pandémie des initiatives locales se développent, allant dans le sens de mettre en œuvre des innovations de type frugal, pratiques et à la portée des populations locales pour lutter contre la propagation du Covid-19. Au Sénégal, il est possible de citer plusieurs exemples : une machine dénommée « Palmack » mise au point par un chercheur physicien sénégalais permet de se laver les mains, les sécher et distribuer des masques de protection. Des étudiants de l'École Supérieure Polytechnique de Dakar mettent au point un robot parlant plusieurs langues (anglais, français et certaines langues locales) et distribuent de façon automatique du gel hydroalcoolique. Des masques de protection aux normes AFNOR sont mis au point et peuvent être fabriqués par des tailleurs locaux.

Un mécanicien inventeur propose un kit de lavage artisanal ; il a fait l'objet d'un financement par la DER/FJ[133] pour sa vulgarisation. Des enseignants chercheurs de l'École Supérieure polytechnique de Thiès ont mis au point un respirateur artificiel afin de pallier le manque de disponibilité de ces appareils dans les

[132] Haudeville, B. et Lebas, C. 2016. « L'innovation frugale, nouvelle opportunité pour les économies en développement ». *Mondes en développement*, n° 173, p. 11-28.

[133] DER/FJ : Délégation à l'Entreprenariat Rapide des Femmes et des Jeunes est une structure publique créée en 2018, s'activant dans le financement, l'accompagnement et la promotion de l'entreprenariat des jeunes et des femmes. Depuis sa création elle a financé beaucoup de jeunes entrepreneurs et de projets structurants dans plusieurs secteurs prioritaires de l'économie sénégalaise.

structures sanitaires du Sénégal. L'appareil dont le coût de production est relativement faible[134] est doté d'une technologie suffisante pour répondre aux besoins. Pour une production à l'échelle, il requiert un accompagnement financier des pouvoirs publics et secteur privé, et une main d'œuvre requise ; dans un contexte où le Sénégal ne dispose que 80 appareils respiratoires.

Autant de technologies, avec des coûts relativement bas, sont créées pour répondre aux besoins des populations. Cette problématique à satisfaire les besoins locaux à moindre coût se pose de plus en plus dans les économies en développement où peu de ressources sont consacrées à l'innovation technologique. Le nouveau type d'innovation appelée innovation frugale devient une caractéristique du modèle d'innovation des économies en développement.

Pourtant, de telles stratégies sont bien anciennes. Elles ne datent pas du contexte actuel ; elles ont été pratiquées dans d'autres secteurs stratégiques tels que l'agriculture et l'artisanat dans l'économie sénégalaise. À titre d'exemple, la production nationale de la céréale fonio a été relancée par la mise en œuvre d'une décortiqueuse appelée « Sanoussi » du nom de son inventeur. L'innovation technologique en question aux coûts de fabrication faibles a permis un accroissement de la transformation : un traitement de 5kg de fonio en huit minutes comparé au décorticage manuel de 2 heures pour 2,5 kg de fonio. Cette innovation de type frugale a provoqué des changements sociaux et économiques en termes de production et de consommation du fonio. En effet, à partir de 2015, le Programme de Productivité Agricole en Afrique de l'Ouest, en vue de poser les jalons de la redynamisation de la filière, lance la diffusion à grande échelle de la machine à décortiquer. Ainsi 80 machines ont été introduites dans les régions

[134] L'appareil coûte à peu près 39357 francs CFA soit 60 euros.

de Tambacounda et de Kolda pour le traitement et la transformation du fonio.

Le réseau Alliance des masses intégrées pour le développement de l'entrepreneuriat des femmes (AMIDEF) constitué par 29 000 femmes au niveau national, s'active dans la politique de développement et de l'autonomisation des femmes par la transformation des céréales locales en produits finis destinés à la consommation locale et l'exportation. Leurs activités, longtemps tributaires d'un travail manuel de transformation, sont désormais assurées par une machine granuleuse à grande capacité (une tonne / jour), à moindres coûts et de grande productivité pour répondre à des besoins. Cette innovation co-conçue avec l'usager final entre dans un processus qui ne se limite désormais plus au couple chercheur/industriel.

La débrouillardise et l'ingéniosité des acteurs du secteur informel au Sénégal ont permis à certains de fabriquer des outils pour répondre aux besoins locaux. Tel est le cas du célèbre « coin de la rue Duffoncé » (Crédit foncier) situé au centre-ville de la capitale Dakar où s'entassent des tas de ferrailles et des pièces automobiles issues de la casse de pays développés. Les ateliers de mécaniciens traditionnels y modèlent divers moteurs ou modifient des pièces de véhicules pour une diversité de besoins, avec un savoir-faire local appris dans le tas. D'ailleurs Alioune Fall, autodidacte est l'inventeur d'une voiture « Made in Sénégal » dont les différentes pièces utilisées ont été fabriquées localement. Des soudeurs, tôliers et mécaniciens locaux ont été mis à contribution. Une exploitation commerciale pour un usage local est envisagée.

Dans le même ordre d'innovations, une machine à laver « Ndeysun » a été exclusivement conçue, localement, par un inventeur sénégalais. Elle est composée d'un large capteur d'énergie aménagé d'un côté, et de l'autre toute une gamme d'accessoires composée de deux baignoires incorporées pour faire la lessive et la vaisselle, bain pour enfants, trois robinets (eau chaude, l'eau tiède et eau froide). Le tout est surmonté de dispositif pour le séchage du linge. À l'usage, la machine à laver a donné satisfaction (consommation d'énergie solaire, multifonctionnelle, moins pénible).

Ainsi une variété de savoir-faire et de technologies forme des réseaux d'innovation au Sénégal. Mais ces expressions de l'innovation frugale ne sont pas prises en compte dans la lecture du développement économique. Par ailleurs, les innovateurs se confrontent à de nombreuses difficultés. Le manque de moyens, en particulier de financement et d'accompagnement technique, absence de visibilité, étroitesse du marché, concurrence de produits importés en sont les principales. Au-delà, il est très difficile et coûteux d'améliorer l'offre de services financiers ou de services techniques à une population d'entrepreneurs ou de travailleurs indépendants terriblement hétérogène et dispersée. C'est là l'un des enjeux de la dimension locale (Haudeville et Lebas, 2018[135]).

Les innovations frugales ne découlent pas directement de la recherche fondamentale, elle n'est pas toujours nécessaire. L'innovation frugale engage un ensemble diversifié de ressources et de processus dont résultent de nouveaux usages, de nouveaux modèles économiques et de nouveaux rapports sociaux. Dès lors son décryptage est tout aussi important, car il permettra aux politiques publiques d'en mesurer l'importance, pour ensuite mettre en perspective la question de son accompagnement dans les activités productives.

---

[135] Haudeville, B. et Lebas, C. 2018. « Développer l'innovation en Afrique et dans les PMA : construire le SNI, encadrer l'innovation frugale, multiplier les systèmes locaux ». *Mondes en développement*, n° 184, p. 101-118.

Conclusion

La dynamique technologique des économies en développement a pris une tout autre trajectoire loin des sentiers battus. Les enjeux ne se focalisent plus sur la question du rattrapage technologique mais dans la réponse à apporter face aux nombreux problèmes sociaux et économiques des pays en développement. Dans un contexte de crise marquée entre autres par un repli des économies, il est nécessaire de développer des stratégies pour répondre aux besoins locaux. Ces tentatives de réponses face aux problèmes conjoncturels dans les pays en développement, en particulier au Sénégal durant cette période montre l'importance du savoir-faire, des connaissances formelles et tacites compte tenu des rapports sociaux qui influencent le processus de mise en œuvre d'une innovation frugale. Dans cette perspective, l'innovation frugale peut inspirer les politiques publiques dans plusieurs secteurs. Elle est porteuse de valeurs et de principes qui contribuent à donner du sens à certaines innovations qui sont souvent invisibles ou peu valorisées. Les politiques publiques doivent de plus en plus intégrer les initiatives innovantes qui viennent de l'espace social en rapport avec les besoins à satisfaire.

Conclusion

LE SÉNÉGAL HUB NAVAL ?

Par Samba NDIAYE

Le monde va entrer inexorablement dans une phase de mutation sans précédent, du fait du COVID-19. Ce virus a déjà laissé des traces indélébiles à tous points de vue. Il nous appartient à tous individuellement et/ou collectivement d'en tirer des leçons ; en partant des systèmes sanitaires, en passant par les volets économique, industriel, social et j'en passe !

C'est pourquoi aujourd'hui, le leitmotiv partout dans le monde, y compris au Sénégal avec le Programme de Résilience Économique et Social (PRES) du Président Macky Sall, c'est comment stabiliser les acquis, mais surtout comment transformer cette crise en atouts.

Il n'est point besoin de rappeler les détails des ravages que cette pandémie sème en Occident notamment. Mais ce qu'il faut surtout relever, c'est que toute la planète a les yeux rivés sur l'Afrique, malheureusement toujours dans le mauvais sens, parce qu'attendant que notre continent se mette à compter ses morts. Dans le même sillage, nous sommes attendus dans nos capacités de résilience économique face aux enjeux qui se profilent à l'horizon.

Cette réflexion puise sa source du constat suivant : « le Sénégal ne fabrique pas de "*gaal*" (ce qui peut signifier pirogues, bateaux, navires, etc.) ».

Pourtant si, et c'est de notoriété publique, nos aïeux ont toujours construit des pirogues, mais pour actualiser la problématique, je dois ajouter que le Sénégal est également entré dans l'ère de la construction navale moderne, avec la mise en service de la 1ère usine structurée de fabrication d'embarcations en fibre de verre par la CFAO, le 29 janvier 2019 à Ouakam.

Cependant, je comprends bien qu'un des fondements qui a sous-tendu les débats a surtout porté sur l'absence d'une vraie flotte nationale industrielle, ouvrant ainsi de larges fenêtres aux étrangers (Russes, Chinois, Coréens, etc.) pour perturber perpétuellement nos rangs ! Alors que nous avons plutôt besoin d'une stratégie structurante offensive.

Doit-on encore continuer sur la même lancée, aujourd'hui que notre pays vient d'avoir 60 ans ? Assurément non !

Ce magnifique pays de la Téranga, le Sénégal, dispose d'atouts naturels de premiers ordres :

- Sa position avancée sur l'océan Atlantique ;
- La longueur de ses côtes maritimes : 718 kms ;
- La géographie et l'importance de son réseau fluvial ;
- La densité et la disparité de ses îles ;
- L'histoire et l'importance socioéconomique des activités de pêche informelle pour les centaines de milliers de personnes qui s'y activent bon an mal an, mais également pour les millions de consommateurs de produits halieutiques ;
- L'énorme potentiel humain du pays dans le domaine de la technologie navale, fut-elle artisanale ;
- L'incontournable problématique du transport fluviomaritime interne (passagers, médical et marchandises), sous-régional et international ;
- La construction de nouveaux ports (Bargny, Ndayane, Ndakhonga, ...) ;

- La stratégique dimension de l'équipement de nos corps militaires et paramilitaires ;

- Le vital secteur du tourisme et ses corollaires, notamment la nécessité de disposer d'une flotte de plaisance nationale ;

- Les substantielles activités offshores qui se profilent à l'horizon avec la découverte de gisements de pétrole et de gaz ;

- L'énorme potentiel de la Falémé avec 630 millions de tonnes prouvées de mines de fer ;

- L'existence et le fonctionnement sous concession d'un chantier de réparation navale (DAKARNAVE) ;

- La lancinante question de l'évacuation de nos importantes productions agricoles dans le Nord et le Sud notamment.

Cette crise mondiale et les atouts énoncés prouvent que moment ne peut être plus opportun, pour créer une industrie navale nationale et multidimensionnelle, porteuse de souveraineté gage du consommé local, de création d'emplois et de richesses, de maîtrises technique et technologique...

Aujourd'hui, les véritables enjeux pour l'Afrique en général, dont le Sénégal pourrait être un porte-flambeau, c'est de quitter la zone rouge des dépendances de tous ordres ; masques, médicaments et autres produits industriels.

La bataille ne devrait plus se faire contre ou pour des Chinois via des pavillons battants Sénégalais.

L'une des vraies batailles du secteur naval :

– c'est de faire en sorte que les milliards mobilisés par nos investisseurs locaux pour acheter des navires d'occasion puissent être dépensés sur le marché national pour acquérir des bateaux flambants neufs ;

– c'est également d'amener les nationaux capables de dépenser ces mêmes milliards ailleurs, à participer à l'édification d'un tissu industriel naval digne de ce nom, aux côtés de partenaires stratégiques.

Le corollaire d'une telle politique, je le rappelle, est entre autres la création d'emplois et de richesses.

S'agissant des emplois :

Une usine de construction d'embarcations en fibre de verre de capacités de production de 1 000 unités par an emploie au minimum 200 personnes en permanence.

Il s'y ajoute qu'en moyenne, chaque unité produite, emploie 6 personnes en exploitation, ce qui fait 6 000 emplois en permanence pour une seule année de production, bien entendu compte non tenu des emplois connexes.

- Parallèlement, une usine de construction de navires emploie pour sa rentabilité en permanence autour de 400 personnes. En exploitation, et en fonction de la nature et de la taille du navire (pêche, tank, croisière, etc.), l'équipage à lui seul peut dépasser la centaine de personnes.

Pour ce qui est de la création de richesses :

- Un chantier de construction navale, même de petite taille, nécessite d'importants investissements et génère de grosses masses salariales. Nonobstant tout le flux financier qui s'articule autour des activités dédiées à l'unité navale en activité (par exemple : 1 000 embarcations en FRP peuvent générer un chiffre d'affaires d'environ 60 milliards FCFA par mois).

Dès lors je ne peux m'empêcher, dans cette période où tous les secteurs d'activités du monde s'apprêtent à monter sur les starting-blocks pour ne pas rater le démarrage d'un nouvel ordre mondial, de mettre en exergue les incommensurables avantages d'un pan de notre économie maritime, pour l'avènement d'une véritable industrie structurante et productive.

La transversalité de la logistique navale pour notre économie nationale est une évidence. Dans le contexte actuel, une barge dont la fabrication relève d'une technologie très simple aurait convoyé, en un temps record, l'aide alimentaire du gouvernement vers le Nord et le Sud via le centre, au grand bénéfice de nos populations mais également de l'état de nos routes

Dans le même temps, un minimum de ressources aurait permis de fabriquer des embarcations médicalisées pour faire face à une éventuelle crise sanitaire dans les îles.

En définitive, il convient de réaffirmer que l'heure est donc venue de tirer tous les avantages possibles de la construction navale qui, à moyen terme, pourra participer avec force à faire du Sénégal un vrai hub naval.

Le choc économique de Covid-19 sur la pêche artisanale au Sénégal

Par Rougyatou KA

Introduction

Le secteur de la pêche au Sénégal est aujourd'hui confronté à d'énormes difficultés relatives à la rareté des ressources halieutiques, aux coûts des facteurs de production et des licences de pêche sous-régionale, à la faible organisation des acteurs, etc. (Sow, 2015)[136]. Cette situation est consécutive à un accroissement inconsidéré de la pression sur les ressources halieutiques qui se font de plus en plus rares. Cette raréfaction s'explique aussi par le développement de la pêche illicite, non déclarée et non règlementée (INN) et l'octroi de licences de pêche à des navires étrangers dans la zone économique exclusive (ZEE) sénégalaise.

C'est dans ce contexte de rationnement auquel s'ajoutent des difficultés d'accès des pêcheurs artisanaux aux licences de pêche des pays de la sous-région que surgit la maladie à Coronavirus (Covid-19), réduisant ainsi l'offre de produits halieutiques en pleine campagne de pêche 2020[137]. Ainsi se posent de réels défis

---

[136] Sow, D. 2015. La pêche artisanale, un levier pour la sécurité alimentaire et l'émergence du Sénégal, en danger, https://www.leral.net/La-peche-artisanale-un-levier-pour-la-securite-alimentaire-et-l-emergence-du-Senegal-en-danger_a144815.html

[137] La logique voudrait qu'en cas de réduction de l'offre, les prix augmentent. Mais d'après nos premières investigations aux près des acteurs, la fermeture des frontières nationale et interrégionale et certains loumas a conduit à la baisse des prix du poisson malgré la réduction des prises à cause de la diminution du temps de pêche. Les quelques usines exportatrices qui continuent d'acheter les produits surgelés paient à peine les 50 % du prix normal (c'est-à-dire prix avant-Covid-19). Aussi, bien que le transport des vivres ait été aménagé, les conditions de voyage non évidentes et la

au développement des systèmes halieutiques artisanaux que les politiques publiques devraient d'urgence prendre en charge au regard de ce que représente ce secteur dans l'économie sénégalaise, en termes de contribution aux devises, à l'emploi, et à la sécurité alimentaire.

En l'espace de quatre mois, le virus apparu en chine, considérée comme le foyer primaire de la Covid-19, a franchi toutes les frontières et a fait à ce jour plus de 6 millions de malades dont 400 000 décès[138] ; d'où la proclamation par l'OMS de « Pandémie » et la « déclaration de Guerre » à l'échelle mondiale contre le virus.

À l'instar des autres pays du monde, le Sénégal a, depuis le 2 mars 2020, rejoint la longue liste des pays touchés et comptabilise à ce jour 3 645 cas dont 42 décès[139]. Des mesures d'endiguement de la crise sanitaire sont prises dès le 23 mars 2020. Elles sont relatives à l'état d'urgence (couvre-feu de 20 heures à 6 heures sur l'étendue du territoire national, limitation des déplacements inter-régionaux et inter-agglomérations, interdiction des regroupements de personnes dans les lieux publics)[140], à la fermeture des frontières

---

réduction considérable du dynamisme des marchés régionaux, nationaux et sous régionaux ont limité l'arrivé des banabanas et clients qui venaient s'approvisionner au niveau des quais pour le mareyage national et sous régional. Et c'est sur eux que comptaient les pêcheurs pour espérer un prix plus compétitif face aux mareyeurs. A cela s'ajoute le manque d'infrastructures de stockage et de conservation des produits qui prévalait bien avant la Covid-19.

[138] Situation nationale et mondiale de la Covid-19 à la date du 31 mai 2020. https://covid19.sec.gouv.sn/

[139] Ibidem

[140] Ces mesures de riposte actées par le Décret n° 2020-830 du 23 mars 2020 proclamant l'état d'urgence sur le territoire national, ont été assouplies suite au message à la Nation du Président Macky Sall du 11 mai 2020 avec notamment le réaménagement des horaires du couvre-feu de 21 heures à 5 heures du matin, la réouverture des marchés y compris les marchés hebdomadaires (loumas) excepté le jour de dimanche dédié au nettoiement, et des lieux de culte fermés pendant l'état d'urgence.
https://covid19.sec.gouv.sn/actualites/message-%C3%A0-la-nation-du-pr%C3%A9sident-macky-sall-du-11-mai-2020, consulté le 31 mai 2020)

terrestres, aériennes et maritimes. Elles ont été complétées par des appuis aux ménages à faibles revenus en denrées alimentaires et produits de première nécessité à hauteur de 69 milliards, aux secteurs les plus impactés (tourisme, hébergement, restauration, etc.)[141] mais également des mesures barrières comme la fourniture de masques et gels hydro alcooliques pour limiter la propagation du virus.

Toutes ces mesures barrières, bien qu'effectivement mises en œuvre par les populations et les entreprises, n'ont pas encore totalement montré leur efficacité face au « nouvel ennemi commun du monde » qui continue de gagner du terrain au Sénégal. Si l'Organisation Mondiale de Santé (OMS) affiche une faible létalité (3 %) de la Covid-19 malgré sa morbidité très élevée au niveau mondial (OMS, 2020)[142], les économistes ne doutent guère de l'inévitable crise systémique dont les conséquences financières, économiques, politiques seront similaires (sinon pire) à celles de la crise de 2008. La pandémie est ainsi déclarée responsable des ralentissements des systèmes productifs économiques et sociaux de l'humanité et de devises économiques, notamment dans les secteurs d'activités en résonnance avec la mondialisation (Thierry, 2020)[143].

Nous l'aurons compris, la Covid-19 pourrait entraîner des bouleversements dans un certain nombre de secteurs économiques parmi lesquels les systèmes de pêche, dont le fonctionnement est en partie tributaire de la dynamique des frontières (terrestres,

---

[141] Ministère de l'Économie du Plan et de la Coopération (MEPC). 2020. Programme de Résilience Économique et Sociale. Mobilisation nationale et internationale pour abonder le Fonds de Riposte et de Solidarité face à la pandémie de la COVID-19, 22p.
[142] OMS. 2020. « Mise à jour de la stratégie Covid-19 », 20p, https://cutt.ly/7ybwuiL
[143] Thierry, H. 2020. L'Afrique de l'Ouest face au Covid-19, Rapport du Futuribles International, 19p.
https://www.futuribles.com/fr/search/?order=relevance&q=L%E2%80%99Afrique+de+l%E2%80%99Ouest+face+au+Covid-19

marines, aériennes). Ne devrait-on pas s'occuper d'ores et déjà des répercussions économiques inévitables de la crise sanitaire sur la pêche au Sénégal, particulièrement au niveau du segment artisanal, afin d'assurer un après-Covid-19 propice à la régénération de l'économie halieutique nationale ? La question se pose alors de savoir si la pêche artisanale arrive aujourd'hui à maintenir son rôle stratégique dans l'économie nationale, dans l'approvisionnement des Sénégalais en denrées de première nécessité et la stabilité socioéconomique des communautés littorales tributaires de l'exploitation halieutique. Nous partons du postulat que la Covid-19 a mis au ralenti la dynamique des systèmes de pêche artisanaux.

Cette contribution propose une analyse des premiers effets de la crise sanitaire sur les systèmes de pêche artisanale au Sénégal[144]. Elle s'appuie sur des enquêtes qualitatives (en cours) auprès des acteurs (pêcheurs, mareyeurs et transformatrices) réparties dans six (6) centres de pêche de trois régions stratégiques dans la production halieutique artisanale : les centres de Mbour, Joal et Cayar de la région de Thiès, le centre de Saint-Louis de la région du même nom et les centres de Yoff et Rufisque de la région de Dakar.

I –/ La pêche, un des poumons de l'économie sénégalaise menacée

Érigé en priorité dans l'atteinte des objectifs du Plan Sénégal Émergent (PSE), le secteur halieutique a réussi à conserver sa place de pilier de l'économie nationale malgré les nombreuses contraintes susmentionnées qui l'assaillent. Son rôle est stratégique dans la sécurité économique, alimentaire et sociale, en termes de création d'emplois, de richesses et d'équilibre de la balance commerciale.

---

[144] D'autres productions scientifiques suivront pour valoriser nos enquêtes en cours dans le cadre d'une étude de l'Initiative Prospective Agricole et Rurale (IPAR) portant sur « les effets de la Covid-19 sur les secteurs d'activités clés de l'économie sénégalaise, notamment la pêche artisanale ».

Elle contribue à hauteur de 7,1 % au PIB du secteur primaire en 2017 (Mballo, 2018)[145]. Sa valeur commerciale est ainsi évaluée à hauteur de 272 466 milliards de francs CFA en 2018 et son pouvoir d'emploi à plus de 600 000 empois (directs et indirects) (DPM, 2018)[146] ; des grandeurs qui devraient évoluer selon les estimations des professionnels du secteur considérant le large éventail des services que le secteur de la pêche rend à la nation sénégalaise. D'où cette affirmation du Pr Demba Sow (2015) rappelant que « 1 600 000 à 2 000 000 de personnes sont dépendantes du secteur ».

La pêche maritime qui réalisait une production de 524 851 tonnes de produits halieutiques en 2018 est structurée autour des deux types suivants : la pêche industrielle (PI) totalement tournée vers l'exportation (avec une part de 24 % des débarquements) et la pêche artisanale (PA) qui assure 76 % des mises à terre (DMP, 2018) et fournit les 94 % des 600 000 emplois directs et induits (Sow, 2015).

En plus de sa contribution non moins importante aux exportations (21 614 tonnes réparties en produits transformés (92 %) et frais (8 %), la PA contribue à la sécurité alimentaire nationale (56 % des débarquements de la PA et 48 % des 38 924 tonnes transformées artisanalement au Sénégal) et la stabilité socioéconomique d'une bonne partie des ménages des communautés littorales occupant les principaux maillons (pêcheurs, mareyeurs, transformatrices), en plus des dynamiques annexes allant des porteurs, micro-mareyeurs (*lag-lagal*), charretiers (*borom sarettes*) dans les quais de débarquement aux détaillants dans les marchés (urbains et ruraux). On pourrait comptabiliser les occupants de la

---

145 Mballo, D. 2018. « Les espèces halieutiques les plus exploitées au Sénégal », https://www.vivafrik.com/2018/08/04/des-especes-halieutiques-les-plus-exploitees-au-senegal-a18696.html

146 Direction des Pêches Maritimes (DMP). 2018. *Rapport des résultats généraux des pêches maritimes de 2018*, 98p.

chaîne de transport, ce qui fait dire à beaucoup d'acteurs de la pêche que son pouvoir à fournir des emplois serait très mal évalué car dépassant de loin les 600 000 emplois directs et indirects qui lui sont assignés.

Alors comment ce secteur d'ancrage national et territorial arrive-t-il à fonctionner compte tenu des mesures sanitaires prises en mars dernier ? Les mesures de lutte contre la Covid-19 n'affectent-elles pas la dynamique du secteur de la pêche artisanale ? La stabilité socioéconomique et alimentaire des communautés littorales des ménages sénégalais (ruraux et urbains) qu'elle drainait jusque-là ne serait-elle pas menacée ?

II — / Revers des systèmes halieutiques artisanaux face à la pandémie

Les mesures d'atténuation du choc sanitaire au Sénégal, notamment l'état d'urgence et la fermeture des frontières, ont eu la particularité de bouleverser le fonctionnement des systèmes de pêches artisanaux, par là même l'économie sénégalaise. En effet, nous l'avons rappelé, les systèmes de pêche artisanaux sont tributaires d'un ensemble de conditions notamment la libre circulation des pêcheurs dans les eaux maritimes sénégalaises, l'accès aux centres de débarquement, la fluidité des systèmes de transports inter-régionaux, interterritoriaux et aéroportuaires.

Des perturbations dans la chaîne de production halieutique

Le couvre-feu de 20 heures à 6 heures du matin limite la stratégie habituelle des pêcheurs qui est d'embarquer au milieu de la nuit pour débarquer tôt le matin sur les quais de pêche afin de s'assurer le bon déroulement du mareyage à l'intérieur du pays. Ce dispositif auquel sont habitués les pêcheurs est modifié par l'état d'urgence, qui confère aux pouvoirs déconcentrés (préfecture, gouvernance) la latitude de prendre des mesures idoines pour limiter la propagation du virus au niveau territorial. Parmi ces mesures figurent la fermeture partielle et/ou l'ouverture alternatives des quais de pêche et espaces de débarquement au profit des opérations de désinfection et de nettoyage[147]. La « vulnérabilisation » des pêcheurs est ainsi actée si l'on sait que le virus s'est introduit au Sénégal en pleine campagne de pêche (les périodes « Noor » et « Thiorone »)[148] et que les acteurs de la pêche artisanale, par ailleurs totalement dépendants des banques pour financer les intrants, avaient déjà contracté des prêts qu'ils devront rembourser, quelle que soit l'issue de la campagne de pêche. Ainsi, la vie de plus 70 000 pêcheurs (DPM, 2018)[149] et de leurs familles est hypothéquée par la Covid-19.

Des perturbations dans la chaîne de mareyage des produits halieutiques

Les revers de l'état d'urgence sont tous aussi pesants sur la dynamique des Systèmes halieutiques artisanaux (SHA). Les systèmes de mareyage interne qui ravitaillaient près de 43 % la région de Dakar en produits frais et assuraient l'acheminement et la répartition d'une bonne partie des produits transformés et frais à l'intérieur du pays ne suivent plus leur cours. En effet, les pêcheurs avaient la possibilité de débarquer dans d'autres centres de pêche différents de leurs lieux d'embarquement, ceci pour maximiser

[147] Quelques Arrêtés préfectoraux :

- Arrêté N°20-072/DMB/P portant réglementation du fonctionnement des quais de pêche et sites de transformation de produits halieutiques du département ;
- Arrêté N°024/PDSL du 04 mai 2020 portant fixation provisoire des jours et heures d'ouverture et de fermeture des quais de pêche du département de Saint-Louis

[148] L'activité de pêche artisanale annuelle est sériée au Sénégal suivant quatre périodes trimestrielles : Noor pour Janvier-mars ; Thiorone pour Avril-Juin ; Nawett (hivernage) pour Juillet-Septembre, et Lolli pour Octobre-Décembre. Généralement, les deux premières périodes constituent les maximales de production et les deux dernières les minimales de production. D'où ce cri de cœur des pêcheurs, surtout ceux de la Grande côte (Cayar et Saint-Louis) regrettant que leurs deux périodes favorites aient coïncidé avec la crise sanitaire.

[149] Ibidem

leurs prises journalières et profits. Sous l'état d'urgence et avec la restriction des possibilités de débarquement et de mareyage, les pêcheurs n'ont d'autres choix que d'acheminer leurs prises à leur lieu de départ. De ce fait, certains systèmes de mareyage dépendant de cette dynamique interterritoriale de pêche sont mis au point mort. À Cayar, cette léthargie du système de mareyage semble être une réalité pour beaucoup de mareyeurs presqu'en chômage technique (entretiens téléphoniques, mai 2020)[150]. Même si la loi portant état d'urgence a aménagé le transport des produits alimentaires et marchandises, ces mareyeurs préfèrent réduire leur champ d'action au niveau local (usines exportatrices de poissons surgelés qui profitent de la situation pour remplir leurs stocks), car les quantités débarquées sont insuffisantes pour rentabiliser un mareyage rentable à l'intérieur du pays.

Suite aux fermetures des frontières maritimes, aériennes et le gel des exportations de la pêche industrielle, si la région de Dakar semble être assez bien protégée de la crise du secteur par l'existence de centres de pêche non moins importants, les régions de l'intérieur souffriraient de ces dérèglements des systèmes de mareyage des produits halieutiques frais et transformés. L'une des opportunités inattendues offertes par la crise sanitaire aura été une baisse du prix du mérou blanc (thiof en langue wolof), poisson qui manquait cruellement au Sénégal avant la COVID-19 (IRD, 2014)[151]. La baisse de son prix s'explique par l'arrêt des exportations. Les Sénégalais qui ont accès au marché du thiof, dans les limites

---

[150] Pour rappel ces entretiens téléphoniques s'inscrivent dans le cadre de l'étude de l'IPAR précitée. Les questions ont porté sur la situation de référence de la pêche artisanale par rapport à la crise, les perturbations observées dans les chaines de production et de distribution, les stratégies d'adaptation des acteurs ainsi que les perspectives du secteur. Le choix de la voie téléphonique se justifie par le contexte national d'état d'urgence et la situation de télétravail de l'institution.

[151] IRD. 2014. « Effondrement du Thiof : gestion inefficace de la pêche artisanale » https://cutt.ly/dybrXou

administratives de leur agglomération, notamment les Dakarois, peuvent désormais s'en approvisionner. La « pénurie de poisson au Sénégal » décriée par les pêcheurs et les consommateurs sénégalais, il y a quelques mois (TV5 Monde, 2019)[152], fait place à l'abondance et à la mévente à Dakar ; justifiant ainsi l'adage selon lequel « le malheur des uns fait le bonheur des autres ». Mais c'est là un luxe qui ne s'offre pas aux populations des régions de l'intérieur (Tambacounda, Kédougou, Kolda, etc.), car n'y ayant pas accès du fait des dérèglements observés dans les systèmes de mareyage interne et la fermeture partielle ou totale des marchés ruraux pour lutter contre la Covid-19.

La transformation artisanale qui occupe 92 % du marché des exportations des SHA avec une orientation essentiellement sous-régionale (52 % des produits transformés sont destinés principalement à la Côte d'Ivoire et au Burkina Faso (DPM, 2018)[153] serait aussi victime de la pandémie. Les transformatrices ne cachent pas leur inquiétude face à l'ampleur de la crise. C'est le cas des transformatrices de Mballing (Mbour) qui « n'ont pu vendre les produits halieutiques qu'elles avaient transformés et qui, aujourd'hui, pourrissent entre leurs mains » (APS, 2019)[154]. Cette situation qui s'impose à tous les centres de transformation (entretiens téléphoniques, mai 2020) se joue au moment où la population du monde rural, qui dépend principalement des produits issus de la transformation artisanale pour assaisonner et garnir leur « thieb », se retrouve en difficultés d'accès aux vivres.

---

[152] TV5 Monde. 2018. « Pénurie de poisson au Sénégal : les pêcheurs et les consommateurs inquiets », https://cutt.ly/LybrVZc

[153] Ibidem

[154] Agence de Presse Sénégalaise. 2020. « COVID-19 : À Mballing, des transformatrices sollicitent des financements pour sortir la tête de l'eau », http://aps.sn/actualites/economie/peche/article/covid-19-des-femmes-transformatrices-sollicitent-un-plan-de-resilience-economique-et-sociale

Ainsi résumés, les revers de la Covid-19 se lisent dans les SHA en termes de mévente, difficultés d'accès et instabilité alimentaire et socioéconomique. Ils sont certes nuancés par l'offre en produits halieutiques de qualité aux riverains (Dakarois surtout), mais un après Covid-19 incertain se dessine dans les centres de pêche artisanale sénégalais.

III — / Les Systèmes halieutiques artisanaux (SHA) et le PSE dans le nouvel ordre économique mondial

Déclaré ainsi comme secteur prioritaire dans les premières lignes de la lettre de politique sectorielle de développement du secteur 2016-2023 (MPEM, 2016)[155], le secteur de la pêche est appelé à contribuer à l'atteinte des objectifs du premier axe du PSE « transformation de la structure de l'économie dans le sens de soutenir une dynamique de croissance forte et durable », notamment en renforçant « la sécurité alimentaire du Sénégal », en rééquilibrant la « balance commerciale dégradée par les importations de produits alimentaires » et en préservant les « équilibres socioéconomiques » (MPEM, 2016, p. 12)[156]. Ces attentes se trouvent incorporées dans la vision qui structure la lettre de politique sectorielle de la pêche et de l'aquaculture : « un secteur, moteur durable de croissance et d'inclusion sociale tout en assurant l'alimentation de la population, en 2023 » (MPEM, 2016, p. 21)[157]. Pour que le secteur de la pêche puisse participer à l'émergence du Sénégal à l'horizon 2035 fixé par le PSE, il devra s'assurer de sa remise sur pied dès la proclamation de la victoire sanitaire nationale et internationale tant attendue. Déjà, le programme de résilience économique et sociale du Sénégal au

---

[155] Ministère de la pêche et de l'économie maritime (MPEM). 2016. *Lettre de politique sectorielle de développement de la pêche et de l'aquaculture (LPSDPA) 2016 – 2023*, 40p.
[156] Ibidem
[157] Ibidem

Covid-19 affiche, dans ses projections de croissance du PIB pour l'année 2020, une baisse de 3,9 % pour le secteur de la pêche considérant l'impact de la Covid-19[158], ce qui devrait davantage alarmer les autorités et les professionnels du secteur qui, au-delà de cette crise sanitaire, est appelé à faire face aux enjeux et défis des projets pétro-gaziers qui se profilent à l'horizon.

Ainsi, comme le rappelle le rapport intermédiaire du groupe de recherche interdisciplinaire GRI-COVID19-ARCES (2020), il est essentiel d'anticiper sur la crise économique qui se profile à l'horizon pour éviter certains scénarios catastrophes qui exigeraient des réponses financièrement lourdes à engager considérant la faiblesse des allocations budgétaires que l'État a toujours consenties au secteur. C'est dans ce cadre que l'Initiative Prospective Agricole et Rurale (IPAR) s'est lancée dans l'analyse « des effets de la Covid-19 sur les secteurs économiques clés du pays comme la pêche artisanale et les filières agricoles et agro-alimentaires, ainsi que les effets sur les exploitations familiales du Sénégal » pour produire des évidences et alimenter le débat sur les stratégies de résilience des principaux poumons de l'économie nationale.

Recommandations[159] aux acteurs étatiques et professionnels du secteur

Échanger avec les acteurs sur les mesures d'accompagnement idoines pour faire face aux effets de la crise sanitaire sur le secteur. Le secteur de la pêche semble être négligé dans la stratégie de riposte contre la covid-19 au Sénégal. Nous ne sommes pas dans une situation où on pourrait défendre l'idée d'un secteur impacts, mais les analyses précédentes ont permis de dévoiler la réalité du

---

[158] Ibidem

[159] Elles sont tirées de notre immersion dans le milieu de la pêche artisanale, notamment les premières discussions que nous avons eues avec les acteurs de la PA, y compris la FENAGIE PECHE.

choc économique que subissent les acteurs traduisant ses premiers effets.

Du point de vue socio-sanitaire, les conditions de promiscuité des habitations des pêcheurs et leur degré d'interaction action sociale devraient encourager le soutien rigoureux des centres de pêche dans l'accès aux masques et produits de lavage des mains pour le respect des mesures barrières dans les espaces de débarquement et les sites de transformations. Les Conseils locaux de pêche artisanale (CLPA) et les GIE interprofessionnels soutenus parfois par quelques Organisations Non Gouvernementales (ONG) essaient tant bien que mal de porter ce combat. Les autorités étatiques, au-delà de la réglementation des activités de production et de distribution, pourraient soutenir systématiquement ces formes de luttes individualisées. La distribution des Kits alimentaires de produits de première nécessité inscrits dans le Plan de résilience économique et sociale devait aussi s'accélérer pour épauler les familles de pêcheurs en chômage technique.

Du point de vue de la résilience économique de la filière artisanale, une discussion sérieuse est à encourager pour trouver les stratégies d'accompagnement adaptées des acteurs déjà sous pression face aux crédits bancaires qu'ils devront acquitter malgré le ralentissement de la dynamique de leur activité. Les deux milliards que le ministère de la Pêche et de l'Économie maritime a débloqués pour soutenir les acteurs de la pêche artisanale sous forme de prêts bancaires ont suscité pas mal de questionnements chez ces derniers, des questionnements remettant en cause la pertinence d'une telle démarche au moment où les professionnels du secteur sont appelés à s'acquitter de leur crédit de campagne. Pourquoi un crédit et non une subvention ? D'où la nécessité d'aller vers des solutions plus concertées et incisives.

Toujours dans la résilience économique de la filière, il doit être étudié les moyens de la mise en place d'un Fonds spécial de gestion des calamités dédié. Dans un contexte de changement climatique, il faut s'attendre à l'accroissement des phénomènes d'urgence et en de telles circonstances se doter de moyens financiers mobilisables en urgence de façon à soutenir le secteur et les acteurs. Ce fonds qui fonctionnerait comme une police d'assurances pourrait être constitué de cotisations ou taxes provenant des acteurs directs, de l'État et des entreprises.

Aller vers une restructuration encadrée du secteur de la pêche artisanale. La pléthore des organisations de producteurs et leur faiblesse sont des problèmes dans la pêche artisanale qui nourrissent très souvent les débats et échanges sur les perspectives de la résilience du secteur. Ce moment de crise peut constituer une opportunité pour les acteurs étatiques et professionnels de penser à la réorganisation voire la réédition du secteur de sorte à qu'il en résulte une organisation rationnée des acteurs et du secteur. Une telle organisation pourrait aider à mieux répondre aux besoins de soutiens et d'accompagnement des acteurs.

Améliorer la transparence dans la gestion des licences de pêches. La problématique des 56 bateaux étrangers en quête de promesses de licences de pêche dans la ZEE sénégalaise intervient dans un contexte de raréfaction et de surexploitation des ressources halieutiques d'où la priorité devrait être la rationalisation de l'utilisation de ces derniers au profit de la sécurité alimentaire des Sénégalais et la stabilité économique. Elle exige des autorités un effort de transparence sur ces demandes de licences priorisant :

- le respect des dispositions réglementaires déclinées dans le « chapitre II. Du droit de pêche » du Code de la pêche ;
- l'avis de la commission consultative d'attribution des licences ;

- la prise en compte des recommandations du Centre de Recherches Océanographiques de Dakar-Thiaroye – CRODT basées sur l'état actuel des ressources.

COVID-19 : DÉFIS ET OPPORTUNITÉS POUR L'ASSURANCE AGRICOLE INDICIELLE AU SÉNÉGAL

Par Mame Mor Anta SYLL, Ahmadou LY, Omar Cissé SOW et Lena Weingärtner

Le financement de l'agriculture demeure un défi majeur pour la plupart des pays en développement. Au Sénégal, le taux d'inclusion financière en milieu rural est estimé à 13 % (Zia, 2016)[160]. C'est ainsi que les agriculteurs font face à un rationnement important dans le marché du crédit agricole formel. Cette situation s'est aggravée avec l'arrivée de l'épidémie de la Covid-19 qui a conduit à plusieurs déséquilibres supplémentaires dans le secteur du financement agricole. Cela remet l'assurance agricole au cœur de la problématique du financement de l'agriculture de par sa capacité à sécuriser les contrats de prêts et à renforcer la confiance entre les acteurs. L'assurance agricole indicielle se distingue de l'assurance agricole classique ou traditionnelle par le fait que ses indemnisations ne sont pas déclenchées par l'estimation des dommages subis par l'assuré, mais plutôt par la variation d'un indice préalablement défini sur la base de facteurs supposés être corrélés avec ces dommages, tels que les données climatiques, le niveau de

[160] Zia, B. H. 2016. Enhancing financial capability and inclusion in Senegal : a demand-side survey. Finance and markets global practice. Washington, D.C. World Bank Group.
http://documents.worldbank.org/curated/en/679621468583298744/Enhancing-financial-capability-and-inclusion-in-Senegal-a-demand-side-survey

développement des cultures ou la moyenne historique par zone de rendements (Diop, 2016[161] ; Syll & Weingärtner, 2017[162]).

Défis de la sécurisation du financement agricole

Difficultés des institutions de crédit à recouvrer les prêts octroyés avant la Covid-19

Depuis la mi-mars, les mesures restrictives prises par les autorités administratives ont impacté les conditions de vie de la population sénégalaise et la frange vivant en milieu rural n'a pas été épargnée. Il s'agit principalement des mesures qui concernent la fermeture des Loumas (marchés hebdomadaires en milieu rural), l'interdiction du transport interurbain pour les personnes et l'effet domino sur les autres activités génératrices de revenus continuent d'avoir des conséquences dans les activités et les conditions de vie des producteurs. Plusieurs contributions ont mis l'accent sur la capacité des agriculteurs à commercialiser leurs produits dans la zone des Niayes et dans la vallée du fleuve Sénégal. Cette situation n'a pas été sans conséquence sur le marché du crédit en milieu rural avec plusieurs institutions de microfinance qui ont déclaré faire face à des difficultés de remboursement pour les prêts qui finançaient des activités touchées par la Covid-19 et qui étaient effectuées par des exploitations agricoles familiales (Ministère de la Microfinance et de l'Économie sociale et solidaire, avril 2020)[163]. Cette situation est si préoccupante que le Conseil National de Concertation et de Coopération des Ruraux (CNCR) qui est l'une des plus importantes et influentes organisations dans le milieu

---

[161] Diop, S. 2016. « L'assurance indicielle : un produit de gestion du risque agricole dans les pays en développement à renforcer ». *Techniques Financières et Développement*, 122(1), p. 37-47. doi:10.3917/tfd.122.0037

[162] Syll, M. M., & Weingärtner, L. 2017. « Disposition à payer l'assurance agricole basée sur les indices climatiques au Sénégal », *Revue française d'économie*, XXXII(3), p. 18-45. doi:10.3917/rfe.173.0018

[163] Ministère de la Microfinance et de l'Économie Sociale et Solidaire. 2020. *Enquête sur l'impact de la Covid-19 sur les SFD. Fonds d'Impulsion de la Microfinance.*

rural, a proposé que l'État éponge tout ou partie des dettes dues par les paysans aux industriels et à La Banque Agricole (LBA) pour préserver le système de contractualisation prometteuse et sécuriser la prochaine campagne agricole.

Financement de la campagne agricole pluviale menacée

Le financement de l'agriculture pluviale n'a pas encore subi, pour l'instant, les contrecoups de la crise sanitaire parce que cette dernière est arrivée après la campagne précédente, au moment où les principales activités de production et de commercialisation étaient terminées et la plupart des crédits de campagne octroyés déjà remboursés. Toutefois, à cette période de préparation de la campagne agricole hivernale prochaine, les institutions de crédit sont confrontées à un double problème. D'une part, il faut recouvrer les prêts qui étaient octroyés aux secteurs les plus touchés par la Covid-19 pour avoir assez de ressources pour financer la campagne qui se prépare et d'autre part, trouver des ressources complémentaires capables de financer les expressions de besoins de leurs clients traditionnels dans un contexte de rareté structurel des financements, dans cette situation exceptionnelle, ils sont davantage orientés vers les mesures de riposte sanitaire à l'échelle nationale tant du côté du secteur privé que du côté du secteur public.

Les résultats de l'étude du ministère de la Microfinance et de l'Économie sociale et solidaire (avril 2020) sur l'impact de la Covid-19 sur les Sociétés Financières Décentralisées (SFD) ont montré que 97,4 % d'entre elles identifient le petit commerce comme étant le secteur le plus touché et 72 % estiment que l'impact est davantage ressenti sur les activités de recouvrement des prêts. En effet, ces activités de recouvrement ont été pour la plupart suspendues et réaménagées. Par ailleurs, la plupart des SFD ne sont pas spécialisées dans un seul secteur d'activité. Celles qui financent l'agriculture dédient également une grande partie de leur portefeuille au petit commerce par exemple qui est parmi les trois premières activités les plus importantes en milieu rural (Agence Nationale de la Statistique et de la Démographie, 2017)[164]. Les difficultés de recouvrement qui ont concerné donc des secteurs comme le petit commerce et la transformation entre mars et mai risquent de créer de fortes tensions dans la disponibilité du financement pour les activités liées à la campagne agricole hivernale en fin juin-début juillet.

Assurance agricole indicielle plus que jamais utile pour deux raisons

Vers une meilleure prise en charge du financement de l'agriculture pluviale

Dans ce contexte, l'assurance agricole indicielle sécheresse qui s'est spécialisée dans la couverture du risque de déficit pluviométrique des cultures hivernales a pour défi majeur de renforcer la confiance des acteurs en sécurisant les contrats de financement, qu'il s'agisse de contrats entre organisations de producteurs et institutions de financement, organisations de producteurs et industriels, ou encore plus particulièrement entre institutions de financement et petits producteurs. En proposant de sécuriser les investissements, l'assurance agricole indicielle contribuera à une meilleure prise en charge des besoins de financement de l'agriculture pluviale, ce qui ne sera pas sans conséquence sur la production finale et le revenu des exploitations agricoles familiales.

---

164 Agence Nationale de la Statistique et de la Démographie. 2017. *Rapport global du recensement général des entreprises*. Dakar.

Éviter la conjugaison du risque sanitaire avec le risque climatique

Avec la crise sanitaire qui commence à se transformer en crise économique dans plusieurs secteurs, l'assurance agricole peut se constituer comme un dernier rempart pour lutter contre une possible aggravation du choc au cas où il y aurait une mauvaise pluviométrie. La combinaison de ces deux chocs (sanitaire et climatique) transformerait inéluctablement la crise actuelle en crise alimentaire et sociale sans précédent pour les exploitations agricoles familiales. Le risque lié au déficit pluviométrique devrait alors être transféré à l'assureur, en l'occurrence, la Compagnie Nationale d'Assurance Agricole du Sénégal (CNAAS), actuellement le seul assureur agricole au Sénégal, est l'émanation d'un partenariat public privé. Elle se chargerait ainsi de rembourser une partie plus ou moins importante des financements investis par la plupart des acteurs selon la gravité du sinistre. Par ailleurs, l'appui traditionnel du gouvernement au secteur de l'assurance agricole à travers notamment la subvention des primes à hauteur de 50 % depuis la création de la CNAAS, contribue à justifier, dans le contexte actuel, la place de l'assurance dans les initiatives visant à renforcer la résilience du secteur agricole.

Opportunités d'innovations commerciales majeures pour la CNAAS

La crise sanitaire, de par les règles de distanciation physique qu'elle impose, ouvre des perspectives d'innovations indispensables pour plusieurs secteurs d'activités qui doivent s'adapter pour « vivre avec le virus ». Pour l'assurance agricole indicielle, différentes initiatives reposant principalement sur la digitalisation des interactions entre les partenaires et les clients peuvent être envisagées. Pour le cas spécifique de l'assurance agricole indicielle, certaines opportunités identifiées sont discutées ci-après.

Formation à distance des représentants des organisations de producteurs (OP)

L'assurance agricole indicielle est un produit complexe dont les principaux paramètres (seuil de déclenchement des sinistres et primes à payer) sont sujets à des modifications au fil des années. C'est la raison pour laquelle la CNAAS organise chaque année, pour chaque OP ou institution de crédit qui propose l'assurance à ses membres ou clients, des séances de formation sur le fonctionnement du produit. Les participants à ces formations sont souvent les dirigeants centraux des OP et les représentants des groupements ou associations villageoises qui sont chargés de faire la restitution pour leurs adhérents. Au niveau des SFD, ce sont les agents de crédit qui reçoivent les clients qui sont principalement ciblés par les formations. Il est dès lors possible pour la CNAAS d'effectuer des formations en ligne en lieu et place des traditionnelles formations en présentiel. Les représentants des bureaux / guichets régionaux de la CNAAS pourront se charger avec les OP partenaires de mettre en place la logistique nécessaire pour que tous les participants puissent se connecter d'autant plus qu'il s'agit souvent de participants lettrés et assez familiarisés avec les technologies de l'information et de la communication (membres des bureaux d'OP, agents de crédit dans les banques et institutions de microfinance, présidents de groupements économiques, présidents de groupements villageois, etc.). Des modules d'apprentissage et d'éducation des producteurs utilisant les téléphones portables, à travers notamment des outils d'éducation ludiques, incluant des vidéos, des messages vocaux ou des SMS, ont prouvé leur efficacité en termes de sensibilisation et de formation au Kenya par exemple (Fonseca, 2016)[165].

[165] Fonseca, C. 2016, Helping farmers understand index insurance: Guidelines for consumers education interventions. Geneva: International Labor Office: Paper n° 45.

Informer les producteurs à travers la téléphonie mobile

Une autre opportunité d'innovation sociale et organisationnelle se trouve dans la recherche de solutions pour permettre une restitution des messages clés des formations sur l'assurance agricole indicielle sans passer par les traditionnelles rencontres entre les représentants locaux et les membres des groupements villageois. En effet, la contribution récente de Syll et Weingärtner (2019)[166] sur la base d'une expérience auprès des clients de la CNAAS met en évidence la nécessité de réviser les mécanismes de communication en vigueur à cause de plusieurs limites relevées dans la transmission de l'information sur l'assurance agricole indicielle. Le contexte actuel justifie la mise en place d'une stratégie de communication qui prend en compte la téléphonie mobile. En effet, tous les agriculteurs et agricultrices assurés ont donné à leurs OP un numéro de téléphone sur lequel ils sont joignables. Les moins alphabétisés d'entre eux se font aider par des membres de leurs familles ou de leur communauté pour utiliser leurs téléphones (consulter le solde de leur crédit, lire des messages, rechercher des contacts à appeler, etc.). Il devient dès lors possible d'offrir à ces productrices et producteurs des appels éducatifs automatisés ou leur envoyer des SMS d'information à des dates ciblées pour leur donner des informations importantes pour leurs activités sous forme de notification concernant les avoirs de leur assurance agricole indicielle, l'information sur la culture assurée, la prime payée, le risque qui déclenche les indemnisations ou encore le montant maximum de ces indemnisations. Ceci est d'autant plus pertinent que de récents résultats de la recherche démontrent que la transparence en général et particulièrement des informations sur l'évolution de la pluviométrie, contribuent à

[166] Syll, M. M. & Weingärtner, L. 2019. "Bundling weather index-based crop insurance and credit: A Cautionary Tale against Misunderstood and Misinformed Take-Up". *SSRN Electronic Journal*. 10.2139/ssrn.3507421.

améliorer la confiance des agriculteurs et leurs dispositions à payer pour l'assurance agricole. Le programme Impact Insurance du Bureau international du travail (BIT) a récemment développé des ressources relatives à la manière d'améliorer le caractère responsable des produits d'assurance et la compréhension des agriculteurs à travers des interventions axées sur l'éducation des clients (Fonseca, 2016).

Possibilité d'introduire de nouveaux services à valeur ajoutée

La digitalisation des interactions entre la CNAAS et ses clients offre également une possibilité de fournir aux producteurs assurés des informations supplémentaires à moindre coût sans les surcharger. Plus ces informations seront utiles aux producteurs, plus ils accorderont de la valeur à leur contrat d'assurance, car cela permet de sentir que, même en l'absence de sinistre, il y a quelque chose qu'ils gagnent concrètement. En effet, le sentiment d'être assuré est abstrait et, en l'absence de sinistre, des agriculteurs qui sont moins familiarisés à l'assurance pourraient ne pas se rendre compte de son utilité. Des informations climatiques, combinées à des conseils agricoles, pourraient augmenter la confiance des agriculteurs et donner plus de valeur au produit. Le partenariat numérique que la CNAAS devra mettre en place avec les assurés devra inclure la facilitation des sessions d'éducation financière, la digitalisation des paiements et la diligence d'un code de Données de Services Supplémentaires Non structurés (Unstructured Supplementary Services Data (USSD) accessible aux assurés[167].

---

[167] Ils permettent d'accéder, via un code renseigné sur son téléphone mobile, à des services à valeur ajoutée tels les services de mobiles banking et de mobile money à l'instar des services Orange Money, E-Money et Tigo Cash (Pour plus de détails : http://artpsenegal.net/fr/codes-ussd).

Opportunité de démocratisation de l'assurance agricole indicielle

Enfin, la téléphonie mobile et la digitalisation de la communication en général permettent de rendre l'information sur l'assurance agricole encore plus accessible pour les agriculteurs qui ne sont pas affiliés à des OP et qui ne sollicitent pas de crédit agricole auprès des SFD. Pour le moment, la CNAAS propose l'assurance agricole indicielle principalement aux producteurs affiliés à des OP ou qui demandent un crédit agricole auprès des institutions de microcrédit. Toutefois, à ce jour, près de 200 000 producteurs ont accès à l'assurance agricole de la CNAAS. Ce qui représente un accès pour environ 25 % des 752 352 exploitations agricoles familiales du pays, estimées par l'Agence Nationale de la Statistique et de la Démographie (2013)[168]. Pour les autres producteurs, les TIC et les moyens de paiement mobiles ou digitaux (notamment la mise en place d'un code USSD) en général permettraient de les inclure dans la population des agriculteurs assurés.

Ceci est une piste importante de passage à l'échelle à explorer pour la CNAAS et les acteurs du développement en général. De plus, il s'agit d'une piste qui a l'avantage de pouvoir rapprocher les assurés (les producteurs) et l'assureur (la CNAAS) sans passer par un intermédiaire pour commercialiser le produit même si les OP auxquelles les assurés sont affiliés devraient garder un rôle important dans la négociation au nom des producteurs.

---

[168] Agence Nationale de la Statistique et de la Démographie. 2013. *Rapport du Recensement Général de la Population, de l'Habitat, de l'Agriculture et de l'Élevage (RGPHAE)* - Section Agriculture. Dakar.

L'APRÈS-COVID-19, UNE OPPORTUNITÉ POUR UNE POLITIQUE ALIMENTAIRE INCLUSIVE ET DURABLE ?

Par Ibrahima HATHIE

Pour faire face à la Covid-19, le Sénégal, à l'instar des autres pays d'Afrique de l'Ouest, a pris des mesures draconiennes de limitation de la mobilité afin de circonscrire la propagation du virus et rompre ses canaux de transmission. Le gouvernement a en même temps mis en place des mesures économiques et sociales[169] pour atténuer les effets de la pandémie sur les secteurs les plus exposés et les couches de la population les plus vulnérables. En attendant de réaliser une étude exhaustive des impacts de ces mesures, des leçons préliminaires peuvent être tirées de notre récent vécu. La pandémie est une crise multiforme, en même temps qu'elle pourrait constituer une fenêtre d'opportunité, un véritable point d'inflexion, si des actions idoines sont engagées dès maintenant. Aujourd'hui, la question alimentaire interpelle l'État, les organisations professionnelles agricoles, le secteur privé et les citoyens et sa résolution requiert un repositionnement de notre agriculture, en mettant la priorité sur le marché intérieur. Comment la politique agricole du Sénégal a-t-elle jusque-là répondu à la demande alimentaire en constante évolution ? Quels changements insuffler pour répondre aux défis actuels et futurs ?

---

[169] République du Sénégal, Ministère de l'Économie, du Plan et de la Coopération, Programme de résilience économique et sociale. Mobilisation nationale et internationale pour abonder le Fonds de Riposte et de Solidarité face à la pandémie du Covid-19.
https://www.ipar.sn/Programme-de-Resilience-Economique-et-Sociale-Ministere-de-l-Economie-du-Plan.html

Le réveil de 2008 et les quelques acquis engrangés

En 2008, la hausse des prix des principaux produits alimentaires notamment le riz avait déclenché des émeutes dans toute la région ouest-africaine (Janin, 2009[170]). Face à la menace, les gouvernements ont d'abord pris des mesures fiscales et douanières pour atténuer la hausse des prix. En plus de la suspension de la TVA et des droits de douane, un contrôle des prix a été institué avec une fixation des marges commerciales à tous les échelons de la chaîne de distribution. Ces mesures se sont révélées coûteuses, peu efficaces et surtout pas viables (Hathie, 2016[171]). En même temps, les États ont lancé des politiques de soutien à l'offre en investissant massivement dans l'agriculture. Au Sénégal, ce fut la grande offensive agricole pour la nourriture et l'alimentation (GOANA) et une de ses composantes le Plan national d'autosuffisance en riz (PNAR).

Grâce à ces initiatives, des progrès notables furent enregistrés, notamment la hausse des superficies emblavées et des niveaux de production. Le riz est un exemple emblématique. Avec l'avènement de la seconde alternance politique au Sénégal, en 2012, les nouvelles autorités ont renouvelé leur engagement pour une autosuffisance en riz en 2017. Même si les statistiques officielles publiées sont souvent controversées, il est indéniable que des progrès substantiels ont été réalisés. Il existe des modèles de bonnes pratiques qui ont fait leur preuve. C'est le cas par exemple de réseaux de producteurs qui sont capables, en plus de la vulgarisation d'itinéraires techniques pour une productivité

---

170 Janin, P. 2009. « Les « émeutes de la faim » : une lecture (géopolitique) du changement (social) », Politique étrangère 2009/2 (été), p. 251-263. https://www.cairn.info/revue-politique-etrangere-2009-2-page-251.htm

171 Hathie, I. 2016. « Politiques d'autosuffisance en riz en Afrique de l'Ouest : quels acquis, quelles limites et quels débats ? » Inter-réseaux et SOS Faim Belgique, Bulletin de Synthèse Souveraineté Alimentaire n° 23, décembre. https://www.sosfaim.be/wp-content/uploads/2017/01/BDS23_Riz.pdf

durable, de fournir des services à leurs membres grâce à une bonne maîtrise de l'information économique à travers des bases de données sur les performances de leurs membres. Ces réseaux ont également établi des liens solides avec les banques qui leur octroient des crédits de campagne sous forme groupée et le développement de capacités de consolidation de la production pour une commercialisation groupée au profit des membres. Toutes les principales filières vivrières (mil, maïs, riz) disposent de ces types de réseaux, engagés dans différents modèles de contractualisation avec l'aval notamment les transformateurs et les commerçants.

Au nord du Sénégal, la banque agricole a initié un système de financement intégré entre producteurs de riz paddy, transformateurs et acheteurs du riz blanc, sur la base des remboursements en nature par les producteurs et du nantissement des stocks. En peu de temps, le niveau des crédits octroyés a triplé passant de 3,5 milliards FCFA en 2011 à 10 milliards FCFA en 2018 avec des taux de remboursement dépassant 95 % (IPAR, 2019[172]). Les innovations majeures notées ces dernières années en termes de bonnes pratiques agricoles, de gestion de la qualité, de gestion de l'information, de contractualisation et de financement innovants, constituent des bases d'un développement à long terme de nos principales chaînes de valeurs agroalimentaires si des politiques cohérentes soutiennent ces initiatives. Sans surprise, les options stratégiques actuelles ne génèrent pas des résultats flatteurs.

Limites des options passées, résultats mitigés des politiques agricoles en cours

L'absence d'articulation, voire l'incohérence, des politiques agricoles et commerciales et la faiblesse de la politique agro-industrielle sont des caractéristiques marquantes de ces deux

[172] IPAR. 2019. "Integrated Financing" Feed the Future Senegal Naatal Mbay, USAID, RTI International. https://www.ipar.sn/IMG/pdf/integrated_financing.pdf

dernières décennies. Au moment où le Sénégal affichait un engagement résolu à gagner la bataille de l'autosuffisance en riz, par l'aménagement de surfaces additionnelles destinées à la culture irriguée et l'octroi de subventions aux intrants et aux équipements, le ministre du Commerce allait en Inde pour négocier l'importation de riz à bas prix pour satisfaire les consommateurs urbains. Cette incohérence transparait aussi dans la position du Sénégal lors des négociations sur le tarif extérieur commun (TEC) de la CEDEAO appliqué au riz. À la demande de certaines parties prenantes, telles que les organisations de producteurs[173], de protéger le riz local par un tarif à 35 %, est opposé le maintien, par un groupe de pays dont le Sénégal, du TEC UEMOA de 10 %.

Par ailleurs, la politique industrielle n'a pas encore pris la mesure des énormes potentiels d'un développement de la transformation locale des produits primaires des chaînes de valeurs agricoles. Les céréales, les fruits et les légumes sont souvent passés à la trappe/ou négligés du fait de l'absence d'une stratégie claire de transformation adossée à des investissements structurants dans la logistique. Les initiatives récentes de mise en place des agropoles, appuyées par l'ONUDI, seraient un pas à encourager.

Le deuxième rapport d'examen biennal de la Commission de l'Union africaine sur la mise en œuvre de la Déclaration de Malabo publié en février 2020 constitue un avertissement à prendre très au sérieux (UA, 2020[174]). En effet, en 2014, les chefs d'États africains avaient pris sept (7) engagements visant, entre autres, à renforcer le financement des investissements dans l'agriculture, l'éradication de la faim en Afrique d'ici 2025, la réduction de moitié de la

[173] http://www.roppa-afrique.org/IMG/pdf/atelier_tec_riz_releves_conclusions_vers_2.pdf
[174] Union Africaine. 2020. *Rapport biennal à l'Assemblée de l'Union Africaine sur la mise en œuvre de la Déclaration de Malabo de juin 2014*, Le 2e rapport à l'Assemblée de février 2020.
https://au.int/sites/default/files/documents/38119-doc-2019_biennial_review-fr.pdf

pauvreté d'ici 2025 grâce à la croissance et à la transformation agricoles inclusives, la stimulation du commerce intra-africain des produits de base agricoles, le renforcement de la résilience des moyens de subsistance et des systèmes de production au changement climatique et aux autres risques connexes. Selon le rapport d'examen, le Sénégal, bien qu'ayant fait des progrès, n'est pas sur la bonne voie pour atteindre en 2025 les engagements de Malabo. Seuls le Rwanda, le Maroc, le Mali et le Ghana affichent des résultats satisfaisants à mi-parcours.

De façon spécifique, le Sénégal ne remplit pas les conditions requises par les indicateurs sur les investissements agricoles. Pour les intrants, en particulier l'utilisation d'engrais, le pays est loin des 50 kg/ha de nutriments exigés. Les niveaux de financement, pour la recherche et pour le conseil agricole, sont également insatisfaisants. Pour l'éradication de la faim, le Sénégal fait des contreperformances sur l'anémie et le retard de croissance des enfants. La réduction de moitié de la pauvreté ne semble pas à portée de main tandis que les efforts d'investissement dans la résilience face au changement climatique sont encore timides. La stimulation du commerce intra-africain des produits de base agricoles est l'une des rares satisfactions.

Pour une politique alimentaire inclusive et durable

La pandémie a mis en exergue la vulnérabilité du pays, en particulier sa dépendance alimentaire. Certes les efforts pour une autosuffisance en riz sont louables compte tenu des caractéristiques résiduelles du marché mondial du riz (7 % de la production mondiale) et de l'expérience des restrictions sur les exportations de riz imposées par les pays asiatiques durant la période 2008 (Lançon

& Mendez del Villar, 2008[175]). Mais cette stratégie comporte de nombreuses limites dont la principale est l'imposition d'une spécialisation alors que la diversification comporte plus de vertus aussi bien pour les producteurs que la nation entière. Se fixer des objectifs d'autosuffisance alimentaire en valorisant toutes nos opportunités et nos forces présente plus de garanties d'équilibre, d'efficacité, d'efficience et de durabilité. La réussite d'une telle entreprise nécessite une vision claire sous-tendue par une politique alimentaire consensuelle, inclusive et durable. Quelles devraient être les principales caractéristiques de cette politique alimentaire ?

Une priorisation des chaînes de valeurs alimentaires. Sur la base d'une analyse rigoureuse, l'État devrait choisir des chaînes de valeurs alimentaires et y investir massivement. Le mil est un exemple de produit mobilisant des superficies importantes et une population large avec un potentiel énorme de marché urbain et rural si des investissements adéquats sont réalisés. En agissant sur la productivité et en développant les maillons transformation et distribution, le mil constituerait un formidable apport de diversification des aliments consommés par les populations urbaines. Une articulation avec l'industrie laitière telle que pratiquée par certains agro-industriels constitue une autre source d'inspiration. Les mêmes recommandations peuvent être faites sur les fruits et légumes qui sont peu transformés et dont une partie pourrit avant consommation. Un des critères de choix de ces chaînes alimentaires doit être leur intégration des petits producteurs et des petites et moyennes entreprises de valorisation post production (conservation, conditionnement, transformation, services…).

---

[175] Lançon, F. et Mendez del Villar, P. 2008. « La flambée des prix mondiaux du riz : crise conjoncturelle ou mutation durable ? » *Hérodote* 2008/4 (n° 131), p. 156-174. https://www.cairn.info/revue-herodote-2008-4-page-156.htm

Le financement de la recherche en appui au développement de ces chaînes de valeurs. Pour assurer la rentabilité des chaînes de valeurs, il est indispensable d'accompagner le processus par une recherche répondant à la demande. Cela suppose un financement adéquat de la recherche, de préférence sur la base de ressources endogènes. Qui finance commande ! Si l'État veut mettre la recherche au service de ses priorités, il doit renforcer directement le financement de certaines recherches stratégiques afin qu'elles fournissent des technologies appropriées aux différents maillons des chaînes de valeurs (production, transformation, logistiques…). L'ISRA et l'ITA ont déjà le cadre adéquat et l'expérience requise pour conduire de telles ruptures, pourvu qu'un cahier de charges rigoureux leur soit imputé avec des moyens appropriés.

Un appui conséquent au conseil agricole et rural pour l'accompagnement des producteurs. L'appropriation des innovations par les producteurs suppose un bon accompagnement par des conseillers agricoles au fait des réalités et dotés de moyens pour assumer leurs responsabilités. Ces conseillers doivent aussi bénéficier d'un lifting leur permettant d'aller au-delà des apports techniques, en mettant en exergue leur rôle de facilitation, d'appui à la résolution des problèmes et de mise en relation.

L'appui à la formation des exploitants familiaux, des entrepreneurs agricoles, des techniciens, et des ingénieurs. La formation devrait être au cœur de la stratégie de développement des chaînes de valeurs alimentaires. Elle devrait néanmoins avoir une forme pyramidale avec une formation de masse destinée aux exploitants familiaux et aux entrepreneurs agricoles. Les champs-écoles et autres formes de dissémination du savoir ont besoin d'une forte présence de techniciens agricoles bien formés et soutenus par des ingénieurs.

L'affirmation de certaines options agroécologiques. Le développement durable des chaînes de valeurs alimentaires suppose une bonne intégration de l'agroécologie. Celle-ci pourrait ainsi permettre une régénération des terres et favoriser la biodiversité. Elle requiert une politique de gestion des ressources en eau adaptée.

La gouvernance multisectorielle. Une véritable politique alimentaire ne peut être l'apanage du seul ministère en charge de l'Agriculture. Elle intègre fortement les secteurs de l'élevage et de la pêche. Elle ne peut réussir sans que le Ministère en charge de l'industrie et celui du commerce ne soient au cœur des activités. Elle commande la participation du ministère en charge de l'Hydraulique et celui des Infrastructures. Elle nécessite l'intervention du ministère des Finances. La santé et la nutrition doivent être au centre de ses finalités. Dès lors, la politique alimentaire devrait être pilotée sous une gouvernance multi-sectorielle avec une autorité en charge de fédérer toutes ces entités précitées. Le succès et la durabilité de la politique en dépendent fortement.

Les effets et impacts attendus de la politique alimentaire

La mise en œuvre d'une politique alimentaire vigoureuse centrée sur nos potentialités agroécologiques, socioéconomiques et culturelles devrait générer des résultats tangibles dans plusieurs domaines.

- Un développement industriel adossé sur le volet transformation des chaînes de valeur agroalimentaires. En améliorant la transformation locale, les microentreprises ainsi que les petites et moyennes entreprises pourraient développer des produits semi-finis qui serviraient de matières premières à l'industrie.

- Le développement des terroirs. En mettant l'accent sur les produits locaux et en renforçant les systèmes alimentaires locaux, la politique alimentaire contribue à une bonne structuration des terroirs en facilitant l'emboitement entre villages, petites bourgades et villes secondaires, fixant ainsi les populations dans leurs terroirs.

- L'amélioration de la santé et de la nutrition. L'augmentation des productions de légumes, de fruits et de céréales et le développement de filières courtes vont favoriser une alimentation plus saine des populations. Cette option pourrait réduire la prévalence des maladies non transmissibles dont la prolifération résulte en partie des habitudes de consommations alimentaires. Ainsi, en termes de prévention, une valorisation de notre patrimoine culturel dans le domaine culinaire serait salutaire.

- La création d'emplois décents et en quantité pour les jeunes et les femmes. La transformation des chaînes agroalimentaires peut être source de création de nombreux emplois pour les jeunes et les femmes qui constituent la majorité de la population en milieu rural. Le positionnement des femmes dans le maillon de la transformation est largement documenté. Il s'agit de le renforcer tout en leur permettant d'augmenter leurs marges. Les innovations technologiques offrent aux jeunes, notamment ceux instruits, de proposer des services à haute valeur ajoutée et qui renforcent la rentabilité de l'ensemble de la chaîne de valeur.

On le voit, autant la politique alimentaire exige une gouvernance multisectorielle, autant elle interpelle le monde de la recherche. L'intervention des économistes, des socio-anthropologues, des historiens, des nutritionnistes… est indispensable si nous voulons réussir la rupture indispensable dans nos façons de faire et semer les graines d'une souveraineté alimentaire que les organisations paysannes appellent de leurs vœux depuis plusieurs décennies.

Réussir la lutte contre la Covid-19 au Sénégal : le défi de la communication

Par Doudou NDIAYE

À la date du 20 juillet 2020, 8 948 personnes au Sénégal ont été déclarées positives à la Covid-19, dont 170 décès (Communiqué 141 du ministère de la Santé et de l'Action sociale du Sénégal). Des chiffres officiels, qui selon toute vraisemblance, sont largement en deçà de la réalité. À l'image de la gestion globale des informations diffusées et disséminées depuis que la pandémie a touché le Sénégal. Une approche managériale et communicationnelle caractérisée par une démarche qui globalement, s'éloigne des recommandations des méthodes consacrées de résolution de problèmes (Diagramme d'Ishikawa, Pert, planning Gantt, etc.).

La perception, le premier paramètre de la communication

La lecture/perception sélective et subjective entraîne toujours une interprétation individuelle ou collective des faits. Le comportement social et le ressenti personnel sont toujours fonction de ce que les individus ont « retenu » de ce qu'ils ont vu, entendu ou subi et de comment ils considèrent l'émetteur ou le vis-à-vis. Ce qui rend très ardue la tâche consistant à développer une stratégie de communication pour le changement de comportements. Surtout en temps de crise.

C'est pourquoi une des règles d'or de la gestion de crise est de disposer d'un Comité de crise afin de coordonner toutes les actions liées. Et la stratégie de communication de « crise support » obéit à des règles qui donnent une place essentielle à la perception. Par exemple le fait que les membres du Comité doivent être clairement identifiés, notamment le responsable de la gestion de crise, le responsable de la communication, le porte-parole principal et les experts.

A contrario, au Sénégal, sur le plan politico-administratif, on a eu droit à l'émergence d'individualités qui ont semblé disposées à jouer le rôle de nouveaux héros pour détrôner les anciens.

De Zorro à Zéro

La Grippe à H1N1 (moins de 2 ans), l'épidémie à virus Ebola (moins de 3 ans), la Grippe espagnole (3 ans) sont passées par là, sans dégâts au Sénégal. Est-ce pourquoi, lorsque le Sénégal enregistrait son premier cas confirmé du coronavirus, le Ministère sénégalais de la Santé et de l'Action Sociale (MSAS) informait que la situation était sous contrôle ? Pourtant, l'OMS avait déjà déclaré le risque de pandémie (25 février 2020) et plusieurs pays, notamment l'Espagne (14 mars), France (17 mars), avaient annoncé des mesures de confinement obligatoire. Hypothèse : au Sénégal, d'aucuns n'entrevoyaient-ils pas déjà les bénéfices à tirer du « Corona » en termes d'image et ont développé une stratégie du « Moi héros » ? En effet, au moment où ailleurs, les décisions étaient « prises » par des instances scientifiques et expertes multisectorielles et actées par les décideurs politiques, au Sénégal, les « politiques » ont, dès le début de la crise, été au-devant de la prise de décision.

La dimension communication entre alors en jeu. Au Sénégal, elle a constitué le maillon faible. Pour plusieurs raisons liées au choix des acteurs mais aussi à une confusion notoire des concepts « Information » et « Communication ». On a semblé passer à côté de deux principes : la forme du message l'emporte souvent sur son contenu et la compréhension par la communication repose moins sur ce qui est dit, que sur ce qui est fait. Y a-t-il vraiment une volonté politique de faire face ? Les faits semblent répondre par la négative. Morceaux choisis : (i) Abdoulaye Diouf Sarr : « ... toutes nos félicitations et encouragements au personnel de santé qui, sur la ligne de front, ne ménagent aucun effort pour stopper le coronavirus. Ensemble nous vaincrons » (Birama Thior, Senego, 8 avril 2020). À la Une de l'As du 20 juin 2020, nous pouvons lire : « Non-paiements de salaires, mauvaises conditions de travail : Des médecins menacent de quitter les centres de traitement de la COVID-19 » et en bas de page « Dr Aloyse Wally Diouf quitte le front COVID-19 : C'est Diouf Sarr qui m'a demandé de rejoindre mon poste », donc « écorche la lutte » (à la Une de Kritik », le même jour). Depuis l'annonce de son départ, le Dr Diouf assure chaque matin le point du jour, comme pour dire qu'il est resté jusqu'au bout. Le baroud d'honneur n'y fera rien, il sera retenu qu'il est parti en pleine tempête pour des prairies plus vertes. Là où, après une pétition de plus de 900 signatures, des médecins québécois ont manifesté (24 mars 2020) pour faire annuler la hausse (+11,2 %) prévue de leur rémunération, demandant que ces sommes soient plutôt distribuées aux travailleuses et travailleurs de la santé et pour assurer des services de santé dignes à la population. Et si la France venait solliciter nos médecins comme réservistes (environ 200 000 FCFA / jour[176]) ou même comme médecins titulaires avec à la clé la nationalité française et un salaire moyen de plus de 6 500 000 FCFA par mois ? À l'image de ce jeune médecin testé positif au COVID-19, le Dr Aboubacar Gueye, déçu et démotivé. Car « Après 8 longues et laborieuses années d'études médicales » il aurait choisi « par patriotisme »[177], d'aller travailler

[176] Modalités de mobilisation des personnels dans le cadre de la lutte contre la propagation du virus Covid-19, Ministère des Solidarités et de la Santé, mars 2020.
[177] https://www.xibaaru.sn/tambacounda-cri-de-coeur-dun-jeune-medecin-malade-du-covid-19/

à Tambacounda (à près de 465 km de la capitale). Mais il est toujours « Sous contrat de prestation avec un salaire précaire au Service d'urgence avec beaucoup de difficultés, y compris un licenciement qui plane constamment au-dessus de (sa tête) ». Une grosse pierre dans la communication du ministère !

Albert Mehrabian nous a appris, dans sa théorie des 3 V[178], que dans une situation de communication, ce qui est vu et perçu (93 %) impacte plus que ce qui est dit (7 %). Ce que n'a pas semblé comprendre le Directeur du Centre des opérations d'urgence sanitaire (COUS). Interpellé à la radio (Grand Jury, RFM, 12 avr. 2020), sur son aura, le « chouchou des femmes sénégalaises[179] », qu'on voit plus en tenue de ville qu'en blouse, rétorqua qu'il fallait « qu'on se concentre plus sur ce qu'il dit ».

Dès le départ, le MRAS a été au-devant du combat. Il n'a plus lâché. Même pour leurs communiqués, les autres ministères semblaient être obligés de passer par le pupitre du ministère de la Santé.

En France au contraire, les responsabilités ont vite été situées et les champs d'intervention identifiés. Le 10 mars 2020, des scientifiques ont été rassemblés en urgence en une structure officialisée par un décret du 3 avril 2020, sous le nom « Comité de scientifiques » pour guider les décisions du gouvernement. Nommés conjointement par les Présidents de l'Assemblée nationale, du Sénat et de la République, ils appartiennent à différents domaines académiques et même associatifs. Ils ne doivent entretenir aucun lien d'intérêts avec une entreprise ou un

---

[178] Mehrabian, A. et Wiener, M. 1967. "Decoding of Inconsistent Communications". Journal of Personality and Social Psychology; Mehrabian, A. et Ferris, S. R. 1967. "Inference of Attitudes from Nonverbal Communication in Two Channels". *Journal of Consulting Psychology*

[179] https://www.seneweb.com/news/Sante/adule-par-les-senegalaises-docteur-abdou_n_314444.html

établissement public ou privé, ni antérieurement ni actuellement. Ils sont bénévoles et leur mission se termine officiellement le 10 juillet 2020. Ce qui signifie qu'ils n'en tireront aucun intérêt si la situation perdure. Le 17 mars 2020, le Président Emmanuel Macron avait simplement acté la quinzaine d'« avis » qu'ils avaient émis. Le président du Comité, Jean-François Delfraissy, fut un des héros du système de riposte français au moment de la crise du virus Ebola en 2014. Ce qui nous rappelle le profil d'un célèbre infectiologue au Sénégal. A-t-il été pour autant, placé à la tête d'un Comité scientifique et d'experts au Sénégal ? Proclamé héros, il avait soigné et guéri le seul patient atteint d'Ébola au Sénégal. Sa voix a donc eu un écho retentissant lorsqu'à l'occasion d'une sortie dans la presse, le jeudi 23 avril 2020, il estimait « inconcevable que Ziguinchor (ville au sud du Sénégal, ndlr) ne soit pas dotée d'un service de réanimation répondant aux normes »[180]. Malheureusement, ce fut le signal de départ d'une brouille avérée ou supposée, entre les autorités du MSAS[181] et celui que le site en ligne de France Inter qualifie pourtant de « rempart sénégalais » dans la lutte contre le Covid-19.

Mais quand, au début de la pandémie, le Sénégal est cité en exemple par les médias internationaux[182], européens et américains notamment, pour son plan de riposte et un mode de traitement qui obtient des résultats satisfaisants, on peut comprendre l'émergence de deux besoins : (i) le positionnement comme « héros de la guerre » et (ii) la médiatisation. Le fait majeur s'est manifesté par les sorties quotidiennes du ministre en charge de la Santé. Il semble évident que cela reposait sur la probabilité de la fin de la crise dans

---

[180] http://aps.sn/actualites/societe/sante/article/oid-ziguinchor-pr-seydi-alerte-sur-le-defaut-d-equipements-capables-de-prendre-en-charge-des-cas-graves

[181] https://www.pressafrik.com/Gestion-de-la-pandemie-du-COVID-1919-que-se-passe-t-il-entre-le-Pr-Seydi-et-le-ministere-de-la-Sante_a215214.html

[182] https://plus.lesoir.be/301164/article/2020-05-15/le-senegal-cite-en-exemple-pour-lafrique

un court délai. Parce qu'il serait inconcevable d'imaginer qu'un ministre soit prêt à tenir le rythme de sorties quotidiennes sur une longue durée, au vu de toutes ses responsabilités, dans un ministère aussi stratégique.

Guerre ou guerre sanitaire ?

Pourtant, il n'a pas été déclaré une guerre sanitaire, mais plutôt une guerre. La nuance vaut son pesant d'or. Au Sénégal, il existe bien un Comité national de Gestion des Épidémies (CNGE) logé au MSAS qui se réunit toutes les semaines. Avec quels acteurs ? Pour quel impact ? Est-il coordonné avec les cellules de crise des autres ministères ? On est tenté de répondre par la négative si l'on écoute le Dr Babacar Niang, directeur de SUMA Assistance, qui a dit que le Sénégal était « en guerre contre la COVID-19 avec des troupes en désordre, donc sans synergie de leurs forces[183] », voire au Pr Seydi qui avertissait : « Attention, c'est un travail d'équipe ! ». Laquelle ? « Les politiciens peut-être, en les recevant au palais », répond le Dr Niang. Dans l'hypothèse que cette pandémie se terminerait comme Ébola, on allait certainement désigner les héros. Cela devenait alors normal d'agir pour que nul n'en ignore. Une question de perception peut-être, mais à ne pas négliger en termes de communication.

Cela peut être une explication de la forte implication de la presse. Une bonne initiative. Car la vocation de celle-ci est d'apporter au public l'information dont il a besoin pour comprendre les phénomènes. Et elle a certainement contribué largement à la vulgarisation et à la compréhension des gestes barrières par presque tous y compris des enfants de 3 ans et presque partout. Mais que de biais dans l'aspect communicationnel !

---

[183] https://www.dakaractu.com/Dr-Babacar-Niang-directeur-de-Suma-Assistance-Nous-sommes-en-guerre-contre-la-COVID-19-avec-des-troupes-en-desordre_a189475.html

Des émissions télévisées de sensibilisation pendant lesquelles ce qui est dit est en contradiction avec ce qui est vu : séance de thé collective, partage d'un même microphone, proximité physique, non ou mauvais port du masque, etc.

À défaut de pouvoir lui échapper, autant apprendre à « vivre avec le virus »

Cette contradiction entre ce qui est dit et ce qui est perçu est renforcée par d'autres sources d'informations accessibles au public. À travers les médias sociaux, au cours de regroupements « officiels », le public le constate par exemple à travers le non-respect de la distanciation physique prônée, lors d'interviews, de remise de dons, de visites de suivi ou même de patrouilles ; à travers certaines décisions concernant le rapatriement de cadavres de personnes décédées du Covid-19 (provoquant la stigmatisation des cadavres et même des « cas suspects » qui valent la mise en œuvre d'un dispositif presque surréaliste d'« extraction », en pleine journée. Si on y ajoute la liste des sources potentielles de contamination : surfaces de contact, poignée de mains, embrassades, ustensiles, sports et autres jeux collectifs, etc., on pourrait comprendre que bon nombre de citoyens qui, historiquement, ont toujours vécu en groupes, à l'intérieur comme à l'extérieur de leurs demeures, considèrent qu'ils n'y arriveront pas. Un problème de perception donc, de communication !

La Covid-19 offre certainement là au Sénégal, une opportunité de lever cette confusion quasiment « endémique » : pour informer, on peut se fier à des journalistes et donc à la presse, mais pour communiquer, il faut des communicants. Ce qui constitue deux champs de compétences différents.

Ainsi, si grâce aux médias, l'information est bien passée, on ne saurait en dire autant de la communication. Malgré la médiatisation à outrance, beaucoup de questions restent sans réponses : comment nous laver régulièrement les mains alors que nous n'avons que deux seaux d'eau par jour pour toute une famille ? Comment respecter la distanciation physique alors que les rues de nos quartiers ont une largeur de moins d'un mètre ? Alors que faute d'assez de nourriture, d'ustensiles, nous mangeons dans le même bol ? Pourquoi nous impose-t-on de rester chez nous alors que circulent des journalistes, des officiels, ou autres privilégiés, tous susceptibles comme nous, de faire « voyager » le virus ? Pourquoi nous a-t-on dit que le papier pouvait être vecteur de transmission du virus alors que l'on continue à vendre les journaux papier à tous les coins de rue ? Pourquoi ceux qui nous imposent le port du masque ne le portent que peu voire pas du tout ? Comment assurer la fourniture de masques à tous les membres de notre famille, si répertoriés « informels », nous les seuls qui travaillons dans une famille nombreuse, non seulement nous sommes des exclus du fonds Covid-19, mais également bloqués hors de la région de nos lieux de travail ? Pourquoi ne devrions-nous pas reprendre le chemin des terrains alors que nous avons vu ou su que Sadio Mané a rejoué et gagné avec Liverpool, que Kalidou Coulibaly a rejoué et remporté la Coupe d'Italie contre Cristiano Ronaldo, que l'Espagne et l'Allemagne ont rejoué ? Comment peut-on interdire le rassemblement au niveau des plages, pour nos pratiques sociales et religieuses (baptêmes, mariages, deuils, prières...,) alors qu'on voit un peu partout dans le monde des rassemblements de milliers de personnes contre les violences policières (affaires Floyd at Adama Traoré[184]).

Sommes-nous sur le même registre ? Certainement non pour les émetteurs des messages officiels. C'est probablement une interprétation erronée des faits, voire une mauvaise maîtrise des

---

[184] https://la1ere.francetvinfo.fr/mort-george-floyd-milliers-personnes-paris-contre-racisme-violences-policieres-838758.html

contextes qui sont différents. Pour autant des réponses appropriées ont-elles été apportées à ces différentes questions, là où il fallait, au moment où il fallait, à travers les véhicules et canaux qu'il fallait ? Rien n'est moins sûr. La non-information, créant de l'information, ils sont nombreux aujourd'hui, à avoir à trouver leurs propres réponses en décidant de vivre en ne pensant plus virus.

La cassure est visible entre les « intellectuels » et les autres. La seconde partie semble plus nombreuse. Dans la plupart des quartiers populaires, les habitudes d'avant l'arrivée du virus ont repris : les boutiques de quartiers, kiosques de vente de café Touba, tables de vente de coucous ou bouillie, les « *tangana* », les gargotes, les sandwicheries, etc. fonctionnent à ciel ouvert parfois, faisant fi de toutes les recommandations à propos des mesures barrières. Dans beaucoup de ces quartiers, celui qui porte un masque en public devient même une attraction, tellement cela grouille de monde autour, de tous les âges, dans une étroite proximité physique et sans masque. Un spectacle que certains pourraient assimiler à un suicide collectif.

Repenser la communication

Il est alors évident que les points d'information quotidiens, les spots et affiches publicitaires, les compositions musicales, les statistiques, les rencontres avec les hommes politiques, les « communicants traditionnels », la distribution de denrées alimentaires (autres spectacles de rassemblements), les différentes émissions télévisées, les distributions de kits, les cérémonies officielles de remise de contributions, etc. n'ont pas eu l'impact souhaité sur les masses. D'où l'urgence de la mise en œuvre d'une stratégie de communication mieux adaptée, inclusive et coordonnée, qui impliquerait entre autres profils, des sociologues, des socio-anthropologues, des leaders ou « stars » sportifs, sociaux et communautaires pour des opérations de proximité à l'échelle locale, de sensibilisation et de veille, pour réinventer les pratiques de société et de consommation, doublée d'un suivi régulier sur le terrain (à l'image de l'initiative « Navétanes Covid-19[185] », proposée par le sociologue Djiby Diakhaté et mise en œuvre par le Maire de Grand-Yoff, Madiop Diop). Un dispositif qui pourrait être appuyé par des descentes inopinées des forces de sécurité et de défense au niveau de certaines poches de résistance (plages, terrains de sport, ronds-points, etc.), des saisies et amendes des tenanciers de commerce récalcitrants qui pourraient avoir plus d'impact. Au Nigéria, le défaut de port du masque en public est une infraction pénale passible d'une amende d'environ 30 000 FCFA, d'une peine d'emprisonnement de 6 mois ou des deux. Si on ne peut pas contenir les masses, mieux vaut les encadrer, à l'image de ce qui est fait avec la prostitution. Elle n'est pas souhaitée, mais à défaut de pouvoir l'interdire, elle est « organisée ». Dans le contexte d'une pandémie aussi grave, si on doit choisir entre le mal et le pire, hésiter devient diabolique.

Vivre avec un virus que certains scientifiques disent qu'il peut devenir endémique implique une stratégie dans la durée. La crise actuelle a montré les limites du journaliste comme chargé de communication, et pas seulement au niveau du ministère de la Santé. Il est alors temps de repenser la fonction et le profil des communicants dans les organisations. Si les journalistes et les gestionnaires de l'information (bibliothécaires, archivistes et documentalistes) ont leurs écoles spécialisées publiques (CESTI[186], EBAD[187]), il n'en est pas de même de la Communication, mis à part une section direction dirigée par le Dr Sokhna Fatou Seck Sarr parmi les six (6) de l'Unité de Formation et de Recherche (UFR) de Civilisations, Religions, Arts et Communication (CRAC) de

---

[185] https://www.igfm.sn/nous-avons-lance-les-navetanes-covid-19

[186] Centre d'Études des Sciences et Techniques de l'Information https://cesti.ucad.sn/

[187] http://www.ebad.ucad.sn/

l'Université Gaston Berger de Saint-Louis. Au CESTI, le module Paradigme de la Communication (1ère année) est le seul obligatoire en Communication durant les deux années de Master. À l'EBAD, le programme de communication en Master concerne les matières suivantes : la publication assistée par ordinateur, les sciences de l'information, la Culture numérique, la Communication digitale, les Techniques d'expression et de communication (principalement les techniques de rédaction de correspondances), la sociologie des organisations et l'Anglais technique. De là à dire que le diplômé de l'EBAD est plus proche du profil de chargé de communication que celui du CESTI. La perception en a décidé autrement.

Quid du ministère en charge de la communication dans le Gouvernement du Sénégal ? Vingt-huitième sur trente-deux ministères ? Son titulaire, M. Abdoulaye Diop, est plus ministre de la Culture que de la Communication si l'on en croit les Directions et Administrations sous sa tutelle[188] : Direction des Arts, Direction du Livre et de la Lecture, Direction du Patrimoine, Direction de la Cinématographie, Direction de la Communication, Direction de l'Administration générale et de l'Équipement ; la Maison de la Culture Douta Seck, l'Orchestre national du Sénégal, la Biennale de l'Art africain contemporain, l'École Nationale des Arts, la Galerie Nationale des Arts, la Bibliothèque Nationale du Sénégal, le Service des Spectacles Sons et Lumières, la Place du Souvenir africain, le Monument de la Renaissance africaine, le Festival national des Arts et Cultures (Fesnac), le Commissariat du mémorial de Gorée, le Musée Léopold Sédar Senghor et le Musée Boribana.

Globalement, il est à retenir de ce qui précède que la Communication est au centre de toutes les stratégies. Il faudra donc lui établir cette centralité, à travers la requalification des profils de

[188] https://www.sec.gouv.sn/institutions/le-gouvernement

ceux qui doivent en avoir la charge dans toutes les sphères, et surtout créer une école publique spécialisée à l'image du CESTI et de l'EBAD. Les journalistes en place qui ne l'auraient pas encore fait seraient recyclés sinon ramenés à leur rôle de chargés de presse.

Pour revenir à la lutte contre la COVID-19 en particulier, il faudrait opter pour une communication pour le changement de comportement, en impliquant « tous les secteurs d'activités est attendue » (Communiqué de la cinquième réunion hebdomadaire du CNGE, 24 février 2020), particulièrement les populations cibles et leurs influenceurs. La communication devra prendre en compte des éléments facteurs d'impact pour planifier les interventions et décider : le doute, la peur, les décès, les guérisons, les personnes infectées, les normes sociales, les croyances culturelles et religieuses, les pratiques traditionnelles, les informations ne provenant pas de la cellule de crise, les gratifications, etc. Les ministères concernés pourraient alors user des fonds Force COVID-19 pour (1) financer les maisons de productions de téléfilms très prisés actuellement, pour créer des scénarii montrant comment la COVID-19 peut affecter un enfant, un vieux, un jeune, déstructurer une famille, etc., et là seulement là, subordonner un appui à une immatriculation afin d'éliminer sinon de réduire à sa plus simple expression la tyrannie du secteur informel (taxis « clandos », marchands ambulants, etc.) ; réaménager les grands marchés et autres gares routières (portes d'entrée et de sortie, heures d'ouverture et de fermeture), en subordonnant l'autorisation d'y entrer par le port du masque et l'identification (pour les voyageurs), cloner « Navétanes Covid-19 » grâce à un fonds d'appui à la sensibilisation destiné à former les écuries de lutte, qui seraient, chacune, chargées de déployer leurs membres pour sillonner leurs quartiers de résidence, sous la supervision du leader « ambassadeur Covid-19 », « intronisé » par le président de la République : sans violence, ils seraient capables de convaincre une bonne frange des récalcitrants de leur environnement à respecter les gestes barrières. La distribution des fonds spéciaux Covid-19 trouverait alors plus de légitimité, les flux humains mieux contrôlés, les gestes barrières plus respectés.

Penser qu'il peut suffire de fournir des informations régulières et fiables au sujet de l'épidémie est une erreur de communication. L'expérience l'a prouvé. Surtout dans les pays en développement. Il faut écouter chaque groupe-cible exposer ses valeurs et contraintes. Une fois que cela est maîtrisé, le processus de communication d'influence peut être entamé, car à partir de là il est possible de savoir quoi dire et quoi ne pas dire, qui impliquer comme influenceur, à quelle étape, etc.

LES RATÉS POLITIQUES, UNE SYSTÉMIQUE : POUR QU'IL NE SOIT PLUS JAMAIS AINSI EN DES CIRCONSTANCES EXCEPTIONNELLES COMME EN TEMPS ORDINAIRE

Par Serigne Momar SARR

Problématiser pour introduire

C'est à dessein que je m'autorise à faire le focus sur les ratés politiques, qui relèvent autant des personnes investies d'une mission de services publics que de l'implémentation des politiques publiques et les tares congénitales à la gouvernance politique et démocratique, afin de mieux ressortir la modeste contribution que je me propose d'apporter dans le contexte de la crise sanitaire que traverse le monde en cette année 2020. En effet, la gestion de la pandémie du Covid-19 au Sénégal a révélé des défaillances déjà connues de la gouvernance au quotidien. La crise faisant le larron, il convient de s'attaquer à la racine profonde de ce mal qui perdure pour établir une force de propositions structurelles et systémiques à même de contribuer à le juguler.

La systémique ainsi commandée par la complexité de la réalité sociale, se pose à la fois comme vision et outil de gouvernance, et encore ne peut-elle l'être qu'à travers les rapports d'action et d'interaction dans la totalité de l'État. À y voir de plus près, les propositions à suivre et découlant de constats de manquements dans la gestion de la crise sanitaire, auraient été faites en « temps ordinaire ». Elles peuvent alors s'appliquer après cette crise actuelle, qui n'est pas que sanitaire, tant et si bien que les ratés politiques jouissent d'une permanence déroutante et profondément inscrite dans le registre de notre système politique. Si l'on veut progresser dans les contextes d'incertitude et d'imprévisibilité, il convient d'appliquer une grammaire des institutions sociales et politiques. C'est pourquoi notre analyse se veut critique mais constructive par une force de propositions légitimes et plausibles pour le Sénégal et un vibrant appel à l'intention de notre maison commune dans ce village planétaire.

Des errements de la puissance publique sont des heurts au pluralisme démocratique

Une bonne prévention dispense de la répression. Le premier jour du couvre-feu informe d'une méconnaissance des règles de droit élémentaires et des privations de libertés individuelles. Notre démocratie a ceci de pathologique que les citoyens ne savent pas tous leurs droits et devoirs. Cela est imputable à notre éducation vis-à-vis de l'État et l'absence notoire de sanctions en temps ordinaire. La justice ne peut s'établir sans règles et celles-ci ne valent que si elles s'accompagnent d'une sanction. Or, les pouvoirs publics se dérobent souvent quand il s'agit de sanctionner. Ce n'est pas en circonstance exceptionnelle, comme en ces temps de calamité publique, qu'ils vont obliger les gens à respecter les prescriptions. Le ton de l'administration territoriale est dur mais il faut un travail pédagogique en amont. L'irrespect, que dis-je, la méconnaissance des règles est exacerbée par le laxisme de la puissance publique. On ne veut pas d'un gouvernement à poigne mais d'un gouvernement qui a de la poigne.

Ce qui est qualifié d'insouciance et/ou d'inconscience en matière de civisme de certains de nos concitoyens n'est rien d'autre qu'une conséquence de cette pathologie. Nos institutions étatiques et nos cellules familiales ont de beaux défis devant eux. Les défaillances administratives n'en éclatent que pire ! Il faut en définitive réinterroger l'ethos des Forces de défense et sécurité

(FDS), tant loué : bavure, abus et corruption ne les épargnent guère. Elles doivent se soumettre d'abord au droit qu'elles sont proposées à faire respecter. Toutes les parties prenantes doivent renouer et développer l'ascétisme moral pour sauver nos institutions sociales et administratives. Il faut également une bonne communication institutionnelle pour qu'État et usagers sachent qu'ils sont en réalité les deux faces d'une même pièce et l'un comme les autres ont leur raison d'être par ce que l'autre est. La souveraineté est sacrée et doit être sanctifiée par la justice et l'inaliénation avec l'imposition de la force, certes par le droit.

Les circonstances exceptionnelles exigent de rechercher un consensus national certes pour mieux centraliser les décisions publiques, mais l'opposition ne saurait être mise entre parenthèses. Une crise, bien au contraire, est un moment historique, plus seulement qu'un évènementiel qui inspire une bifurcation vers d'heureux auspices. Rater cette occasion sous le prétexte d'un prétendu consensus, fût-il loyal, est contraire à l'esprit de la démocratie. Une opposition muette est une opposition démissionnaire et vidée. Bien souvent la recherche de consensus a servi les intérêts des professionnels politiques et des corporations. L'intérêt général, pour ainsi finir perdant. Une opposition responsable doit profiter de ce moment pour mettre les choses à l'ordre. À chaque fois que l'opposition cesse de se faire entendre, elle ouvre la voie à l'autoritarisme. Qu'il soit modéré ou subtil, l'autoritarisme est envers et malgré tout une atteinte au pluralisme et sa frontière est mince avec la tyrannie. C'est tout bonnement l'expression libre des idées politiques qui est alors encastrée. Je crois que les leaders de l'opposition sont assez responsables et sérieux pour débattre avec retenue en cette période. Si le peuple voit cette activité d'un mauvais œil, c'est qu'on ne sait pas ce qu'est le débat public pour un pays. Le pluralisme doit être une constante en démocratie. Et dans ce pluralisme, la société civile qui est un tiers inclus joue un rôle important s'il ne se fait pas complice de l'une ou l'autre partie entre majorité et opposition.

Un citoyen ignorant est un citoyen qui resquille et un citoyen abusé est un citoyen révolté ?

La gestion de l'ordre public donne l'impression d'une puissance publique qui méconnait les réalités sociales. Aucune règle de droit ne trouve effectivité sans l'assentiment de la conscience collective, tant qu'elle en connaît les ressorts et intériorise le contenu. Tout cela pour dire que l'écrasante majorité de nos concitoyens ne savent pas ce qu'est un État d'urgence avec son lot de restriction de libertés comme le couvre-feu. Nul n'est censé ignorer la loi pour peu qu'on prenne la peine d'éduquer tout un chacun sur les règles de droit. Mais le problème le plus criard est sans doute la crise de l'autorité qui fait que, même si les règles sont sues, elles ne sont pas automatiquement respectées. Le comportement des jeunes de la Médina doit nous appeler à de l'introspection plus qu'à de l'indignation. Il ne faut pas, derechef, indexer l'indiscipline des Sénégalais. On a vu dans les pays les plus organisés au monde un nombre exponentiel de verbalisations.

Entendons-nous bien, la resquille et la transgression ne sont pas une exception sénégalaise : c'est un comportement normal de tout individu, qui qu'il soit et où qu'il soit. Si cela se trouve, ces jeunes prenaient leur revanche sur le « système », une sublimation à leur manière de leurs frustrations sur les forces de l'ordre, à défaut de faire entendre leur voix dans les espaces et les actes prévus à cet effet comme les Assemblées délibératives. À cela s'ajoute une autorité parentale insuffisante, souvent liée à la pauvreté. Car, pour maintenir et rappeler à l'ordre son enfant même, il faut au préalable avoir suffisamment de quoi le tenir en respect. Et cela concerne les besoins élémentaires de la vie sociale : se loger, se nourrir, s'instruire, s'épanouir… Cette subjectivation politique est un élément révélateur des inégalités sociales malgré le discours tant rabâché d'un « Sénégal pour tous » qui trouverait son accomplissement dans le nouveau ministère en charge du Développement communautaire qui cache mal l'iniquité.

De tout ce qui précède, je propose que la responsabilité personnelle prévue par les différentes législations particulièrement par le Code des Obligations civiles et commerciales et le Code pénal soit mise en œuvre afin de sanctionner l'incivisme remarquable de certains citoyens durant la gestion de cette pandémie. En effet, le civisme est un problème dans ce pays et que sans sanction il ne saurait avoir d'ordres à respecter, d'interdits à éviter, d'obligations à accomplir, etc. La notion de responsabilité personnelle qui englobe celle de responsabilité civile et de responsabilité pénale vise, dans le cas présent, chaque citoyen comptable de transgression remettant en cause drastiquement la sécurité publique et humaine. Par exemple, celui ou celle qui a importé le virus par la légèreté de son comportement ou a créé une transmission communautaire par l'irrespect des interdictions de circuler, doit être traduit devant les juridictions compétentes pour se voir condamner, et pourquoi pas jugée pour haute trahison[189], comme les FDS et les fonctionnaires encourent une telle responsabilité dans le cadre de l'exercice de leurs fonctions. Cette même notion doit s'appliquer effectivement et sans discrimination aux autorités comptables de malversations, de favoritismes dans

[189] Je crois que les régimes politiques d'alternances nous ont habitué à des pratiques malsaines qui sont suffisantes pour mettre du contenu dans la notion de « haute trahison ». Cela aurait permis de bien suivre toutes les mesures prises par le Président de la République à travers la loi d'Habilitation. Avec la « démission » de l'opposition, le mutisme de la société civile pour un semblant de consensus, il faut un moyen de contrôle ultime, un rempart contre l'arbitraire et l'abus de pouvoir. Une crise, quelle qu'elle soit, en durée comme en intensité, ne devrait mettre entre parenthèse le principe fondamental d'un régime démocratique qui est, à mon sens, la délibération. Or, il ne saurait y avoir de délibération sans consultation. Consulter, c'est débattre librement pour bien décider.

l'attribution des marchés ou simplement, de mauvaises décisions de nature à créer une inefficacité préjudiciable à l'intérêt général. Crise de l'autorité disais-je, en réalité il y a son corollaire de l'absence de sanction qui est autant déplorable !

Pour un et un seul Conseil de gestion des urgences et d'orientation stratégique[190]

Le phénomène que nous vivons exige de nous une adaptation de la politique du risque aux politiques sécuritaires, entendues au sens large qui inclut l'humain, l'alimentaire, le sanitaire, l'environnement et tout autre domaine et secteur du vivant. Actuellement il s'agit d'une crise sanitaire, mais qu'en sera-t-il le jour où nous serons frappés par une crise environnementale de grande ampleur, du genre cataclysme avec un certain déséquilibre des organismes vivants et une désorganisation des installations ou infrastructures ? Nous devons bien être attentifs au réchauffement climatique, capable de faire plier le monde en un battement des cils.

C'est là que cette crise doit éveiller l'idée d'une prospective qui ne soit pas une simple planification économique mais une réflexion puissamment puisée du passé pour être en phase avec le présent en train de se faire et le futur probable à advenir. Il faut, à ce niveau, songer à la mise en place d'une institution plus large et intégrative des directions, centres, agences, comités et autres organisations connues jusque-là. Il ne sert à rien d'avoir une Direction de la Protection civile, un Institut national de Prévention et Gestion de Risque, un Centre d'Opération des Urgences sanitaires, une Direction de la Solidarité nationale… sans une articulation systémique en temps réel et sans la création de nouvelles organisations en temps de crise.

---

[190] Ce nom a été proposé pour le présent argumentaire mais peut changer de dénomination et de forme.

Un Conseil de gestion des urgences et d'orientation stratégique, profondément scientifique et à cheval entre application, planification et anticipation, constitué de chercheurs, de hauts fonctionnaires, de spécialistes… peut jouer les liaisons harmonieuses pour accomplir un sacerdoce. C'est ainsi qu'on peut être sûr que les alternatives crédibles trouveront une concrétisation, car, bien souvent ; les intellectuels qui les portent n'ont pas d'influences politiques. Le Conseil se gave ainsi d'une équipe pluridisciplinaire contre les savoirs fragmentés et pour la recherche appliquée. Elle peut insister sur un aspect particulier en fonction de la nature de l'urgence. Cela évitera au Président de la République d'être livré à lui-même, tant il ne peut pas revenir à un seul homme de déterminer la politique de la nation et de subir les conditionnalités que l'on sait. L'Académie nationale des Sciences et Techniques du Sénégal (ANSTS) et le Conseil économique, social et environnemental (CESE) peuvent servir de tribune pour un dialogue fécond pour organiser les deux mondes politiques et scientifiques. Cela aurait permis également d'éviter le balai politique et populiste accompagné de tintamarre au palais pour accoucher d'un consensus handicapant pour l'intérêt général.

Des échelles de gouvernance expressives pour une déconcentration achevée et une décentralisation aboutie

L'idée de la mise en place du Comité chargé du suivi du fonds destiné à la lutte contre le coronavirus appelé Force-Covid-19[191]

[191] Le Président de la république a mis un général de l'armée à la tête de ce comité mais la constitution laisse voir un conglomérat de politiciens et de syndicalistes déjà dans la perspective de sangsue alors que le personnel de santé manque d'équipements, reste exposé à la contamination et sans indemnités conséquentes pour services rendus et risques encourus. Il me semble que la notion d'effort de guerre n'est pas ancrée dans la conscience de certains de nos concitoyens. S'il savait le privilège de représenter ou travailler pour son peuple ! La crise est un marché énorme qui enrichit

me semble dénuée de sens. Bien souvent, c'est un système de prédation des ressources du et pour le peuple. C'est aussi comme si l'administration n'a pas une structure en particulier qui soit capable de gérer et suivre les fonds. Il me semble que l'organigramme du gouvernement intègre déjà cette fonctionnalité. Autrement, à quoi servent la Délégation générale à la sécurité alimentaire et la Direction de la protection civile ? Il est vrai que dans leurs attributions, ces deux structures semblent être incompétentes mais dans un souci d'efficience de l'action gouvernementale, il serait opportun d'intégrer la notion de « calamité publique » dans leurs attributions ! En définitive, avec un tel Comité, on peut se demander la nécessité d'avoir des ministères dédiés et certaines directions spécifiques. De plus, pour faire le suivi au niveau des communes, les sous-préfets et les chefs des Centres d'appui au développement local (CADL) ex-Centres d'expansion rurale polyvalents (CERP) qui connaissent directement les administrés, sont d'un plus grand atout que n'importe quelle autre structure. Certains maires mettent en avant le favoritisme mais l'administration déconcentrée est suffisamment neutre et désintéressée.

Pallier cet état de fait revient à mieux articuler les échelles de gouvernance. Pour se faire, il est temps que la décentralisation passe d'un bras politique à un bras technique. Bien souvent nos analyses sont focalisées ou bornées sur les entrepreneurs politiques nationaux mais les politiciens locaux ne doivent pas être en reste tant qu'ils instrumentalisent les populations méconnaissant leurs dus ! Il y aurait eu du favoritisme au niveau des listes des ménages — sensibles au parti au pouvoir — qui doivent bénéficier des vivres à cause du ralentissement de l'activité économique. Ce problème est déjà constaté et décrié au niveau des bénéficiaires des Bourses

en temps record. De même, à la place des hôtels choisis pour confiner des cas contacts, il aurait mieux fallu utiliser les campus sociaux et établissements militaires afin d'économiser de l'argent. Quand on est pauvre, on se doit être sobre.

de sécurité familiale (BSF). Encore que lors de la désignation des ménages devant être bénéficiaires, on me rapporte, quelque part dans le monde rural, que des ménages présents dans le Registre national unique (RNU) sont absents de la liste des BSF. Or, faire partie du RNU implique inéluctablement cette dernière. Par ailleurs, il fut un temps où il existait, dans les années 1990 notamment, la Zone alimentaire à risque (ZAR), une sorte d'unité pilote pour prévenir la famine dans le monde rural. Ce genre de politique d'antan doit profiter à une prise de décision rapide comme dans la crise dont nous sommes confrontés, mais il me semble que nos politiques se désintègrent les unes des autres plus qu'elles ne s'agrègent pour constituer une sédimentation historicisée des politiques publiques.

Aussi, je doute que nous disposions de données précises et actuelles sur l'étendue du territoire. Normalement l'Agence nationale de la Statistique et de la Démographie (ANSD) en plus de l'administration territoriale doivent être en mesure d'avoir des données à chaud et à chaque fois que de besoin ; où avoir une base de projection réaliste et probante pour déterminer la courbe d'évolution des données sur les ménages. Le numérique doit être davantage mobilisé, avec la biométrisation dans l'administration, pour savoir où se trouve chaque sénégalais et savoir ce qu'il fait, sans prétention à restreindre ses droits ni abuser de ses données personnelles.

Oser la réorganisation pour une meilleure allocation et redistribution des ressources

L'approche stato-centrée du gouvernement s'est fait encore sentir. Tout part de Dakar et revient à Dakar, ce qui est dangereux. Le jour où une catastrophe naturelle issue d'événements extrêmes ou du changement climatique — où une prise de Dakar, Dieu nous en garde ! — surviendra, c'est le Sénégal qui sera tout bonnement à genou. L'acheminement des vivres a suscité un tollé sur les coûts de transports et la passation des marchés. Mon sentiment est qu'il y a des centres commerciaux comme Mbour, Touba, Kaolack qui doivent prendre une place supplémentaire de responsabilité économique. De mon point de vue, il faut redynamiser le port de Kaolack. En draguant le fleuve dans cette ville-carrefour, la plus centrée du pays et de plus une zone de transit avec la Gambie, la Guinée et le Mali, les marchandises seraient acheminées plus facilement partout dans le pays. Cette ville joue déjà un rôle de connectivité et polarise d'autres grands centres urbains. Dakar doit être décongestionnée non seulement pour des raisons économiques et environnementales, mais surtout pour des raisons sécuritaires.

De plus, il faut développer le réseau ferroviaire partout au Sénégal. Les chemins de fers permettent d'enregistrer moins d'accidents de la route, d'accroître la mobilité inter-régionale, de favoriser la circulation des marchandises, de développer des localités secondaires ou périphériques, de renforcer le commerce intra-régional, etc. Le Sénégal s'en porterait mieux avec la généralisation des zones économiques spécialisées et l'approfondissement de l'équité territoriale. Nos politiques d'aménagement du territoire doivent être basées sur des stratégies de développement économique et de préservation environnementale.

On comprend bien l'esprit de l'État d'urgence et je constate que les militaires ne sont pas (ou sont sous) utilisés. Or, on vante leur mérite de discipline et de rigueur. Peut-être que le législateur peut penser à une formule souple qui puisse mobiliser les militaires lors des couvre-feux. Car, la police et la gendarmerie ont été vite débordées, sans compter que leurs journées sont déjà longues en plus de leurs sous-effectifs. Mieux encore, l'État doit constituer un nombre conséquent de réservistes sur qui il peut compter en temps de crise. Je pense naturellement aux Anciens enfants de troupes

(AET) qui ont eu une formation paramilitaire dans les Prytanées militaires. On peut y ajouter les polytechniciens à condition de raviver leur formation paramilitaire. De même, on peut rappeler les gradés des FDS partis à la retraite il y a moins de 7 ans. Cette catégorie de patriotes serait de vrais relais pour les FDS en cas de couvre-feu, avec leur formation militaire et la situation civile, dans un louable juste milieu. Force et raison et non force et arme. Les réservistes participent à étoffer le maintien de l'ordre public, relayer la communication gouvernementale, aider à distribuer des kits alimentaires, etc.

L'État ne doit pas administrer seul le pays. En vérité, il ne peut pas. S'il veut que son action soit efficace et efficiente, il lui faut la coopération de l'ensemble de la population ; d'où l'intérêt d'avoir des relais citoyens fonctionnels. Ces relais sont des cadres organisés communautairement. La communication en gagnerait en précision et en signification. Dans le même élan, ces organisations communautaires de base (OCB) qui comptent femmes et jeunes, dynamiques et impliqués, peuvent être d'un atout indéniable là ou l'administration territoriale ou les FDS trouveraient une résistance. Elles peuvent aussi jouer le rôle de contrôle et de veille de l'allocation des ressources.

Complexité et prospective à la rescousse du village planétaire

Avec la pandémie du Covid-19, beaucoup de choses ont été dites sur tous les aspects possibles de la vie. On s'est vite rendu compte qu'aucune science n'a solution à tout et au moment du problème. Ensuite, les politiques restent dans leurs routines quoi qu'il en soit ; ce qui laisse croire qu'avec une autre calamité publique, cette attitude sera habitude. La vérité c'est qu'aucune institution n'est préparée à subir un choc sans effet. Mais s'ajuster aux effets pour demeurer au présent et faire face au futur est le défi des systèmes adaptatifs complexes. En temps de crise, l'institution qui se montre proactive a plus de chance de faire face plutôt que celle qui est réactive. Pour développer ses chances de proactivité, la pensée complexe offre de meilleurs avantages avec l'approche systémique. Étant entendu que le contexte est partout fluctuant et jamais le même une autre fois, l'incertitude et l'imprévisibilité de l'environnement n'en font que s'accentuer. Il faut alors convoquer la prospective dans ce qui se fait dans les institutions sociales et politiques ainsi que dans l'écosystème.

La pandémie du Covid-19 a fortement éprouvé tout ce qui est réellement ou abusivement appelé « système », notamment dans le domaine de la santé, sans peut-être nous permettre de rétablir et/ou de restaurer les équilibres microbiologiques et macro-écologiques qui devraient inclure toutes les dimensions de la vie sociale. Il faut donc voir que ce sont les modes de raisonnement produisant les savoirs qui sont sous tension. Toute tentative de formulation de solutions à partir du même procédé qui a causé le problème ne peut trouver une application heureuse dans l'état actuel des choses. Avant même la formulation de solutions, tous les gouvernements touchés par le virus ont pu se rendre compte de l'imbrication des différents services publics ; ce qui laisse la voie à la systémique, sans laquelle aucune action de grâce ne peut s'accomplir., ne serait-ce que dans la vision des visions des choses et non plus dans la modélisation des systèmes complexes.

D'un autre côté, l'expérience vécue du confinement et de la pénurie de la production industrielle ont montré les avantages du bien commun pour tenir et sortir de la crise. Si en temps ordinaire les efforts de gouvernance étaient dirigés vers cette orientation, alors les systèmes sociaux résisteraient mieux aux chocs. Or, nous doutons être suffisamment avertis, malgré une telle situation, pour prendre à bras-le-corps la question naturelle, en commençant par amorcer une transition sur les modes de production énergétiques et développer un recentrement humaniste, plaçant la conscience de soi et le don à l'autre au centre des plans de développement et des objectifs de croissance. En définitive, il n'agit pas de revenir en « temps normal », comme j'entends dire, mais de vivre comme le temps est et comme nous l'avons fait. Cette vie s'assume et ne se dérobe pas, ne serait-ce qu'à la faveur de l'irréversibilité du temps. Tous les organismes et institutions sont capables d'adaptation. Vivre c'est s'adapter ; mais pour s'adapter, il faut connaître. Une crise permet de grandir. L'accumulation des savoirs et expériences au cours du vécu doit servir à la prospective. Tout cela, il faut être soi-même dans la place qui convient. Le fait est qu'on a trop souffert de mimétisme et de déni pour s'aliéner encore. On ne peut s'émouvoir qu'il ait aujourd'hui des déconvenues dans les activités de production de masse et de désappointements dans les rapports sociaux de sexe, de genre et de génération.

Il faut assurer notre héritage culturel et notre élan cosmogonique. Cette crise, en deçà et au-delà des mesures rationnelles, doit s'accompagner de prières. La spiritualité a son pesant d'or en temps de calamité. Il n'est pas normal qu'on loue la médecine préventive du Prophète Muhammad (PSL) et abandonner toute idée de prière à l'échelle nationale pour que Dieu nous en préserve. La prière est le premier médicament, tout autant que nous sommes croyants, non que cette pandémie soit une sanction divine mais que notre positionnement ontologique commande cette spiritualité dans un monde fou, un monde vraiment fini, un monde de lassitude. Les différents schèmes de référence qui s'offre à tout sujet épistémique permettent de penser le temps à venir. Autrement, le positivisme gagnera encore du terrain avec ses effets d'entrainement déjà désastreux pour la science.

Notre méconnaissance des ressorts indicibles de la causalité entretient notre incapacité à prévoir avec exactitude l'avenir. Cela n'est pas de dire que rien de ce que nous prévoyons n'arrive, mais c'est plutôt pour informer de notre incomplétude, tant on oublie souvent qu'on ne sait rien. On peut, toutefois, regarder au/de loin. L'imprévisibilité des événements et l'incertitude des décisions publiques prennent aujourd'hui des tournures d'une brutalité renversante. C'est pourquoi si les contours des vulnérabilités, dans leur face vultueuse comme dans leur opportunité insoupçonnée, ne sont pas bien cernés, le risque se traduirait en chaos et le chaos en anéantissement. Loin de nous l'idée de sacrifier à un jeu de prédiction mais il nous est donné de constater que les bombes à retardement déflagrent plus violemment. Il n'est pas impossible de les étouffer dans l'œuf ; ce fait tient à un mot, lequel est la volonté politique, souvent encline à une histoire démentielle alors que tous les moyens lui viennent.

Lifting des institutions comme aggiornamento de l'administration publique, l'État au quotidien est mis au défi de la délivrance du service public. Si celui-ci est fortement éprouvé comme en temps de crise cyclique, de calamités publiques ou de catastrophes naturelles, l'exigence de l'adaptation n'en trouve qu'un argument supplémentaire. Je me réserve de parler du discours paternaliste du système des Nations unies et la France notamment. Je me réserve également de parler du déficit de la capacité régulatrice de l'Union africaine face à un problème de sécurité, certes sanitaire. Le seul cas du Sénégal est illustratif d'un ensemble plus large sans verser dans les excès de la généralisation. J'ai le sentiment qu'aucun problème n'est identique au même problème ailleurs ; vu le contexte particulier découlant de l'histoire et les conditions spécifiques émanant de l'environnement, les problèmes ne peuvent qu'être similaires. De ce point de vue, les mesures et autres décisions doivent être adaptées pour des solutions idoines et convenables[192].

[192] Parce que la Grande-Bretagne a vite abandonné la stratégie de l'immunité collective qu'on pense que le Sénégal perdrait avec cette option ? Soit. Mais a-t-on pris en considération les différences des organismes et du climat entre la zone tempérée et le Sahel ? Étant entendu que le taux de létalité est des plus bas au monde depuis le début de la pandémie, malgré l'accélération du nombre de cas à la fin du mois d'avril 2020 !

L'IMPORTANCE DES SOFT SKILLS EN PÉRIODE DE CRISE : L'APPEL À L'EFFORT COLLECTIF OU LE LEADERSHIP COMMUNAUTAIRE

Par Souleymane SECK

L'Humanité se mobilise pour venir à bout de la pandémie Covid-19 qui a créé un bouleversement incommensurable dans nos vies.

Les décès et les cas de contamination augmentent malheureusement de jour en jour à travers le monde. Ce qui veut dire que nous vivons des moments volatiles, incertains, complexes, ambigus.

Rappelons que la pandémie du virus covid-19, qui a contrarié tout le continent, va lui faire payer un lourd tribut. Des secteurs stratégiques sont directement touchés tels que le tourisme, le transport aérien, le pétrole, l'éducation.

Pour la première fois en 25 ans, l'Afrique subsaharienne va connaître une récession économique, d'après la Banque Mondiale[193] et qui devrait se chiffrer entre -2.1 % et -5,1 %.

Des dizaines de millions d'emplois sont menacés, d'après l'UA[194]. L'institution régionale précise que près de 20 millions d'emplois, à la fois des secteurs formel et informel, sont menacés

[193] https://www.lepoint.fr/afrique/7-points-cles-pour-comprendre-ce-que-le-covid-19-va-couter-a-l-afrique-13-04-2020-2371167_3826.php?M_BT=1563475158983#xtor=EPR-6-[Newsletter-lepoint-afrique]-20200414

[194] https://www.lepoint.fr/afrique/7-points-cles-pour-comprendre-ce-que-le-covid-19-va-couter-a-l-afrique-13-04-2020-2371167_3826.php?M_BT=1563475158983#xtor=EPR-6-[Newsletter-lepoint-afrique]-20200414

de destructions. Pour l'ONU, ce nombre pourrait aller jusqu'à 50 millions.

Face à ces situations presque inattendues, à l'instar de l'Union africaine par sa task force « fonds de riposte Covid-19 », plusieurs pays africains ont également annoncé des plans de soutien économiques et sociaux. Le Sénégal n'est pas en reste avec son Programme de résilience économique et sociale.

La question principale que nous nous posons est de savoir comment endiguer cette crise au-delà de l'appui de ces programmes de résilience proposés par nos États dont le Sénégal.

Il est des moments dans l'histoire où les cartes sont rebattues, et de nouvelles questions se posent. C'est ce que nous vivons actuellement avec une crise sanitaire mondiale.

Qu'est-ce qu'une crise ? On pense généralement à un changement brusque et décisif dans le cours d'un processus, une perturbation temporaire des mécanismes de régulation d'un individu ou d'un ensemble d'individus. Il s'agit toujours d'une menace aiguë pour l'intégrité et l'intégralité du sujet, une menace de mort. Cette menace est généralement mobilisatrice de moyens d'action pour la survie, c'est-à-dire pour la mise en œuvre de nouveaux comportements régulateurs.

Le mot « crise » s'écrit en chinois en deux idéogrammes superposés : l'un signifie « danger » et l'autre « opportunité ». De tout temps, la crise a été vue par les hommes comme une occasion de progresser, d'apprendre, de se transformer, de grandir. Mais le changement est douloureux et on ne s'y livre pas spontanément.

La tentation est grande de vouloir éliminer les aspects physiques douloureux de la crise, sans pour autant ouvrir la voie à un changement agissant sur la défaillance principale : placebo, bouc émissaire, guerre. Dans l'ouvrage collectif « Crise, rupture et dépassement », René Kaës[195] défend l'idée que la crise comporte un aspect bénéfique puisque : « elle rend possible, par un mouvement de retraite salvatrice, les modifications du comportement, des systèmes de défense, des schémas de représentation de l'action. C'est par là que se justifie l'institution sociale de la formation expérientielle, comme procédure d'extinction de la crise par la mise en œuvre de nouvelles régulations »[196].

Et parmi ces comportements régulateurs, nous avons les Soft Skills, comme compétences indispensables pour y faire face à cette pandémie.

Il faut savoir que les Soft Skills sont plus qu'un effet de mode, ce sont des ressources internes nous permettant de relever nos défis et de dépasser nos difficultés.

Ce sont grâce à ces compétences que chaque personne arrive à se dépasser pour évoluer dans sa vie et impacter la vie des Autres aussi bien au niveau professionnel que personnel.

Contrairement aux compétences techniques (Hard Skills), les compétences comportementales sont transversales (utiles dans plein de situations différentes), humaines, sociales et accessibles à tous. Pas besoin de diplôme pour faire preuve d'inventivité, de gestion des émotions, de proactivité ou d'organisation. Ce sont nos expériences de vie qui nous amènent à les développer.

Nous pouvons en citer : l'intelligence émotionnelle dans ses dimensions stratégique et expérimentale, la gestion du temps, le Leadership, la collaboration, l'adaptabilité, l'innovation, le Global Citizenship, l'esprit critique, la communication, la productivité et

---

195 Crise, rupture et dépassement, sous la direction de René KAËS, Dunod, 1979.

196 Kerjean, A. 2000. *Les nouveaux comportements dans l'entreprise, Oser secouer l'organigramme*, Éditions d'organisation.

la responsabilité, l'esprit d'entreprise, l'Empathie, l'altérité, l'altruisme…

Et dans un monde en perpétuelle évolution, il est vital que les personnes et les organisations parviennent à s'adapter face à des situations promptes ou impromptues.

Il est important de rappeler que tout appel à un changement des mentalités et des comportements devient impératif. Le changement fait obligatoirement partie de la vie sociale d'une nation, d'une organisation, d'une communauté. Selon Kurt Lewin[197], la modification de comportement comporte trois phases :

1. réduction des forces qui maintiennent le comportement sous sa forme présente, identification des besoins de changement et d'améliorations à effectuer ;

2. développement de nouvelles attitudes ou comportements et mise en œuvre du changement ;

3. stabilisation du changement au nouveau niveau et renforcement au travers de mécanismes de soutien, par exemple procédures, structures, normes ou rites.

Pour vaincre tous ENSEMBLE, il est essentiel d'encourager sans crainte mais avec lucidité une conduite du changement pour non seulement trouver des solutions pragmatiques mais aussi protéger les intérêts collectifs des nations occultant les considérations politiques.

Pour cela, nous proposons l'appel à l'effort collectif notamment le Leadership communautaire grâce au Savoir Relier. Défini comme une forme d'intelligence relationnelle, une capacité à mettre en relation des individus, des cultures, des différences, à

---

[197] Lewin, K. 1947. "The mechanisms of change", Chap 5 in *Organization change: A comprehensive reader*.

faire le lien entre des savoirs, des compétences, des idées, à comprendre et à gérer ces relations, le savoir relier constitue un levier fondamental pour faire face à cette crise sanitaire qui secoue le monde.

Pour ainsi dire, que d'autres types de leadership naissent et prennent forme selon les circonstances impromptues. Parmi ceux-ci, nous notons essentiellement le leadership communautaire et relationnel.

« Le leadership est en effet l'apprentissage de toute une vie. Permettre un travail à la fois introspectif et relationnel qui rapproche savoir, action, création et sagesse en développant la confiance en soi est ce que nous appelons une éducation par le savoir-relier »[198].

Cette définition vient à son heure en cette période de crise liée au Covid-19. Malgré les mesures drastiques de sécurité mises en place par les autorités sénégalaises, des citoyens engagés sont au « front » pour venir en aide aux populations vulnérables qui tentent tant bien que mal de survivre compte tenu des conditions défavorables dans lesquelles elles vivent.

Ces citoyens composés d'organisations communautaires de base, d'associations, de bénévoles, ont déployé leurs forces sur le terrain pour sensibiliser, former, appuyer et équiper les populations sénégalaises de toutes localités. Pour être dans une telle posture, il faut véritablement incarner le sens de l'Empathie, de la Responsabilité, de l'altérité et même de la solidarité. Solidarité, c'est ce sentiment humanitaire qui pousse à aider autrui. Provenant de l'expression latine « In Solidum » signifiant « pour le tout », c'est aussi une corrélation sociale, d'engagement et de dépendance

[198] Voir Leading with Sense : The Intuitive Power of Savoir-relier, Stanford University Press, 2014, ou Le Savoir-Relier, vers un leadership relationnel et intuitif, éditions Eyrolles, 2014.

réciproque entre une masse collective liée par une communauté de destins.

Ces initiatives portées par des citoyens très actifs et déterminés sont bien visibles dans les rues de Dakar. Des associations à l'image de « Équipe Aidons les Talibés », « Les petites gouttes », « j'Existe », « les Racines de l'Espoir », « *Ndimbeul* » et tant d'autres, œuvrant dans la socialisation humaine, sont quotidiennement sur le terrain pour porter secours aux populations, aux enfants dans la rue, aux daaras, afin de les doter de denrées alimentaires et d'équipements de protection. En effet, ces « soldats » ont mis en place des moyens pratiques basés sur des valeurs communautaire et humaine pour lutter contre la pandémie Covid-19.

Ne s'arrêtant pas à ces moyens pratiques, les initiateurs forment ces enfants innocents aux gestes barrières. Néanmoins, des efforts doivent être fournis par les autorités étatiques pour le retrait définitif des enfants dans la rue surtout en cette période de crise sanitaire.

À l'instar de ces forces vives de la nation, d'autres bénévoles contribuent activement au maintien de la dignité humaine. Grâce à une empathie jamais démentie et un engagement affirmé, ces militants dévoués à l'utilité, à la bienveillance et à la citoyenneté active, se sont mobilisés autour de l'Unité Humaine pour vaincre intelligemment ce virus.

Cette situation inattendue nous révèle tant d'espoir et conforte l'idée selon laquelle notre jeunesse, force motrice de l'Afrique, doit être préparée à de pareilles situations. Ceci est possible grâce à un développement personnel par l'intégration des Soft skills dans les curricula de formation.

Imposer une démarche disruptive est la seule solution pour impulser un alter leadership. Il est temps d'inculquer à la génération actuelle et celle future les notions de compétences comportementales et humaines.

Le partage des valeurs serait la condition préalable qui permet d'acquérir toutes les autres caractéristiques de l'engagement citoyen. Pour espérer une réelle conduite du changement, il faut d'abord et surtout agir sur la mentalité des citoyens, sur leur échelle des valeurs, sur les types de cultures dominantes dans nos sociétés.

Il a fallu du temps pour admettre que la formation n'est pas seulement une obligation légale mais un investissement. C'est-à-dire être utile à sa communauté. Pour ainsi dire que les qualités nécessaires pour un leadership relationnel sont entre autres : l'imagination, la créativité, l'ouverture sur le monde, le sens de la responsabilité et du devoir accompli, la capacité d'adaptation culturelle à des contextes différents, la connaissance de l'environnement social, l'humilité qui permet l'apprentissage sur le tas, l'intelligence émotionnelle et la bienveillance.

L'essentiel de ces nouvelles qualités concerne le « savoir-être » que les grandes écoles n'étaient pas censées reconnaître par ses diplômes.

Osons la réhabilitation de nos valeurs cardinales telles que le courage, l'effort, la discipline, pour insuffler un nouveau changement social et sociétal.

Pour enfin dire que l'espoir doit renaitre grâce à des alliances stratégiques et communautaires afin de changer de paradigme. Et pour matérialiser ce changement, il est temps de libérer les potentiels d'ingéniosité et de créativité et surtout la soif d'engagement de l'humanité grâce à un leadership transformationnel dont celui communautaire. C'est-à-dire rendre pleinement la chose la plus importante sur cette terre qui est l'humain.

Au même titre que le leadership communautaire, nous proposons un leadership responsable qui doit à la fois favoriser la préservation de l'environnement naturel et la nécessité de garder la société moderne en état de marche, en soutenant l'écologie sociale des organisations et d'institutions créatrices de valeur déjà existantes.

Si nous voulons sincèrement surmonter cette crise dans les prochains mois, il nous faudra réévaluer l'importance du Leadership pour le restant du 21ème siècle. Il ne peut être fondamentalement basé que sur des valeurs humaines et sociales.

Refonder le système éducatif sénégalais en période post Covid-19 : décolonisation et recentrage

Par Cheikh GUÈYE, Abdoul Aziz KÉBÉ, Penda MBOW, Fatou Kiné CAMARA, Bakary SAMBE et Souleymane GOMIS

L'école sénégalaise en crise de modèle, de contenu et de finalité

L'école sénégalaise dans sa globalité ne se donne pas d'orientations stratégiques répondant à un modèle partagé par la société sénégalaise et les acteurs qui l'animent. Plus de 30 ans après les États généraux de l'éducation, il n'en reste pas grand-chose en termes de choix réalisé, tenu et évalué.

Aujourd'hui, le passage à une éducation de masse pour atteindre les Objectifs du Millénaire pour le Développement provenant des injonctions et paradigmes des institutions multilatérales et dépendant de leurs financements dans un contexte de crise économique et de manque de moyens a suscité plus d'interrogations que de résultats.

Notre questionnement est le suivant : quel est finalement le modèle d'éducation sénégalais et son fil conducteur ? Quels sont ses objectifs ? Quels sont les continuités à entretenir et les ruptures justifiées à faire ? Quelles normes minimales de qualité au-delà des chiffres maquillés ou pas ? Faut-il préserver la possibilité de former une élite et comment ?

L'école sénégalaise reste également marquée par l'extrême dispersion et la coexistence de différents modèles d'écoles (de plus en plus nombreux) sans sens commun ni principe directeur.

Les différents modèles d'école au Sénégal

- école dite « française » ;
- école dite « franco-arabe », privée et publique ;
- école coranique, elle-même de différents types : *daara tarbiyya*, daaras modernes, daaras qui se prétendent tels, sans contrôle ;
- écoles communautaires de base ;
- écoles privées confessionnelles catholiques ;
- réseaux, croissants, d'écoles étrangères ;
- cases des tout-petits ;
- maisons de l'outil ;
- Enseignement technique et professionnel.

Par ailleurs, une grande partie de la population reste réticente à l'école dite française (37 % des enfants de 6 à 16 ans sont en dehors du système éducatif)[199] et les réponses sont encore incomplètes et peu satisfaisantes. Plus globalement, l'école incarne beaucoup moins qu'avant les valeurs sociales et citoyennes et les Sénégalais ont perdu foi dans le sens de l'école comme ascenseur social.

Si les chiffres sont avancés positivement quant à l'atteinte d'objectifs quantitatifs, le consensus est général concernant la baisse grave de la qualité et l'inadaptation des curricula.

L'inversement de l'image de l'école publique porteuse de qualité devant l'école privée désormais sans grève et garantissant les standards et les minimas de quantum horaire est désormais une réalité. Dans ce contexte, les initiatives privées se multiplient de la maternelle à l'université, de l'école laïque, catholique, franco-

---

[199] USAID. 2017. *Étude nationale sur les enfants et les jeunes hors du système éducatif.*

arabe, bilingue, turque (Yavuz Selim, Maarif), iranienne (IMI), aux écoles musulmanes moyen-orientales, etc. Se mettent ainsi en place parallèlement plusieurs systèmes d'éducation forgés de l'extérieur, avec des conceptions différentes. S'y ajoute le vaste secteur dit informel qui compte des milliers d'écoles coraniques allant des daaras structurés permanents aux daaras où la mendicité prime sur l'enseignement.

Toutes ces écoles rendent compte de l'inégale prise en charge par l'État et la perte de contrôle sur le domaine le plus stratégique de l'avenir de notre nation. Au demeurant, l'école continue à discriminer les enfants (classes pléthoriques ou moyennement remplies, répartition inégale de la formation informatique, des enseignants de qualité, privés contre public, enseignement laïc contre enseignement religieux, médersas musulmanes contre daaras, etc.) et est paradoxalement une fabrique d'injustices et d'inégalités dans les chances de réussite entre Sénégalais.

De manière générale, les réformes qui sont faites dans le sens d'intégrer l'arabe, le religieux et les langues nationales pour répondre à la demande d'une école plus « sénégalaise » constituent des tactiques pour gagner de nouveaux publics et non des choix stratégiques d'enseignement et d'éducation adossés à un projet de société global. L'école d'aujourd'hui marquée par une dispersion extrême reflète et renforce une désintégration des référentiels traditionnels endogènes, sur le fondement d'emprunts externes coloniaux et postcoloniaux.

De l'historicité et de l'ancrage de l'éducation religieuse au Sénégal

Le Sénégal est un pays à plus de 95 % de musulmans et à presque 100 % de croyants. Les ordres d'enseignement chrétiens sont proportionnellement bien représentés dans l'espace de l'offre éducationnelle avec une image saine et ouverte, malgré quelques insuffisances et leur dynamisme n'est plus à démontrer.

L'éducation islamique qui est une constante dans les sociétés musulmanes sénégalaises a, *a contrario*, un déficit de reconnaissance, de respect et de structuration. Pourtant l'instruction est une obligation et l'accomplissement du rituel est fortement lié à un ensemble de règles que le musulman doit respecter, en collectivités ou en intimité.

Au Sénégal, l'enseignement arabo-islamique a un ancrage historique, sociologique, scientifique, territorial, fort. Il est apparu dès l'islamisation et cela s'est définitivement installé dans les écoles depuis l'empire du Ghana bien avant le saccage de Kumbi Saleh par les Almoravides en 1076. Car le royaume du Tekrûr, qui était partie de l'empire de Ghana, a été un territoire où l'islam était dominant sous le règne de Wara Diabi (mort en 1044).

Bien avant la colonisation, l'arabe était la langue de formation des élites et les foyers d'éducation religieuse jouaient un rôle important dans ce sens. Saints et chefs religieux ont, au Sénégal, une forte tradition de fondation qui fait des daaras, un instrument utilisé depuis plusieurs siècles pour faciliter le rôle de protecteur, puis d'encadrement, d'enseignement, des marabouts dans la société wolof. Plusieurs villes sont nées de l'initiative de marabouts ayant bénéficié de privilèges accordés par les pouvoirs en place dans la période qui a précédé la colonisation. Pire fondé en 1610, Coki en 1641 et Ndiaré sont les plus connus avant Mbacké par exemple.

C'est avec la colonisation que le français est introduit et depuis, il est en compétition avec l'arabe qu'il ne parvient pas à détrôner malgré les efforts de l'administration coloniale et de l'État postcolonial. Aujourd'hui, l'enseignement arabo-islamique reste une réalité et l'État a été obligé de le prendre en considération depuis les indépendances jusqu'à nos jours avec une force, une sincérité et des fortunes diverses. Il faut admettre que cette compétition entre enseignement « laïc » et enseignement arabo-islamique revêt un caractère idéologique et politique qu'il faut désormais dépasser. Les marabouts de renom qui ont par la suite créé les confréries sont tous plus ou moins passés dans ces écoles[i], devenues les cadres de liens et d'alliances importantes entre familles maraboutiques. La plupart des *wird* confrériques y ont été initiés. Le daara d'aujourd'hui résulte donc d'héritages provenant d'initiatives d'agents maraboutiques et a toute la légitimité dans un enseignement et un système d'éducation avec un contenu sénégalais.

L'enseignement religieux musulman est une demande profonde d'une partie de la société sénégalaise, mais elle est contrainte dans son fonctionnement et dans ses débouchés. La difficulté d'accueil des arabisants de retour d'études à l'étranger en est l'un des révélateurs. La constitution de ghettos à tous les niveaux de l'enseignement en est la conséquence.

Les réticences par rapport à cette question ignorent que laisser le champ de l'éducation entre les mains d'entrepreneurs « religieux » est aussi dangereux sinon plus. Or, l'exemple des pays comme le Maroc ou l'Algérie peuvent nous servir d'illustration pour montrer que le meilleur moyen de « contrer » le radicalisme c'est de lui couper l'herbe sous les pieds en offrant un enseignement de l'islam éclairé, dénué de toute forme d'idéologie politique.

Incohérence, Injustice et discriminations persistent : exemple des langues nationales

Au-delà des injustices fondamentales liées aux dualismes écoles-daaras, francophones-arabisants, public-privé, le problème des langues nationales est un révélateur du fossé entre le projet de société national et le système d'éducation censé le servir.

Le rapport mondial sur le développement humain du PNUD, de 2004, confirmait la validité du lien entre monolinguisme d'État et discrimination. Le Sénégal a, dans son mimétisme du système hérité de la colonisation, été piégé par le mythe dévastateur du monolinguisme unificateur comme le Jacobinisme et autres principes issus d'autres histoires et d'autres cultures. « Le choix d'une langue officielle la langue d'instruction dans les écoles, la langue des débats législatifs et de la participation civique, la langue du commerce – dresse des barrières et modèle les avantages dont jouissent les individus dans la vie – qu'elle soit politique, sociale, économique ou culturelle. » (PNUD, 2004, p. 8-9, 61-62). Dans des contextes comme celui du Sénégal, il est clair que toute politique de la langue officielle unique faisant fi de la pluralité linguistique existant dans la nation est inconstitutionnelle, car, elle est une source directe d'exclusion et de discrimination entre les citoyens. En effet, quel développement envisager quand des millions d'individus et des forces de production importantes sont ainsi marginalisés dans leur expression intellectuelle, culturelle, économique… ?

Il est désormais prouvé (Projet ELAN-AFRIQUE de la Francophonie visant à améliorer l'apprentissage des enfants par leur langue nationale, système d'éducation bilingue finlandais) que non seulement l'enseignement dans la langue maternelle permet d'éviter des années de retard dans l'acquisition de la connaissance mais encore, il développe la capacité de réflexion et d'utilisation du sens logique. En revanche, l'apprentissage du savoir et des savoir-faire dans une langue étrangère tend à la sous-utilisation de ses facultés intellectuelles en matière de sciences et techniques, la mémoire se substituant au raisonnement (Diop, 1974, p. 36[200]).

[200] Diop, C.A. 1974. Les fondements économiques et culturels d'un État fédéral d'Afrique noire, Éditions Présence africaine, 1ère édition 1960.

Globalement, le plurilinguisme d'État est le ciment du droit à la non-discrimination et à l'égalité de tous et toutes devant la loi. Le respect des droits linguistiques de la population est indissociable du droit à l'éducation. La Convention des Nations Unies sur les droits de l'enfant (CDE) a été intégrée à la Constitution de janvier 2001. Or, en son article 29 la CDE dispose que les États parties conviennent du fait que l'éducation de l'enfant doit viser à lui inculquer, en plus du respect de ses parents, de son identité, de ses valeurs culturelles, des valeurs nationales du pays dans lequel il vit, le respect de sa langue.

Le multilinguisme dans le système éducatif sénégalais est donc indispensable dans la mise en place d'une école préparant au vivre ensemble dans un État démocratique. Déjà, en 1984, dans ses conclusions, la Commission nationale de réforme de l'éducation et de la formation (CNREF) avait proposé l'adoption des six langues nationales, dites de première génération, comme langues de travail à côté du français, le wolof étant utilisé comme langue véhiculaire au niveau national, chacune des cinq autres langues devant être utilisée, en même temps que le wolof et le français dans leurs zones d'implantation. Les critères retenus étaient d'ordre démographique (nombre de locuteurs, densité de la population dans la zone d'implantation), géographique (localisation, étendue de l'aire d'influence), sociologique (utilisation comme langue seconde par d'autres communautés linguistiques ou comme langue de communication par des communautés linguistiques différentes), etc.

Pour former en quelques années les cadres moyens bilingues, à même de servir dans l'enseignement primaire et dans l'administration. Il faudrait utiliser la méthodologie suivante :

1. Commencer, sans plus attendre, à produire des manuels bilingues, page à page, langue française/langue nationale de la sixième à la terminale. Constituer une équipe de professeurs et

de linguistes, en commençant par la première année du cycle secondaire, la sixième, et par les mathématiques et les sciences, puis en continuant, d'année en année, jusqu'à la terminale.

2. Instaurer des écoles secondaires et techniques bilingues, français/langue nationale : selon le système de toutes les écoles bilingues, qui n'exclut nullement l'enseignement d'autres langues.

Avec cette méthodologie, les résultats suivants pourront être atteints :

- ➢ Au bout de 4 ans (fin premier cycle, BFEM) le Sénégal dispose de diplômés bilingues pour l'enseignement primaire.
- ➢ Au bout de 7 ans (fin second cycle, BAC), le Sénégal dispose de cadres moyens bilingues pour l'administration.
- ➢ À moyen et long termes l'accroissement de la divulgation des savoirs et des savoir-faire se traduit en termes de progrès économique, technique et scientifique pour le Sénégal.

Les difficultés que ce système va rencontrer et leurs solutions sont déclinées ci-dessous :

- ▪ Enseigner aux professeurs et aux élèves à écrire dans les langues nationales.

L'initiation des élèves sortant des actuels CM2, et des professeurs du secondaire, à l'écriture de leur langue en caractères latins, peut se faire en moins de deux mois. Il est plus facile d'apprendre un alphabet qu'une langue étrangère.

- ▪ Le coût élevé des traductions

Les traductions sont un investissement de départ dont le coût peut être élevé toutefois, il faut dans ce calcul prendre en compte le coût des taux de redoublement élevés, de la déperdition scolaire, de la non-maîtrise des sciences et techniques, de la perte des savoirs et savoir-faire endogènes tous induits par le fait que depuis un demi-siècle règne dans le système d'enseignement l'usage hégémonique du français (Yaï, 2008[201]).

La pluralité des systèmes d'éducation fabrique une société de confrontation

Avec d'un côté des écoles de l'Éducation nationale organisées par l'État et de l'autre les écoles non organisées par l'État et des écoles privées qui entrent dans la catégorie des écoles dites formelles, des écoles coraniques, islamiques, des daaras d'éducation partout dans le pays, il y a plusieurs types de Sénégalais qui évoluent dans des environnements éducatifs différents, parfois antagoniques. Ce fait alimente et justifie des discours de revanche, de stigmatisation des uns par les autres, des diplômes propres, des modes de pensée en conflits, des débouchés impossibles à organiser et des masses de frustrés à vie.

Il y a ainsi plusieurs types de Sénégalais qui s'opposent dans les débats sur la démocratie, les droits humains, les droits des femmes, le code de la famille, qui considèrent l'État et ses règles de manière divergente. Les lignes de fracture pour le futur sont déjà établies et sont grandes de menace pour la cohésion nationale.

Produire et intégrer dans les curricula de l'école des contenus sur la base des enseignements des grandes figures religieuses du Sénégal

Pour compléter la refondation du système éducatif autour de nos valeurs et des enseignements de nos grandes figures religieuses, contribuer à la valorisation et le renforcement du modèle sénégalais

[201] Yaï, O. B. J. 2008. Allocution à la Conférence internationale sur le thème « Mondialisation et langues - mettre à profit notre riche patrimoine », UNESCO et Université des Nations Unies, Tokyo, 27-28 août 2008.

du vivre ensemble par l'éducation civique, éthique et sociale des jeunes sénégalais, souvent soumis à certaines influences néfastes, l'on recommande de mettre à la disposition du système scolaire et des jeunes Sénégalais des contenus tirés des enseignements des grandes figures religieuses du Sénégal. Ces manuels et autres supports didactiques et médiatiques pourront couvrir un grand nombre de domaines, tels que : la paix, la tolérance, la diversité, la corruption, la bonne gouvernance, la citoyenneté, etc. L'élaboration de ces contenus se fait avec l'aide des commissions scientifiques des communautés religieuses qui fourniront les éléments de base. Éléments qui seront centralisés et traités par le ministère de l'Éducation nationale pour être ensuite édités sous des formats accessibles (manuels, livres, sites web, films, etc.), avec la coopération des partenaires institutionnels.

Mettre fin à la discrimination envers l'enseignement religieux et à la maltraitance des enfants : un plan spécial pour les daaras

L'enseignement religieux traditionnel a toujours été un vecteur central d'instruction, d'éducation et de socialisation des Sénégalais. Et malgré le rôle historique des daaras dans notre pays, force est de constater qu'elles continuent de faire face à de nombreuses problématiques, telles que l'absence de cadre organisationnel et institutionnel formalisé, de curricula harmonisés et de débouchés, l'inexistence d'appui conséquent de l'État, des conditions socioéconomiques souvent difficiles, l'immixtion dans ce secteur de faux daaras exploitant des jeunes talibés exposés à la mendicité dans les zones urbaines ou même à l'utilisation par des réseaux terroristes, etc. Pour pallier ces fléaux, surtout celui de la mendicité des jeunes talibés, un grand nombre d'initiatives ont été envisagées dans le passé (interdiction par l'État, soutien des ONG, etc.), sans véritable résultat. L'une des causes de ces échecs étant la forte suspicion des acteurs des daaras envers les auteurs de ces initiatives qu'ils perçoivent souvent comme « exogènes » et dont ils contestent la légitimité et la noblesse des intentions envers l'Islam et leurs valeurs.

Sous cet angle, le Daara qui résiste depuis des siècles dans nos terroirs et s'adapte à nos villes doit désormais être reconnu comme un système éducatif à part entière dont la légitimité, la viabilité et la fonctionnalité ont besoin d'être renforcées. Les initiatives de l'État depuis une vingtaine d'années (bac arabe, loi sur les daaras, inspection des daaras, projet daaras modernes, etc.) vont dans cette direction mais une mobilisation plus importante de ses ressources, de celles de la Haute autorité du Waqf (Investissement social musulman), AQF, des zakats des musulmans, des ONG, des parents d'apprenants, des institutions religieuses comme les confréries et les associations islamiques, etc. peuvent permettre de lancer un **plan spécial de 300 milliards de 5 à 7 ans** pour sortir les daaras et les enfants de la précarité (locaux, équipement, nutrition, santé, pédagogie, sort de l'enseignant, santé, etc.) et de l'inorganisation. Cela permettra de combattre rigoureusement les daaras dits « voyous », la mendicité et la maltraitance des enfants.

Pour une éducation vraiment sénégalaise dans un projet de société d'enracinement et d'ouverture

Le principal problème du système d'éducation est qu'il ne s'adosse pas à un projet de société clairement défini et n'est pas articulé à nos systèmes de pensée et de valeurs. Il doit être conçu et défini en rapport avec une société de synthèse à la croisée des traditions africaines endogènes et des influences arabe et française et faire l'objet d'un consensus national.

La vision et le projet de société définis dans le cadre des Assises Nationales, espace le plus large d'élaboration de principes et d'agendas sur la société sénégalaise est le suivant : « Le Sénégal est une République laïque. Le Sénégal est un État souverain, uni dans sa diversité dans une Afrique solidaire, intégrée et ouverte sur le monde. Le Sénégal, État de droit, est un pays où la gouvernance est fondée sur l'éthique, la démocratie participative, la concertation, le respect des institutions et des libertés individuelles et collectives et la défense des intérêts nationaux. Le Sénégal est un pays de justice sociale et d'équité, avec des citoyennes et citoyens égaux en droit, animés d'un haut degré de sens civique, engagés dans un développement durable s'appuyant sur un aménagement harmonieux et équilibré du territoire, et une sécurité nationale crédible ».[202]

Un tel projet de société doit élaborer une offre d'éducation qui permet d'atteindre des performances importantes dans la formation du citoyen, son épanouissement économique, culturel, social. Mais l'offre serait désincarnée si elle ne prenait pas le temps de cerner les diverses demandes d'éducation et de leur trouver une réponse commune garantie par l'État, gardien de la réalisation du projet de société.

En considérant tous ces éléments, nous proposons à l'État du Sénégal et à tous les acteurs de l'Éducation un consensus sur une refonte et une refondation du système d'éducation et de ses contenus à moyen terme (5 à 7 ans).

L'offre d'éducation peut être multiple en répondant aux demandes exprimées mais le profil du citoyen doit être unique. Il faut donc un tronc commun à toutes les offres et la liberté d'ajouter des branches à ce tronc.

C'est un socle commun d'enseignement et d'éducation basé sur les objectifs du projet de société qui est le gage de la cohésion nationale et du développement du Sénégal.

---

[202] Charte de gouvernance démocratique des Assises Nationales, 2009.

Mobilisation des ressources et souveraineté monétaire

Par Ndongo Samba SYLLA

« L'Afrique se fera par la monnaie ou ne se fera pas. »

Joseph Tchundjang Pouemi

La pandémie à coronavirus a mis en évidence l'importance de la souveraineté monétaire. Alors que les pays du Nord ont tout de suite procédé à des politiques monétaires et budgétaires expansives afin d'atténuer les effets récessifs prononcés de ce choc imprévu, les pays du Sud ont pour la plupart eu moins de marge de manœuvre. Devant des recettes fiscales et d'exportation déclinantes, ils se sont retournés vers le Fonds Monétaire International (FMI) pour des prêts d'urgence et sollicité des annulations voire des moratoires sur leur dette souveraine extérieure. Tel a été le cas du Sénégal, un pays qui n'a pas de souveraineté monétaire, du fait de son appartenance à une union monétaire. Le but de cette contribution est d'abord de montrer pourquoi la souveraineté monétaire – ou plus précisément l'atteinte d'un niveau minimal de souveraineté monétaire – est un préalable indispensable à toute politique de mobilisation des ressources domestiques. Ensuite, il s'agira de voir pourquoi l'Union monétaire ouest-africaine (UMOA) n'est pas un cadre approprié pour la mobilisation des ressources domestiques et aussi pourquoi la monnaie unique de la CEDEAO n'est pas une alternative porteuse pour le Sénégal. Partant de là, nous plaidons la nécessité pour le

Sénégal de sortir de l'UMOA et de se doter de sa propre monnaie nationale.

Souveraineté monétaire et mobilisation des ressources

Pour aborder la question de la mobilisation des ressources locales, trois distinctions importantes doivent être faites. Tout d'abord, la différenciation entre mobilisation des *ressources réelles* (terres, main-d'œuvre, matières premières, équipements, capacités techniques et organisationnelles) et mobilisation des *ressources financières* (divers flux de financements) doit être opérée. Quoique les deux aspects soient liés, le premier est beaucoup plus important que le second. Ensuite, il est crucial de séparer les pays émetteurs de monnaie (qui disposent de leur propre monnaie nationale) des pays utilisateurs de monnaie (qui ne disposent pas d'une monnaie qui leur est propre). Enfin, parmi les pays émetteurs de monnaie, des différences significatives existent entre ceux qui ont une monnaie souveraine et ceux dont la souveraineté monétaire est plus limitée.

Comme nous allons le voir, les raisonnements habituels sur la question de la mobilisation des ressources sont déficients car ils se placent du point de vue des pays qui n'ont pas de souveraineté monétaire ou qui ont une souveraineté monétaire limitée. Nous verrons également que la mobilisation des ressources financières est une problématique mineure pour les pays ayant un niveau de souveraineté monétaire important.

La souveraineté monétaire fait référence à l'indépendance financière du gouvernement. Il est heuristique de la concevoir comme un continuum. Selon la théorie monétaire moderne (ou MMT, pour utiliser l'acronyme anglais), les pays ayant atteint un niveau important de souveraineté monétaire remplissent les quatre conditions suivantes. Premièrement, ils disposent de leur monnaie nationale (ou fédérale) émise par leur propre banque centrale. Deuxièmement, ils collectent les impôts et taxes dans leur monnaie nationale. Troisièmement, et c'est la condition la plus importante, ils n'émettent aucune dette en monnaie étrangère (ou sur la base du droit de pays étrangers). Enfin, le taux de change de leur monnaie est flexible. Les États-Unis, le Japon, le Royaume-Uni, le Canada, l'Australie, la Suisse, etc. disposent d'une monnaie souveraine au sens de la MMT[203].

Les gouvernements ayant une monnaie souveraine, au sens défini ci-haut, jouissent d'un certain nombre d'avantages. Le premier est qu'ils déterminent eux-mêmes les taux d'intérêt auxquels ils « empruntent ». Le Trésor et la Banque centrale coopèrent pour obtenir les taux d'intérêt souhaités. Le second avantage est qu'ils ne peuvent jamais être « à court d'argent ». Autrement dit, ils ne peuvent jamais être insolvables dans leur propre monnaie : ils peuvent toujours payer les obligations qu'ils ont émises. En effet, les gouvernements émettant une monnaie souveraine n'ont pas de contrainte financière *intrinsèque*. L'adjectif « intrinsèque » permet de préciser que les gouvernements de ce type ont la *possibilité* de financer tout ce qui peut s'acheter dans leur propre monnaie sachant toutefois qu'ils peuvent, pour des raisons diverses, limiter cette possibilité. S'ils n'ont pas de limite *financière intrinsèque*, ces gouvernements sont cependant confrontés à une limite *réelle* : l'inflation. S'ils créent plus de monnaie que ne le justifie l'état de leurs ressources réelles (disponibilité de terres, de main-d'œuvre, de matières premières, de capacités techniques et

[203] Wray, L.R. 2006, *Understanding Modern Money: The Key to Full Employment and Price Stability*, Edward Elgar; Mitchell, W., L.R. Wray et M. Watts. 2019, *Macroeconomics*, Red Globe Press; Sylla, N.S. 2020a, « La théorie monétaire moderne et la périphérie », 26 février, https://mmt-france.org/2020/03/12/latheorie-moderne-moderne-et-la-peripherie/ ; pour une perspective similaire, voir Pistor, K. 2017, « From territorial to monetary sovereignty », *Theoretical Inquiries in Law*, vol. 18, n° 2, p. 491-517.

organisationnelles, d'équipements), ils vont générer de l'inflation (hausse générale des prix). En d'autres termes, les gouvernements qui ont une monnaie souveraine n'ont pas de contrainte de financement mais une contrainte de ressources réelles. Leur capacité à créer de la monnaie est limitée par leurs ressources réelles. Elle n'est pas contrainte par la disponibilité d'une épargne quelconque ou par le montant de leurs recettes fiscales. Il faut souligner que les impôts et taxes ne financent pas la dépense publique d'un souverain monétaire. Ils ont d'autres fonctions comme celle de lutter contre l'inflation, les inégalités de revenus, de créer des incitations économiques, etc. À la différence des pays dont la souveraineté monétaire est limitée, les pays dotés d'une monnaie souveraine dépensent d'abord avant de percevoir les impôts et taxes.

Étant donné qu'ils n'ont pas de contrainte financière intrinsèque, les gouvernements émettant une monnaie souveraine peuvent en principe aspirer à une politique de plein-emploi[204]. Ils peuvent, s'ils le souhaitent, garantir un emploi payé au salaire minimum à tous ceux qui sont prêts à travailler pour ce niveau de rémunération.

Les conditions posées par la MMT pour définir la souveraineté monétaire permettent de bien voir que l'émission d'une monnaie nationale confère seulement une souveraineté monétaire formelle. De manière générale, les pays qui ont leur propre monnaie nationale compromettent leur souveraineté monétaire quand ils peinent à collecter les taxes et impôts dans leur propre monnaie (comme dans les pays où la dollarisation est avancée), quand ils émettent des titres de dette en monnaie étrangère (et/ou sur la base du droit d'un pays étranger) et quand ils fixent la valeur de leur monnaie sur celle de la monnaie d'un pays tiers.

---

[204] Tcherneva, P. 2020, *The case for a job guarantee*, Cambridge, Polity Press.

Les pays qui n'ont pas du tout de souveraineté monétaire sont de deux types. Il y a d'un côté ceux qui ont renoncé à leur monnaie nationale pour la monnaie d'un pays tiers. C'est le cas des pays dollarisés comme l'Équateur. Il y a, de l'autre, ceux qui évoluent dans une union monétaire. C'est le cas des pays membres de la zone euro (à l'exception de l'Allemagne) et des pays membres de l'UMOA.

Les gouvernements des pays qui n'ont pas de souveraineté monétaire, comme ceux de l'UMOA, ont sur le plan financier le statut de collectivité locale ou de colonie[205]. C'est-à-dire :

- Ils utilisent une monnaie étrangère qu'ils ne contrôlent pas (aucun des pays de l'UMOA ne contrôle la politique monétaire de la Banque Centrale des États de l'Afrique de l'Ouest [BCEAO]).

- Ils ne déterminent pas eux-mêmes les taux d'intérêt qui s'appliquent sur les obligations qu'ils ont émises en monnaie locale (en francs CFA).

- Leurs dépenses publiques sont dépendantes du montant des impôts et taxes collectés.

L'UMOA est un handicap pour la mobilisation des ressources

L'UMOA rassemble de nos jours les huit pays d'Afrique de l'Ouest qui utilisent le franc CFA, la dernière monnaie coloniale en circulation sur le continent. Créé en 1945, le franc CFA a été conçu dans l'optique de faciliter les investissements français (et étrangers de manière générale) ainsi que les transferts de profits et de dividendes dans un environnement de « stabilité monétaire », c'est-à-dire caractérisé par un taux de change fixe avec la monnaie

[205] Godley, W. 1992, "Maastricht and all that", https://www.lrb.co.uk/the-paper/v14/n19/wynne-godley/maastricht-and-all-that

française et une faible inflation. Son rôle a aussi été de maintenir les pays africains qui l'utilisent sous la dépendance politique et économique de l'ex-métropole. 75 ans plus tard, le système CFA obéit toujours à la logique d'extraversion qui a présidé à sa naissance[206]. Si l'UMOA est un obstacle de taille à toute politique de mobilisation de ressources, cela résulte non seulement du caractère colonial du système monétaire mais aussi de l'inadaptation du cadre macroéconomique qui le régit.

L'UMOA est une zone sous-financée. Pareille situation ne saurait surprendre, car le maintien de la parité fixe entre le franc CFA et l'euro ne peut être assuré durablement qu'à travers une politique de crédit restrictive. Dans cette zone, le volume de refinancement auquel les banques commerciales peuvent accéder dépend du niveau des réserves de change. L'augmentation des crédits bancaires aux entreprises, aux ménages et aux gouvernements – ce que le refinancement auprès de la BCEAO peut faciliter – doit se traduire en partie par une baisse des réserves de change sous la forme d'importations. Or, plus le montant des réserves de change baisse, plus la BCEAO va avoir du mal à défendre la parité fixe. Sous-financement de l'économie réelle et surliquidité bancaire vont ainsi de pair dans la zone UMOA[207].

Ce choix de la parité fixe, en relation avec les règles de gestion de la zone franc, entrave le potentiel de croissance du marché régional des titres de dette en franc CFA[208]. Pour dynamiser le marché secondaire de titres de dette souveraine et renforcer sa liquidité, la BCEAO doit augmenter la taille de son bilan : elle doit

---

206 Pigeaud, F. et N.S. Sylla. 2018. *L'arme invisible de la Françafrique : Une histoire du franc CFA*. Paris : La Découverte.

207 Doumbia, S. 2011. « Surliquidité bancaire et sous-financement de l'économie : Une analyse du paradoxe de l'UEMOA ». *Revue Tiers Monde* 205, pp. 151–70.

208 Laskaridis, C. et J. Toporowski. 2016, 'Financial Sector Development in the Context of the Franc Zone', Working Paper series, n°158, FESSUD.

se montrer plus active dans le refinancement du système bancaire et dans l'achat de titres en monnaie franc CFA. Mais elle est contrainte dans ce rôle de *market maker* en dernier ressort par la nécessité de défendre la parité fixe et donc ses disponibilités en devises étrangères. C'est d'ailleurs ce qui justifie le plafonnement du refinancement des titres publics auprès de la BCEAO.

La seule manière de maintenir la parité fixe et en même temps de faciliter un tant soit peu le financement des économies est d'encourager les flux financiers extérieurs : aide publique au développement, investissements directs étrangers et dette extérieure. Autrement dit, la condition principale pour que l'UMOA fonctionne durablement est le maintien/renforcement de la dépendance financière vis-à-vis de l'extérieur.

Compte tenu des reflux de profits, de dividendes et de flux financiers illicites associés aux investissements directs étrangers, du caractère souvent « lié » de l'aide au développement et de leur manque de compétitivité à l'exportation – phénomène qui n'est pas sans lien avec la surévaluation chronique du franc CFA), les pays de l'UMOA sont structurellement dépendants de l'endettement en monnaie étrangère pour leur développement et, notamment, pour le financement du déficit de leurs balances courantes. Mais, comme la plupart des pays de l'Union ont été incapables de dégager des surplus commerciaux réguliers, leur stratégie d'endettement international ressemble à une chaîne de Ponzi[209]. Les périodes de croissance économique (comme dans les années 1970 et dans les années 2010) tendent à coïncider avec des phases d'endettement croissant tandis que les périodes de contraction économique (comme dans les années 1980 et 1990), hors conflits politiques,

[209] Sylla, N. S. 2020b, « Dette du Sénégal : Ndongo S. Sylla parle de 'chaîne de Ponzi' », *Le Quotidien*, 21 avril.

surviennent dans les phases de désendettement/de plans d'ajustement structurel.

Un tel « modèle » financier fait donc se succéder les périodes de contraction et les périodes de croissance. Il justifie pour partie la stagnation économique sur le long terme de la plupart des pays de l'UMOA. Un pays comme la Côte d'Ivoire n'a toujours pas rattrapé son meilleur niveau de PIB réel par habitant obtenu à la fin des années 1970. Le Sénégal n'a pu rattraper son meilleur niveau de PIB réel par habitant obtenu au début des années 1960 qu'à partir de 2015 !

Dans la foulée de la dévaluation du franc CFA en 1994, le cadre macroéconomique de l'UMOA s'est calé sur celui de la zone euro. L'Union économique et monétaire ouest-africaine (UEMOA) a été mise en place à cette époque, à côté de l'UMOA, afin de favoriser la « convergence » économique nominale entre ses membres. Depuis lors, l'accent a davantage été placé sur la lutte contre l'inflation au détriment de la mobilisation des ressources domestiques, de la transformation structurelle et de la création d'emplois décents. La meilleure preuve de cette assertion est fournie par l'obsession contre les déficits publics. Les gouvernements de la zone croient être de bons gestionnaires en enregistrant des déficits publics inférieurs à 3 % du PIB. C'est tout le contraire. Tout comme les autorités monétaires de l'UMOA, ils ont une compréhension erronée de la signification du déficit public[210], un concept inadéquat auquel il faudrait plutôt préférer celui de « dépense nette du gouvernement » ou celui de « surplus financier net en provenance du gouvernement ».

[210] Tcherneva, P. 2020, « La souveraineté monétaire est étroitement liée à la souveraineté politique », 3 février, https://lvsl.fr/pavlina-tcherneva-la-souverainete-monetaire-est-etroitement-liee-a-la-souverainete-politique/

Dans les économies modernes, qui sont des économies monétaires, la dépense d'un secteur est un revenu pour un autre secteur. Le déficit d'un secteur est le surplus d'un autre. Quand le gouvernement dépense plus qu'il n'a reçu d'impôts et de taxes, il enregistre un « déficit » fiscal. Par définition, ce « déficit » est le surplus du secteur non gouvernemental. En effet :

- Déficit public + Surplus du secteur non gouvernemental = 0

Cette formule permet de comprendre deux choses. Tout d'abord, un surplus financier du gouvernement correspond exactement à un déficit financier du même ordre de grandeur pour le secteur non gouvernemental. Ensuite, un gouvernement qui limite sa dépense à ses recettes est un gouvernement dont la contribution à l'accumulation de richesse financière est nulle.

Il est possible de détailler davantage cette formule en distinguant deux entités au sein du secteur non gouvernemental — le secteur privé (ménages et entreprises) et le secteur extérieur (appréhendé à travers la balance courante). En réarrangeant la formule, on obtient :

- Solde financier du secteur privé = Dépense nette du gouvernement + solde balance courante

Cette seconde formule permet de constater que le « déficit public » (ou plutôt la dépense nette du gouvernement) augmente l'épargne financière nette du secteur privé. Ainsi, quand les gouvernements des pays membres de l'UMOA choisissent de plafonner le « déficit public » à 3 % du PIB, ils choisissent, ce faisant, de limiter à 3 % du PIB leur contribution à l'accumulation de richesse financière des ménages et des entreprises ! Les ménages et les entreprises doivent se tourner vers l'extérieur pour espérer accumuler une épargne financière nette. Or, l'une des principales caractéristiques de l'UMOA est que ses pays membres, à l'exception de la Côte d'Ivoire, ont une balance courante chroniquement déficitaire. Comme le déficit des balances courantes est ordinairement supérieur à la dépense nette des différents gouvernements de la zone, cela implique des déficits financiers permanents du secteur privé. Cette situation n'est ni désirable ni soutenable. Elle équivaut à une dégradation de la situation financière des ménages et des entreprises, qui doit culminer sur un endettement privé croissant et ultimement sur des défauts de paiement (donc des faillites d'entreprises). Le Sénégal, par exemple, a accusé d'importants déficits du secteur privé dans la période récente : 523 milliards FCFA en 2017, 678 milliards FCFA en 2018 et 769 milliards FCFA en 2019 (voir tableau ci-dessous), selon les données du FMI.

Tableau : Équilibres sectoriels au Sénégal (2017-2019)

	2017	**2018**	**2019**
À = Dépense nette du gouvernement (% PIB)	3	3.6	3.7
B = Balance courante (% PIB)	-7.3	-8.8	-9.2
A+ B = Épargne privée nette (% PIB)	-4.3	-5.2	-5.5
A+ B = Épargne privée nette (en milliards FCFA)	**-523**	**-678**	**-769**

Source : calculs de l'auteur basés sur les données du FMI[211]

Afin de prévenir d'éventuelles équivoques, l'argument ici n'est pas de dire que les gouvernements doivent faire du déficit comme ils le souhaitent. Le but a été plutôt de pointer les implications de l'obsession vis-à-vis des déficits publics dans la zone UMOA, à savoir une contribution marginale des gouvernements à l'accumulation de richesse financière du secteur privé. Idéalement,

211 FMI. 2020, "Senegal. Request for a three-year policy coordination instrument", Country report n°20/11 :https://www.imf.org/en/Publications/CR/Issues/2020/01/18/Senegal-Request-for-a-Three-Year-Policy-Coordination-Instrument-Press-Release-Staff-Report-48958, p. 4.

le déficit public devrait être financé en monnaie nationale et être dirigé en particulier vers le secteur privé national dans l'optique de booster les capacités productives domestiques. Mais cette option est inenvisageable pour une zone monétaire qui doit défendre une parité fixe et qui est, de surcroît, sous la tutelle d'un pays étranger.

La monnaie unique CEDEAO : une alternative problématique

Face aux problèmes divers que pose le franc CFA, de nombreux observateurs pensent que la monnaie unique de la CEDEAO pourrait être une voie de sortie par le haut. Cette opinion tenue pour évidente dans les cercles panafricanistes ne va pourtant pas de soi. La monnaie unique de la CEDEAO, telle qu'elle a été conçue jusqu'ici, ne serait qu'une alternative symbolique au franc CFA. Elle ne permettrait pas une meilleure mobilisation des ressources domestiques puisqu'étant basée sur la même logique monétariste que le franc CFA — avec la priorité accordée à la lutte contre l'inflation sur fond de scission entre la politique monétaire et la politique budgétaire. D'ailleurs, le copier-coller mimétique des « critères de convergence » importés de la zone euro (des critères/conditions préalables que l'Allemagne a mis en place pour se dispenser de toute solidarité vis-à-vis de ses voisins européens[212] !) est l'une des raisons pour lesquelles elle tarde à voir le jour.

Pour comprendre pourquoi la monnaie unique CEDEAO est une alternative problématique, il est utile de distinguer deux types de critiques pouvant être faites au franc CFA. La première est qu'elle est une monnaie contrôlée par la France et servant des intérêts extravertis. Bien qu'importante, cette critique politico-symbolique n'est pas suffisante et ne permet pas de fonder une alternative sur le plan monétaire. La seconde critique est de nature économique.

---

[212] Mody, A. 2018, *EuroTragedy: A Drama in Nine Acts*, Oxford University Press, USA.

Elle part de l'idée que l'UMOA n'a aucune raison d'être sur le plan économique. Un constat relativement unanime au sein de la littérature empirique est que l'UMOA n'est pas une « zone monétaire optimale »[213]. Cela veut dire d'une part que les avantages pour ses membres à partager la même monnaie sont inférieurs à ses inconvénients et d'autre part que la longévité de cette union monétaire dérive plus de considérations politiques qu'autre chose.

Si, sur le plan économique, les pays de l'UMOA pris individuellement n'ont pas intérêt à évoluer au sein de la même union monétaire, ils auraient encore moins intérêt à s'unifier sur le plan monétaire dans le cadre de la CEDEAO, espace où les asymétries sont encore plus marquées. Une monnaie unique CEDEAO ne peut être, par la force des choses, qu'un naira bis. En termes comparatifs, le Nigéria, dans la région ouest-africaine, a le même poids économique que celui combiné de l'Allemagne, de la France et de l'Italie dans la zone euro. Compte tenu également du fait que le Nigéria est un pays pétrolier alors que la plupart des pays de la CEDEAO sont importateurs nets de l'or noir, il s'ensuit que la même politique monétaire ne peut être optimale pour tous les pays en même temps. En l'absence de fédéralisme budgétaire, une éventuelle zone monétaire CEDEAO serait nécessairement bancale, tout comme la zone euro qui lui sert d'inspiration.

Il ne faudrait jamais oublier que la monnaie est la créature et l'instrument d'un État. Si les pays d'Afrique de la CEDEAO veulent se doter d'une monnaie unique régionale, ils doivent se préparer au plus vite pour la mise en place d'une fédération politique ouest-africaine avec comme institutions : un budget fédéral, un titre de dette fédéral, une garantie fédérale des dépôts bancaires, une solidarité budgétaire entre les États membres, un

---

213 Laskaridis, C. et J. Toporowski. 2016, 'Financial Sector Development in the Context of the Franc Zone", p. 11.

parlement fédéral et démocratique, etc. Ce n'est pas faire preuve de pessimisme que de penser qu'un gouvernement fédéral d'Afrique de l'ouest n'est pas à l'ordre du jour et ne le sera pas pour un certain temps. Les différents États ne sont pas prêts à céder ce qui tient lieu de souveraineté pour eux. L'alignement des pays de l'UMOA sur l'agenda de la France d'élargir la zone franc ne facilite pas les choses tout comme l'impréparation du Nigéria. En l'absence de l'acceptation par les pays de la CEDEAO du leadership du Nigéria et en l'absence de garanties démocratiques de la part du géant africain, le projet de monnaie unique CEDEAO continuera à faire du surplace. Dans ce contexte, le non-respect des critères de convergence pourra utilement servir de prétexte à de nouveaux reports du lancement de la monnaie unique régionale.

Sans le préalable du gouvernement fédéral (ou au moins de formes avancées de solidarité budgétaire), une éventuelle monnaie unique CEDEAO poserait des problèmes similaires à ceux du franc CFA. Une monnaie unique qui n'est pas adossée formellement à la puissance d'un État fédéral matérialise le divorce de la politique monétaire (au niveau communautaire) d'avec la politique budgétaire (au niveau national). Passer du franc CFA à une éventuelle monnaie unique CEDEAO reviendrait à remplacer une monnaie unique coloniale par une monnaie unique sans souverain. Or, dans les deux cas, nous n'avons pas affaire à une monnaie (tendanciellement) souveraine. Ce qui devrait être l'objectif de tout projet d'intégration monétaire.

Conclusions pour le Sénégal

Si le Sénégal souhaite mettre en œuvre de réelles politiques de développement – et donc de mobilisation des ressources domestiques – qui permettent la transformation structurelle de son économie et la création d'emplois décents, une sortie de l'UMOA s'avère nécessaire et urgente. Car l'UMOA n'est pas un cadre qui permet la mobilisation des ressources réelles et financières de ses pays membres. En temps normal, ses membres sont dépendants pour leur dépense de la collecte fiscale et de la générosité de l'extérieur, deux symptômes d'une souveraineté monétaire limitée. En temps de crise économique (comme actuellement), les recettes fiscales se réduisent alors que le niveau de dépense publique doit être maintenu voire augmenté. Les gouvernements vont être très dépendants de la générosité/des conditionnalités de l'extérieur.

Pour autant, la monnaie unique CEDEAO n'est pas l'alternative qu'il faut au Sénégal. Outre qu'elle ne verra probablement pas le jour de sitôt, une éventuelle monnaie unique régionale ne lui donnerait pas davantage de marge de manœuvre pour conduire des politiques économiques au niveau national. Dans de telles conditions, le Sénégal serait avisé de se doter d'une monnaie nationale dans les meilleurs délais.

Une monnaie nationale est un préalable indispensable à toute politique de mobilisation des ressources domestiques. Il est tout à fait contreproductif de vouloir séparer un État d'un de ses instruments de gouvernement : la monnaie. C'est pourquoi le principe « un État, une monnaie » est la norme presque partout à travers le monde. À l'heure actuelle, la zone euro, une construction très atypique[214], est la seule union monétaire entre des pays souverains à avoir été créée dans la période postcoloniale. On ne connaît pas non plus de pays anciennement colonisé qui ait réussi à diversifier son économie et à s'industrialiser dans le cadre d'une union monétaire.

Une monnaie nationale permettrait au Sénégal d'avoir une politique monétaire et de change plus en phase avec les exigences

---

[214] Goodhart C.A.E. 1998, "The two concepts of money: implications for the analysis of optimal currency areas", *European Journal of Political Economy*, vol. 14, 407–432.

de son développement économique. Il pourrait se doter d'une vraie banque centrale qui œuvrerait à faciliter le financement de son économie ainsi qu'à promouvoir sa transformation structurelle et la création d'emplois décents. Sans sa propre monnaie, le Sénégal ne pourra pas espérer mener des politiques de développement actives. La politique monétaire sera déconnectée des besoins et priorités de son économie tout en continuant à corseter la politique budgétaire. Sans sa propre monnaie, le gouvernement sénégalais ne pourra pas espérer contrôler la création de crédits et leur orientation. Or, ce contrôle du système de crédit est absolument indispensable à toute ambition de progrès économique[215]. Est-il normal que l'agriculture, secteur qui emploie la majorité de la population active, ne reçoive que 2 % du total des crédits bancaires au Sénégal[216] ? Peut-on envisager un développement du secteur privé sénégalais dans un environnement où 44 % des crédits bancaires ont une maturité inférieure à un mois et 77 % ont une maturité inférieure à un an[217] ? À l'heure où les monnaies digitales émises par les banques centrales font l'objet d'expérimentations çà et là, l'option d'une monnaie nationale permettrait au Sénégal de définir souverainement la manière dont il souhaite profiter des retombées des innovations numériques dans les domaines monétaire, bancaire et financier. La pandémie a par exemple souligné l'importance de l'inclusion financière des populations, un atout qui facilite le déploiement de la politique monétaire et de la politique fiscale. Par ailleurs, le rôle des banques centrales est en train d'être redéfini et élargi avec la problématique du financement de la transition écologique. Voilà autant de développements et de mutations dans

---

[215] Pouemi, J. T. 1980. [2000], *Monnaie, servitude et liberté : La répression monétaire de l'Afrique*. Paris : Menaibuc ; Sylla, N.S. (à venir). "Fighting Monetary Colonialism: Samir Amin's contribution", *Review of African Political Economy.*
[216] BCEAO. 2020b. *Rapport annuel 2019*, BCEAO, juin, p.A57.
[217] BCEAO. 2020a. *Rapport sur les conditions d'activité de Banque dans l'UEMOA 2019*, BCEAO, mars, p.30.

la mission des banques centrales qui demeurent inenvisageables dans le cadre d'une zone monétaire coloniale pilotée par un institut d'émission qui n'a pas encore émergé de l'idéologie monétaire du 19e siècle, celle de l'étalon-or.

Les récentes découvertes de pétrole et de gaz au large du Sénégal peuvent être un coup de pouce important dans cette dynamique vers une monnaie nationale. Les recettes d'exportation que ces ressources vont générer, si elles sont bien gérées, permettront d'augmenter les capacités productives du pays et de renforcer la confiance en la monnaie nationale. Par contre, si le Sénégal reste dans l'UMOA, il faudra s'attendre à observer les mêmes impacts que le couple hydrocarbures/CFA a engendrés dans les pays pétroliers d'Afrique centrale membres de la zone franc : instabilité économique, domination de l'économie pétrolière et désindustrialisation. L'arrivée du pétrole et du gaz change donc la donne pour le Sénégal. Pour une gestion optimale de ces ressources, et donc qui ne soit pas préjudiciable aux autres secteurs de l'économie, le Sénégal a besoin d'avoir une politique de change relativement autonome. Ce qui est impossible dans le cadre de l'UMOA. Si le Sénégal, par pusillanimité ou manque d'ambition, fait l'erreur de (i) maintenir le franc CFA (ii) dans le contexte de l'ère du pétrole et du gaz (iii) tout en libéralisant davantage son commerce extérieur (notamment dans le cadre des accords de libre-échange entre pays africains et avec les pays du Nord), alors il faudra craindre le pire pour son avenir économique. Le triptyque franc CFA-hydrocarbures-libéralisation commerciale est un cocktail économiquement mortifère.

Il est utile de préciser qu'une monnaie nationale pour le Sénégal ne serait nullement un frein à l'intégration économique en Afrique de l'Ouest. Car il est tout à fait possible d'obtenir les avantages attendus d'une monnaie unique – baisse des coûts de transaction, facilitation des échanges commerciaux, solidarité dans la gestion des réserves de change, etc. – avec des instruments alternatifs. Par exemple, si l'objectif est de promouvoir le commerce intra-africain, des échanges de lignes de crédit entre les banques centrales peuvent être envisagés tout comme la mise en place d'un système de paiements commun voire d'une unité de compte commune. Pour réduire la volatilité des taux de change et favoriser une solidarité dans la gestion des réserves de change, un Fonds monétaire à l'échelle régionale ou continentale pourrait faire l'affaire. Et, bien entendu, une monnaie nationale n'est pas un obstacle à l'adoption de politiques communes à l'échelle régionale en matière par exemple d'infrastructures, de souveraineté alimentaire, de souveraineté énergétique, etc.[218]

Une monnaie nationale, quoique nécessaire, ne sera pas suffisante en revanche. La monnaie permet à son émetteur souverain de déplacer et de transformer les ressources domestiques. Pour qu'elle puisse pleinement jouer son rôle, il faut que le gouvernement sénégalais sorte de l'économie d'extraversion. Ce qui veut dire partir autant qu'il est possible des ressources réelles du pays, privilégier au maximum le financement en monnaie nationale, limiter autant que faire se peut l'endettement souverain en monnaie étrangère et refuser les politiques prétendument libre-échangistes qui contraignent le développement de ses ressources nationales.

Le choix est ainsi relativement clair pour le Sénégal : soit nous continuons à fonctionner comme une colonie dans le cadre de l'UMOA, sans aucune indépendance financière et dans l'illusion que les choses pourront spontanément changer pour le meilleur un jour ; soit nous décidons résolument de conquérir cette souveraineté

---

[218] Sylla, N.S. (à venir). "Moving forward to African Monetary Integration: lessons from the CFA franc", *Africa Development*.

monétaire sans laquelle toute promesse de développement demeurera vaine.

COVID-19 : FINANCER L'INFRASTRUCTURE QUALITÉ RÉGIONALE, UNE OPPORTUNITÉ D'« INVESTIR DANS NOTRE SOUVERAINETÉ »

Par Doudou NDIAYE

La pandémie de la Covid-19 qui mobilise les énergies de l'humanité entière depuis quelques mois a révélé à la face du monde certaines insuffisances dans la prise en charge des besoins des populations même dans les pays les plus développés : La France n'était pas capable en mars 2020, trois mois après le déclenchement de la maladie à Wuhan (Chine), d'assurer la fourniture suffisante de son marché en masques[219], une « pénurie absolument navrante et incompréhensible[220] » selon le Pr Christian Perronne, chef du service d'infectiologie à l'hôpital universitaire de Garches (Hauts-de-Seine en région Île-de-France).

Le réveil a été plus brutal sur le continent. Tant que les échanges internationaux fonctionnaient, l'illusion était encore possible. Mais quand le 2 février d'abord, beaucoup d'États ont pris des mesures d'interdiction d'accès à leurs territoires aux personnes en provenance de Chine, puis à partir du 13 mars 2020, l'OMS indique que l'Europe est désormais l'épicentre de la pandémie[221] et que les pays du vieux continent ont commencé à fermer leurs frontières, le choc fut dur pour nos pays. Soixante ans après les indépendances

[219] https://www.franceinter.fr/societe/penurie-de-masques-les-raisons-d-un-scandale-d-etat
[220] https://www.parismatch.com/Actu/Sante/A-propos-de-la-chloroquine-et-de-l-inimaginable-penurie-des-masques-en-France-1680312
[221] https://www.lemonde.fr/planete/article/2020/03/14/pour-l-oms-l-europe-est-devenue-l-epicentre-de-la-pandemie-de-covid-19_6033078_3244.html

de la plupart des États d'Afrique de l'Ouest, l'Union africaine nous révèle que la région ne compte qu'un seul laboratoire de référence en matière de détection du SARS-Cov-2, le virus responsable de la Covid-19 : l'Institut Pasteur de Dakar (Sénégal). Une structure qui, bien que sous la tutelle technique du ministère de la Santé reste soumise au contrôle de la structure-mère, l'Institut Pasteur-France, qui dirige le Réseau des Instituts Pasteur dans le monde. Une révélation inquiétante en ces temps où chacun mesure et compte sur ses forces. Une situation qui a contraint beaucoup de pays plusieurs semaines après que la maladie ait touché la région, à devoir trouver les moyens nécessaires pour équiper certains de leurs laboratoires afin qu'ils puissent réaliser les tests de dépistage indispensables pour la détection et le suivi des cas infectés ou suspects. En effet sans les tests, point de plan de riposte : ils permettent de détecter de nouveau cas et dresser une cartographie de l'étendue de la maladie. C'est conscient de cela, que l'Union africaine et les Centres africains de contrôle des maladies ont lancé un Partenariat pour l'accélération des tests de la Covid-19 (PACT en anglais), une initiative qui se concentre sur le suivi, le dépistage et la traçabilité. L'initiative vise à mettre en place environ un million de tests en quatre semaines sur l'ensemble du continent. En effet, si en avril 2020, l'Afrique du Sud disposait de 1 500 respirateurs artificiels mécaniques, auxquels les médecins ont recours pour les patients atteints des formes les plus aiguës de la maladie, il y avait 10 pays au moins qui n'en avaient aucun. Malheureusement, les kits de dépistage n'étant pas fabriqués sur place, il faudrait les acquérir à partir de l'étranger. Si on y ajoute les difficultés de satisfaire le besoin de disposer de laboratoires capables d'analyser les échantillons pour des pays pauvres avec des systèmes de santé des plus faibles, on mesure l'ampleur de la tâche. En Afrique de l'Ouest, les expériences en gestion des épidémies durant les épidémies à virus Ébola, mais surtout, la prise en compte et le renforcement de l'Infrastructure régionale de la Qualité (IRQ) développée par la CEDEAO avec l'appui des partenaires stratégiques tel que l'Union européenne et l'Organisation des Nations Unies pour le Développement Industriel (ONUDI), auraient pourtant dû aider.

Une infrastructure de la qualité (ne pas comprendre Infrastructure de qualité) désigne les institutions chargées de la métrologie, de la normalisation, de l'accréditation, de l'évaluation de la conformité et de la surveillance du marché, ainsi que les politiques, les services et les cadres juridiques et réglementaires y rattachés. Pour être solide, elle doit reposer sur les éléments suivants :

- La métrologie : la science des mesures, visant à s'assurer que les instruments de mesure (poids, volume, température) utilisés dans le circuit économique et dans le domaine de la sécurité publique soient conformes à la réglementation. Elle pourrait donc permettre de contrôler les thermo flashs et répondre à des questions simples : Quel type de thermo flash est efficace ? Comment vérifier la fiabilité d'un thermo flash ? Affiche-t-il la bonne température ?

- La normalisation : c'est la mise en place par les professionnels et les utilisateurs d'un cadre de référence consensuel visant à fournir des lignes directrices, des prescriptions techniques ou qualitatives pour des produits, services ou pratiques au service de l'intérêt général. La norme qui en découle, outil de base de la maîtrise de la qualité, est d'application volontaire.[222] Sauf quand l'autorité administrative, comme dans le cas de la fabrication de masque barrière, l'autorité décide de son application obligatoire à travers une mesure réglementaire.

[222]https://tii.unido.org/sites/default/files/publications/QI_SDG_PUBLICATION_Dec2019.pdf?_ga=2.12441012.1272936937.1592173809-1358515424.1591229674

- L'évaluation de la conformité : elle sert à démontrer qu'un produit, un service, ou un système répond aux exigences d'une norme ou aux bonnes pratiques acceptées qui assurent que les dispositions en matière de santé, de sécurité et d'environnement sont respectées.

- L'accréditation : elle sert à attester de la compétence des laboratoires, des organismes d'inspection et de certification à effectuer des activités spécifiques d'évaluation de la conformité. Dans le cadre de la COVID619COVID 19, la tendance forte était de ne confier les tests de dépistage qu'aux laboratoires accrédités, pour garantir la fiabilité des résultats.

Figure : Les différents types d'OEC et les normes internationales correspondantes

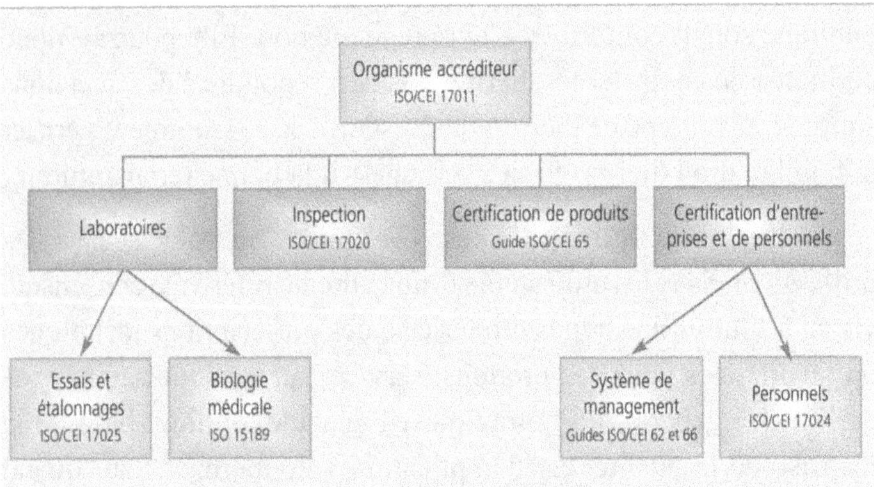

Source : Organisation des Nations Unies pour le développement industriel. *2005. Le système ouest-africain d'accréditation, clef d'accès aux marchés mondiaux,* ONUDI.

- La surveillance des marchés : Cela consiste à vérifier si les produits et services disponibles sur le marché sont conformes à la réglementation en vigueur. La responsabilité incombe généralement aux autorités publiques. C'est dans ce cadre que par voie de réquisition, les forces de défense et de sécurité peuvent mobiliser une institution de l'Infrastructure qualité telle que la métrologie, pour constater des fraudes sur des compteurs.

Ce dispositif existe dans la région CEDEAO et elle est opérationnelle. Malheureusement, elle n'est pas suffisamment soutenue et vulgarisée.

Au niveau de la CEDEAO ce dispositif existe et est encadré par une série de textes juridiques, notamment la Politique Qualité de la CEDEAO (ECOQUAL) adoptée par l'Acte additionnel ASA.1 / 02/13 des Chefs d'État et de Gouvernement et le Règlement du Conseil des Ministres C / REG / 19/12/13 portant adoption du schéma de l'IRQ de la CEDEAO, tous deux adoptés en 2013.

Les structures qualité mises en place sont désormais opérationnelles dans la plupart des domaines techniques concernés (normalisation, métrologie, évaluation de la conformité, et accréditation).

Source : Agence CEDEAO de la Qualité, 2019

À ce jour, tous les États ont élaboré et validé leurs Politiques Nationales de la Qualité assorties de plans et matrices d'actions. 9 d'entre elles les ont adoptées au niveau institutionnel.

Une soixantaine de normes régionales ont été élaborées et validées dans le cadre du Modèle d'Harmonisation des Normes de la CEDEAO (ECOSHAM). Un Système régional d'Accréditation de la CEDEAO a été mis en place et fonctionne en se reposant sur trois piliers : l'organisme nigérian d'accréditation (NiNAS), l'organisme d'accréditation regroupant les huit (8) pays de l'UEMOA et la Guinée, appelé Système ouest-africain d'accréditation (SOAC) et l'organisme ghanéen d'accréditation GhaNAS. Les autres États ne disposant pas encore d'un organisme d'accréditation (Cap-Vert, Gambie, Libéria, Sierra Leone) sont invités à se référer à l'un des trois organismes pour couvrir leurs besoins d'accréditation.

Les résultats sont encourageants. En 2005, les pays de l'UEMOA disposaient d'une infrastructure qualité évaluée à 150 laboratoires, principalement des organismes publics. Un seul était accrédité[223]. Aujourd'hui, le GhaNAS est en cours de lancement, le NiNAS a déjà accrédité 24 laboratoires et le SOAC 18, soit un total de 42, dont 3 en biologie médicale et ce de 2018 à nos jours ». Pour donner une idée de la portée de ces accréditations, on pourrait évoquer le fait que dans le cas où un État d'émigration exige de nos compatriotes une attestation de vaccin contre le COVID-9, il ne pourrait pas rejeter le certificat d'un laboratoire national accrédité par le SOAC ou par le NiNAS.

S'y ajoute la mise en place d'une plateforme d'échanges relative à la réparation et à la maintenance des équipements de laboratoire ; plus de 500 techniciens et personnes ressources du SRA, de laboratoires, d'organismes d'inspection et d'organismes de certification formées dans divers domaines de l'accréditation, de l'évaluation de la conformité et de la qualité ; la formation d'expertises nationales dans le domaine de la sécurité sanitaire des aliments avec 105 experts qualifiés, dans le domaine du management de la qualité et du management de l'environnement

---

[223] ONUDI. 2005. *Le système ouest-africain d'accréditation Clef d'accès aux marchés mondiaux,* ONUDI.

avec respectivement 360 et 280 personnes formées. La formation des journalistes (au niveau de chacun des 16 pays de la région puis au niveau régional) et de responsables d'organes de presse des 16 pays sur les concepts et enjeux de la qualité et l'IRQ de la CEDEAO dans les États membres, la Mauritanie et au niveau régional ; le renforcement de capacités et la sensibilisation d'une centaine de personnes ressources spécialistes de la protection des consommateurs (directions de la consommation et représentants d'associations de consommateurs) sur le guide des Nations unies pour la protection des consommateurs et sur l'infrastructure régionale de la qualité ; l'adoption d'un cadre réglementaire pour la protection des consommateurs et d'un mécanisme de désignation des consommateurs dans les comités spécialisés de la qualité de la CEDEAO ; au plan juridique, l'adoption, en juin 2017 à Monrovia, au cours de la 78ème session du Conseil des ministres, de textes complémentaires à ceux pris en 2012 – 2013, en vue d'assurer l'opérationnalité du Schéma de l'IRQ de la CEDEAO ; l'autorisation, en juin 2017, par le Conseil des ministres de la mise en place de l'Agence Qualité de la CEDEAO, ECOWAQ, l'un des principaux instruments nécessaires à la stabilité de l'IRQ, etc.

Des résultats qui ont renforcé la confiance dans les structures de qualité de la CEDEAO au niveau continental. La Pan Africa Quality Infrastructure (PAQI), qui coordonne l'infrastructure qualité africaine, a nommé, en février 2020, le directeur général du NiNAS, M. Célestine OKANYA, comme nouveau président. M. OKANYA a succédé au Dr Hermogenc NSENGIMANA, secrétaire général de l'Organisation africaine de normalisation (ARSO).

En matière d'accréditation, il est très difficile pour des pays en développement de créer un organisme d'accréditation, pour deux raisons principales : le manque d'expertise et le coût de l'accréditation. Pour accréditer, il faut disposer d'évaluateurs compétents dans des domaines où l'Afrique de l'Ouest n'était pas très bien fournie : notamment les normes internationales ISO IEC 17065 (pour les organismes de certification produit), ISO IEC 17020 (pour les organismes d'inspection), ISO IEC 17025 (pour les laboratoires d'essai et d'étalonnage), et ISO 5189 (pour les laboratoires de biologie médicale). Ces normes énoncent les exigences sur le mode de fonctionnement susceptibles de garantir des résultats fiables (impartialité, traçabilité de la mesure, formation des personnels, performance des équipements et des méthodes de travail, etc.).

Il fallait alors mobiliser des experts provenant des pays occidentaux. Aux coûts d'expertise élevés des de ces pays, il fallait rajouter les frais de leur prise en charge (voyage, séjour, etc.). En 2005 déjà, une étude de l'UEMOA[224] rapportait qu'un laboratoire à Abidjan avait payé 5 248 000 FCFA contre 2 650 000 FCFA pour un laboratoire de portée équivalente en France. Mais avec les avancées dans ce domaine, les laboratoires précédemment accrédités par des structures étrangères font désormais confiance aux organismes d'accréditation de la CEDEAO. C'est le cas du laboratoire CLINA LANCET, basé à Port Harcourt, précédemment accrédité par SANAS-Afrique du Sud et qui fait désormais référence à NiNAS, l'organisme d'accréditation au Nigéria. La même dynamique au niveau du SOAC qui compte aujourd'hui 13 laboratoires précédemment accrédités en dehors de la région et qui ont commencé ou finalisé le transfert de leur accréditation à cette dernière. À l'image de la Fondation CERES LOCUSTOX, basée au Sénégal et dont le laboratoire d'essais récemment accrédité

224 ONUDI. 2005. *Le système ouest-africain d'accréditation Clef d'accès aux marchés mondiaux*. ONUDI.

SOAC, était précédemment accrédité par l'organisme français d'accréditation (COFRAC).

Au Sénégal, c'est ce dispositif qui a permis à l'Association sénégalaise de Normalisation (ASN) de réagir rapidement en mettant à la disposition des producteurs les normes sénégalaises NS ARS[225] 1470 définissant les exigences quant à la production des désinfectants pour les mains à base d'alcool (notamment pour ce qui concerne à la teneur en alcool), et NS 15-014 qui définit les exigences pour la confection de masques barrières destinés au grand public et les spécifications techniques pour leur utilisation, pour laquelle elle a accordé la licence d'utilisation de la Marque sénégalaise à une centaine d'entreprises de confection[226].

Au niveau sous régional, le SOAC a mis en place un programme gratuit de renforcement des capacités de 300 techniciens dans le domaine de l'accréditation et de la sécurité dans les laboratoires médicaux.

Au niveau régional, la CEDEAO a su mobiliser en urgence l'ECOSHAM, son mécanisme régional de développement de normes avec comme résultat la production de deux normes essentielles dans le cadre de la lutte contre le Covid-19 : une sur la production de masques à usage non sanitaire (ECOSTAND 082-2020) et une autre sur les produits hydroalcooliques pour la désinfection des mains (ECOSTAND 083-2020).

Face à la pénurie ou à la cherté des produits barrières, nous avons constaté une effervescence dans la fabrication de produits maison. Avec la caution, au Sénégal, des autorités centrales et décentralisées, des initiatives se sont développées un peu partout, surtout au niveau artisanal. Chacun y est allé de sa composition, de sa marque, de son

---

[225] http://www.asn.sn/spip.php?article129
[226] http://www.asn.sn/spip.php?article130

parfum ou emballage. Les pharmacies, envahies au début, ont vite laissé la place aux grandes surfaces, et même aux boutiques de quartiers voire aux marchands ambulants. Malheureusement, il n'a été toujours clair dans l'esprit de tout le monde (fabricants comme utilisateurs, voire décideurs) que par exemple, bon nombre des recettes utilisées sont incapables de contenir suffisamment d'alcool pour détruire le virus à l'origine de la Covid-19, sans compter d'autres risques pour la santé (irritation de la peau, hypersensibilité ou réaction allergique, intoxication…). Comme l'a précisé Marc-André Langlois, Professeur et titulaire de la Chaire de recherche du Canada sur la virologie moléculaire et l'immunité intrinsèque, « Il faut au moins 60 % d'alcool, 70 % étant l'idéal[227]. » Selon lui, le temps de contact devrait durer au moins une minute, avec un produit à concentration de 60 %, là où 20 à 30 secondes suffisent si on est 70 %. Pour ce qui est des masques, une étude[228] publiée en 2015 dans la revue médicale *BMJ Open,* affirme que les masques en tissu pourraient même « entraîner un risque accru d'infection à cause de leur mauvaise filtration ». Les gouttelettes secrétées par une personne infectée à chaque fois qu'elle respire, parle, tousse ou éternue ont des tailles différentes. Les plus petites, les aérosols, peuvent facilement s'échapper à travers les ouvertures de certaines fibres de tissu, par exemple les trous de sutures des masques fabriqués avec une couture à la face. Voilà pourquoi, les normalisateurs tiennent à un contrôle strict de la fabrication des masques et les personnels de la santé à la sensibilisation quant au mode de port. Le dispositif de l'Infrastructure qualité de la région est capable d'apporter des réponses avec la présence de laboratoire

---

[227] https://www.lapresse.ca/societe/sante/2020-03-28/covid-19-des-alcools-forts-pour-se-desinfecter-les-mains

[228] MacIntyre, C.R., Seale, H., Dung, T.C. et al. 2015. A cluster randomised trial of cloth masks compared with medical masks in healthcare workers. *BMJ Open* 2015 ; 5: e006577. doi:10.1136/ bmjopen-2014-006577

textiles capables, à l'instar du Groupe Enval Laboratoires[229] d'Abidjan (Côte d'Ivoire) capables de mener des tests physiques, mécaniques, chimiques et toxicologiques pour permettre de déterminer les performances, le confort, la sécurité et l'innocuité des produits textiles.

C'est le même dispositif qui avait été à l'origine d'une campagne de vérification gratuite des thermo flash, organisée, du 18 au 30 mai, par la Division de la Métrologie du Sénégal, sous la houlette de Ibrahima Sarr, par ailleurs président d'un des Comités techniques du Comité communautaire de la CEDEAO pour la métrologie (ECOMET), une des structures de l'IRQ. M. Sarr rappelait, au cours d'un entretien publié dans le quotidien national du Sénégal, le Soleil[230], que « C'est un thermomètre médical à infrarouge qui est un instrument à usage réglementaire soumis au contrôle de la métrologie en vertu des dispositions communautaires de l'UEMOA. Dans ce contexte de pandémie du Covid-19, il est utilisé comme instrument de diagnostic et d'alerte par le corps médical et pour cette raison, les erreurs de mesure ne doivent pas dépasser les tolérances admises ». On imagine les conséquences avec tous ceux dont la température a été mal diagnostiquée. Si l'on sait que c'est un produit qui a fait la vedette des espaces de vente surtout en ligne. Ce qui justifie certainement pourquoi il a été « constaté une utilisation massive de ces thermo flashs dont certains n'étaient pas conformes » (M. Sarr). Mais il faudrait d'abord que les États aient la volonté de renforcer le contrôle de l'importation, la commercialisation et la mise en service.

Il est donc plus que jamais temps de saisir l'opportunité que le Covid-19 offre à la région, pour asseoir une infrastructure qualité

---

[229] https://enval-labo.com/

[230] Diouf, O. 2020, « Sénégal : Ibrahima Sarr, Métrologue - « Beaucoup de thermo flashs utilisés ne sont pas conformes », Le Soleil, 21 mai 2020.

régionale robuste, articulée aux infrastructures qualité nationales. En effet, plusieurs chantiers communautaires sont dans leur phase active. Il s'agit notamment :

- de la mise en place de structures régionales relatives à la Normalisation (ECOSHAM), l'Évaluation de la Conformité (ECOCONF), la Métrologie (ECOMET), l'Accréditation (ECORAS) et la Réglementation Technique (ECOREG) appuyée par une Agence CEDEAO de la Qualité (ECOWAQ) ;

- du développement d'une Marque régionale de la conformité aux normes de la CEDEAO : ECOQMARK ;

- de la mise en place d'une base de données Qualité et Industrie (ECOQUIB).

Toutes ces actions menées par la CEDEAO, ont pour but d'apporter d'une part une réponse concrète face aux problèmes récurrents de la qualité dans tous les domaines et d'autre part d'asseoir une véritable culture qualité dans la région.

Un dispositif qui, dans le cadre de la lutte contre la Covid-19, pourrait permettre d'accompagner la prise de décision sur les dossiers très sensibles comme celui du vaccin. En effet, un dispositif renforcé d'organismes d'inspection et de certification, ayant la confiance des populations pourraient aider les décideurs à faire accepter son introduction et utilisation dans la région, si après analyse et vérification, ils donnent un avis scientifique favorable. Cela couperait court à des rumeurs voire théories complotistes qui s'y opposerait. Surtout, de l'avis de la presque totalité des spécialistes, le salut contre cette pandémie ne pourrait venir que d'un vaccin. Malheureusement, toute la région ne compte que quatre organismes d'inspection accrédités (selon la norme ISO 17020) : un en Mauritanie par… l'organisme tunisien d'accréditation, le TUNAC (!) ; l'Office National d'Inspection

Sanitaire des Produits de la Pêche et de l'Aquaculture (ONISPA) accrédité sur l'inspection des produits de la Pêche de l'Aquaculture ; trois (3) autres au Ghana : la Ghana Forestry Commission, accréditée par International Accreditation Service (IAS) des États-Unis d'Amérique, la Ghana Standards Authority et la Quality Conrol Company Ltd pour l'inspection respectivement du bois, des produits de la pêche et des fèves de cacao, toutes les deux accrédités par le Die Deutsche Akkreditierungsstelle GmbH (DAkkS) de l'Allemagne.

Alors vivement que les fonds Covid-19 de tous les pays intègrent le financement de l'IRQ. Il y va de notre indépendance. Dans le cadre du Covid-19, cette devrait être adossée sur une volonté politique de l'articuler aux centres nationaux pour le Contrôle des Maladies et au Centre Régional de Surveillance et de Contrôle des Maladies de la CEDEAO (CRSCM-CEDEAO). Pour rappel, le CRSCM est l'agence spécialisée de la CEDEAO placée sous l'autorité de l'OOAS situé à Abuja, pour rester dans le cadre de la Covid-19. Pour rappel, la 47ème Session de la Conférence des Chefs d'État et de Gouvernement de la CEDEAO, tenue le 19 mai 2015 à Accra au Ghana, a approuvé la création du Centre Régional de Surveillance et de Contrôle des Maladies de la CEDEAO (CRSCM-CEDEAO) dont le siège se trouve au Nigéria. Cette décision s'inscrit dans le cadre de l'initiative de l'Union africaine visant à créer un Centre pour le contrôle et la prévention des maladies en Afrique et de disposer des branches régionales fondées sur les Communautés Économiques Régionales (CER) de l'Union Africaine.

La Covid-19 offre à l'Afrique de l'Ouest une opportunité formidable pour réussir le pari d'« Investir dans sa souveraineté » pour plagier l'inscription[231] sur un écriteau derrière le Président Emmanuel Macron, lors d'un de ses discours. À titre d'exemple, le Cap-Vert, la Côte d'Ivoire, le Sénégal et le Ghana pourraient satisfaire les besoins de la région en masques et gels certifiés, et la Guinée n'aurait pas eu besoin d'importer de la Chine et même de la Russie des produits dont la qualité n'a pas été prouvée.

[231] https://www.leprogres.fr/politique/2020/06/16/suivez-en-direct-la-visite-d-emmanuel-macron-chez-sanofi

COVID-19 ET RÉSOLUTION DES CRISES EN AFRIQUE : SORTIR DES DÉTERMINISMES SIMPLIFICATEURS

Par Bakary SAMBE

« Les dirigeants africains et leurs partenaires internationaux ne doivent plus être induits en erreur par certaines analyses statiques et pré-pensées, biaisées par leur défaut d'ancrage et la non-prise en compte des nouvelles réalités d'un continent en profonde mutation ».

Ce chapitre est une contribution critique d'un think tank africain, Timbuktu Institute, basé à Niamey et à Dakar au débat sur le monde post Covid-19 que « l'Afrique ne doit pas subir » d'après les mots de son directeur Dr. Bakary Sambe qui craint qu'en ce « moment d'une auto-remise en cause », la communauté internationale rate encore la « précieuse opportunité d'un new deal ». Il en a réservé la primeur au site « Niamey et les 2 jours », une plateforme africaine d'information au cœur du Sahel avec lequel il développe un partenariat stratégique en termes d'analyse et de prévention des conflits dans la région.

À l'heure de co-construction, les partenaires internationaux de l'Afrique doivent éviter d'être éternellement induits en erreur par des projections et autres études émanant de structures qui ont déjà une doctrine qui orientent et formatent la pensée et la production de connaissances dans un moule idéologique.

Si les choix stratégiques ou les lignes diplomatiques doivent se dessiner dans des « cellules ou centres de crise[232] » alimentés par des « Groupes de crise[233] », c'est que la méthodologie est déjà clairement orientée mais sûrement biaisée. Il y a, ces dernières semaines, une profusion de titres qui rythme le quotidien des prospectivistes qui se sont beaucoup trompés sur les trajectoires africaines. Un « effet pangolin » serait donc à prévoir à partir de « tendances à surveiller » et l'on résume ainsi de manière simpliste le destin d'un continent ou d'une région aux réalités complexes. Il ne faut pas être simplement foucaldien pour comprendre que « surveiller » c'est aussi « punir », condamner, dirait-on, toute une région à un destin préétabli avec une approche conjoncturelle qui se mue en surdéterminant indéterminé — comme aime dire M. Chérif Ferjani.

Même s'il ne faudrait pas être foncièrement noir ou négatif, en accordant le bénéfice de la bonne intention, on peut « sur-veiller » sur un bien précieux qu'on croit entièrement posséder, mais le préfixe induit, déjà, l'idée de se mettre au-dessus et de regarder d'en ou de haut. Mais s'il ne sied plus de punir, on se plaît à condamner une région, comme d'autres avaient fait de tout un continent à une éternelle répétition de l'Histoire, si seulement il réussissait la prouesse d'y entrer. Continuer à appréhender les réalités africaines sous le seul paradigme selon lequel ce continent devrait continuer à servir de variable d'ajustement après les périodes de crises, de repositionnement stratégique ou de transition de puissance serait

[232] Les chancelleries diplomatiques occidentales disposent de centres souvent ainsi nommés, dans lesquels des experts produisent une recherche censée guider leur politique étrangère vis-à-vis de l'Afrique.

[233] Des Think tanks occidentaux aussi s'installent en Afrique tout en n'ayant pas du tout un agenda de recherche africain. Dans leur démarche, l'Afrique n'est qu'un objet ou un terrain interrogé à partir de paradigmes imposés ou de préoccupations extérieures.

une fatale erreur d'appréciation qui risque d'exacerber les malentendus cumulés ou refoulés.

Toutes les tendances que nous annoncent les « centres » et les « groupes de crise » se résument en une seule : l'Afrique revivra forcément et éternellement les catastrophes du passé et ses fragiles structures politiques et économiques voleront en éclat de sorte qu'elle aura besoin de l'assistance internationale comme seule issue possible.

Cette perception repose sur deux principaux postulats qui ont marqué le regard sur le continent et ses réalités depuis la nuit des temps : un déterminisme structurel et systémique selon lequel on perd de vue ou ignore le rôle des acteurs. La dépendance automatisée ignorant les mutations d'un continent inscrites dans celle d'un système international qui a profondément changé de contenu et de contours et qui ne sera plus le même après la pandémie.

Dans un esprit constructif, loin des présupposés et des doctrines, il serait hautement plus salutaire d'aller au-delà de la seule « surveillance » de tendances qui induit une attitude passive et pessimiste quant au devenir d'une région et créer de manière collaborative les conditions d'une résilience bien possible.

Face au déterminisme structurel, valoriser les dynamiques créatrices nouvelles

Le déterminisme structurel avec son concept de « causalité historique » ne prend pas en compte la capacité des êtres humains à transgresser les lois et à déjouer les effets structurels qui peuvent naître de certains phénomènes sociaux, dès qu'ils en prennent conscience.

Beaucoup de prospectivistes sont tombés dans ce travers au prix de « mauvaises surprises » par rapport à des sociétés qu'ils avaient figées et cernées dans leurs analyses. Les révolutions dans le monde arabe ont eu cet effet sans qu'aucun des cadres des « centres de crise » n'ait pu voir arriver une seule hirondelle du « printemps » ; cet acteur de changement social dont le mouvement n'est capté par aucune prévision malgré les méthodes sophistiquées basées souvent sur des normalités devenues faussement « structurelles ».

Les notes et autres études qui ont largement circulé depuis le début de la pandémie prophétisant les effets « dévastateurs » du Covid-19 sur le continent ont, toutes, une même tendance : le continent est fait d'États fragiles ne pouvant développer suffisamment de résilience face à un tsunami de problèmes et de catastrophes comme cela s'est toujours déroulé lors des précédentes crises. Quid de la prise en compte des contextes qui ont changé et des dynamiques en mouvement ?

Contre les projections déterministes : les mêmes causes ne produisent pas forcément les mêmes effets

Les notes qui ont émané d'officines diplomatiques présentent des fragilités théoriques à partir de postulats simplistes reposant sur un lien causal entre les structures et les résultats ultérieurs en ignorant totalement la question de la temporalité. En s'appuyant sur les événements passés pour juger de l'avenir, on est dans la méthodologie de la facilité voulant que les mêmes causes produisent toujours les mêmes effets. Ainsi faisant, ces experts semblent ignorer que les événements déclencheurs, dans ce genre de raisonnement, relèvent parfois de simples épiphénomènes, tout comme l'effet cumulatif des causes, tant il est évident que la structure prédétermine un certain résultat qui se produira tôt ou tard. C'est dans ce genre de déterminisme structurel que Pierson

(1998)[234] range les travaux de Barrington Moore[235] sur les origines de la dictature et de la démocratie, dans la mesure où il se base sur des variables macrosociales qui prédisposent les pays à tel ou tel résultat.

Appréhender ainsi l'avenir de l'Afrique face à cette pandémie serait erroné si l'on retient que, dans l'Histoire de l'Europe, par exemple, les conjonctures critiques ont placé les États sur des trajectoires qui ont transformé de petites différences institutionnelles initiales en grandes disparités, de la même manière que l'effet amplificateur des conjonctures critiques avait été développé dans le cadre de la peste noire. Justement, cette pandémie n'avait pas abouti à l'éclatement des sociétés en crise mais bien à la fin de la féodalité en Europe de l'Ouest alors qu'en même temps, à l'Est, elle a renforcé cette même féodalité avec le second servage. À partir de ce rappel d'une cause historique ayant produit des effets complètement différents, on peut bien apprendre qu'aucune projection sérieuse ne peut conclure de manière catégorique que l'Afrique réagira forcément de la même manière que lors des crises précédentes.

L'Afrique réagira différemment à la montée des nationalismes post Covid-19 : une leçon africaine à méditer face aux crises identitaires ?

Il est vrai que l'après-covid-19 s'annonce comme l'ère du retour paradoxal au nationalisme où même l'élite mondiale, celle de la génération de la « *Fin de l'Histoire* », qui, pendant plusieurs décennies, nous avait théorisé le libéralisme et la mondialisation prône, désormais, l'économie nationaliste après celle du container

---

234 Pierson, C. 1998. *'Conversations with Anthony Giddens: Making Sense of Modernity'* Cambridge: Polity Press.

235 Moore, B. 1969. *Les origines sociales de la dictature et de la démocratie*, Paris, Éditions Maspéro.

à un moment où l'Union européenne, dans son essence, vole en éclats. Le parallélisme précipité a pu certainement pousser les analystes à une généralisation ou une standardisation des réactions face au retour des nationalismes et des populismes.

C'est, peut-être, pour cela que certaines conclusions sont vite allées dans le sens d'un éclatement probable des systèmes politiques africains au lieu de mettre l'accent sur les très possibles recompositions au sein du continent.

S'il n'est point aventurier de penser que l'après-coronavirus sera marqué par un fort retour ou un renforcement des nationalismes et des réflexes identitaires, il est sûr que ces relents identitaires ne se manifesteront pas de la même manière en Europe et en Afrique. Fidèle à l'esprit westphalien, les nationalismes et populismes européens vont exacerber le repli car construit autour de l'État et des frontières, tel qu'on en a vu les prémisses dans la gestion barricadière de la crise sanitaire. L'Europe qui redécouvre sa vulnérabilité, en même temps que le monde entier, a rompu avec les principes mêmes des idéaux mondialistes et libéraux et a retrouvé les réflexes de la fermeture sur soi.

Malgré les débats houleux sur l'intégration régionale, l'Afrique est l'une des zones du monde où nationalisme rime avec régionalisme au sens panafricain du terme et où le sentiment national ne nuit pas forcément au projet régional. La montée du nationalisme signifie, aussi en Afrique, le retour au panafricanisme puisque l'idée d'État-nation n'y est pas complètement tropicalisée depuis sa migration à partir de l'Occident européen où il y a effectivement une superposition de l'État et de la Nation, du moins dans leur construction sociale et historique.

Pour ce qui est de la gestion de la pandémie à proprement parler, le Covid-19 aura des effets différents sur les régions selon qu'on se situe au début ou à la fin du cycle. Le strict contrôle de l'information dans les régions asiatiques d'où la crise est partie a fait que l'alerte n'est pas arrivée très tôt dans les pays occidentaux qui ont été moins préventifs, sûrs des capacités de leurs systèmes sanitaires qui ont finalement lâché face à des maladies qu'ils croyaient tellement bénignes et révolues.

L'Afrique a eu le temps d'apprendre de l'expérience des autres tout en étant consciente de sa principale vulnérabilité dans cette pandémie : le déficit de moyens de traitement qui a, *ipso facto*, entraîné une concentration dans la prévention, seule phase où elle peut espérer des victoires ou le miracle du non-effondrement que prédisent les analystes de crise.

D'ailleurs, la manie de qualifier de « miracles » toutes les autres réussites qui échappaient à ses prévisions est le signe qu'a sonné, depuis belle lurette, l'heure du renouveau paradigmatique pour la tradition universitaire européenne.

Cette crise est une rare opportunité d'intégration : mitiger les thèses d'une désintégration annoncée ?

Comme l'a si bien analysé Pr Alioune Sall, directeur de l'*Institut des futurs Africains,* la prudence s'impose et que « le sensationnalisme de ceux qui annoncent des ravages doit être combattu au même titre que les postures incantatoires des magiciens du verbe ou des marchands d'empathie[236] ».

Les réactions à travers les réseaux sociaux et les médias de masse commencent à montrer comment le sentiment d'une hostilité ou d'un rejet provenant de l'extérieur renforce les cohésions internes panafricaines d'une manière inespérée. Cette tendance se manifeste à deux niveaux : politique décisionnel et mobilisation

[236] Voir sa contribution intitulée : « La pandémie a donné naissance à un précariat mondial » publiée en ligne sur le lien suivant https://www.seneplus.com/societe/la-pandemie-donne-naissance-un-precariat-mondial.

d'une société civile continentale qui, en réalité, a toujours mieux incarné l'esprit intégrationniste que le leadership politique continental.

Il a été rarement constaté que les leaders africains parlent le même langage face à l'émergence des crises. Ces derniers jours, nombreux sont parmi eux qui appellent soit à l'annulation de la dette ou l'allégement des conditions imposées par les institutions financières internationales. Sur le plan des initiatives, le centre africain de prévention et de lutte contre les maladies impulse une dynamique de synergie en rassemblant les pays membres deux fois par semaine afin d'élaborer des stratégies communes. Bien que critique face au leadership et à l'aboutissement des initiatives entamées, on peut être frappé par l'élan de solidarité panafricaine incarnée par les leaders d'opinion dont la voix porte au plan mondial.

Même si ces porteurs de voix ne sont pas forcément tous issus des universités et du monde de la pensée pour l'heure timide, ces acteurs de la société civile panafricaine, sportifs et autres artistes de renom, amorcent la dynamique de « sortie de bibliothèque » au profit de « l'intervention et de l'action ».

Ces dynamiques silencieuses ne sont pas captées par l'approche statique d'un continent en mouvement où l'apport phénoménal des réseaux sociaux et de la société de l'information a introduit toute une autre donne. Il a dû faire défaut à ces experts des « crises africaines », le réflexe de prêter l'attention due aux signaux forts, mouvements lents mais ancrés ainsi qu'aux mutations échappant à l'observation des faits nus sans efforts d'une « netnographie » analytique. En travaillant sur l'expression des opinions et des critiques à travers les réseaux sociaux, on perçoit bien la nouvelle dynamique des sociétés civiles africaines parfois négligée des analyses sur l'évolution générale du continent et de ses réalités.

Aujourd'hui à ce nationalisme d'ordre populaire porté par de dynamiques sociétés civiles et auquel il manquait le relai médiatique au siècle dernier, s'est largement saisi de l'opportunité des réseaux sociaux. Ils permettent d'ailleurs d'être le contrecoup de celui européen qui le cristallise dans le cadre de dynamiques collectives beaucoup plus construites.

L'agilité contre les *fr*agilités ou comment développer des stratégies alternatives en co-construction ?

Aujourd'hui, afin de saisir pleinement ces dynamiques, l'on doit rompre avec le syndrome de l'expert assis[237] confortablement dans les tours des instituts de recherches occidentaux pour une réelle entreprise de « netnographie » pour au moins deux raisons : la démocratisation de l'accès à l'information structurante et formatrice des opinions africaines à toutes les échelles hors des murs de la censure mais aussi malheureusement du contrôle éthique et de la répartie. Même si les opinions exprimées à travers les réseaux sociaux et qui déterminent désormais le rapport à l'Europe et à ses actions sur le continent ne sont pas des indices totalement fiables à l'ère des fake news, elles donnent le signal qui appelle à une profonde conscience des mutations des rapports politiques et internationaux. Sans outrecuidance ou excès de confiance en la capacité de pays africains à surmonter cette crise, on peut donner du crédit aux éventuels profits à tirer des apprentissages institutionnels (*institutional learning*). Le continent a tellement fait face à des catastrophes ou épidémies qu'il est capable de tirer des leçons utiles (*tool kits*) de ces expériences passées alors que le plus gros problème que l'épidémie à pu poser aux pays dits développés provient du fait que les maladies infectieuses appartenaient au

[237] Par similitude au syndrome du « journaliste assis » qui ne va que rarement sur le terrain.

passé au point qu'ils ont surtout investi dans la médecine du futur. Il est sûr que les politiques publiques ne sont pas juste des effets dans le processus politique, mais elles en constituent **aussi des causes** comme nous le démontrent, à suffisance, les travaux de Pierson[238].

Cette situation est donc propice à l'échange de bonnes pratiques et de leçons apprises au sens d'une véritable co-opération en tant que nouvel espace du « donner et du recevoir » loin des paradigmes de domination, de servitude incorporée ou encore d'un paternalisme corrupteur de l'esprit de solidarité internationale.

Le gap qu'il y a eu entre l'approche internationale de la crise sahélienne et les perceptions locales et qui a fortement nui à l'esprit même de la coopération est justement dû à cette torpeur méthodologique que provoquent les certitudes instituées au sujet d'un continent et d'une région en mouvement et en mutation. Des partenaires internationaux du Sahel continuent à en payer le prix avec l'amère impression d'un non-retour sur un investissement lourd en vies humaines, en moyens financiers qui n'ont finalement eu que des effets indésirables pour leur image et même leurs intérêts stratégiques.

La situation d'auto-remise en question créée par cette pandémie devrait être favorable à une nouvelle conception des échanges mais surtout de la notion de résilience. Les expériences développées dans le cadre de l'épisode douloureux de l'extrémisme violent et du terrorisme montrent que les communautés locales sont capables d'adaptation et d'inventivité face aux crises multidimensionnelles qui les affectent. Tout en mettant à nu les failles des politiques sécuritaires, les crises ont souvent permis à nos populations de réinventer des notions comme la « confiance », la « cohésion

---

[238] Ibid.

sociale », le « dialogue », la « concertation » dans des contextes que l'on présente très souvent comme conflictuels et baignant dans l'insécurité quotidienne. Le même réflexe a toujours été celui des communautés jusque dans les régions du Sahel burkinabé très affectées par des attaques variées surtout dans les villages de Sikiré, Arbinda, Yirgou-Foulbé, etc. Les communautés repensent constamment la cohabitation pacifique. Ces formes de résilience ignorées des analystes de crise trouvent leur efficacité dans la capacité des populations victimes d'attaques terroristes à réinventer le « vivre-ensemble » et surpasser les périodes propices aux crises notamment intercommunautaires.

Ces actions rarement prises en compte par les analystes auxquelles elles échappent s'inscrivent en complémentarité avec les politiques publiques étatiques comportant une certaine valeur ajoutée en termes de proximité et sens. Elles se basent sur des pratiques ayant une signification sociale et cadrant avec le référentiel culturel des populations destinataires et rompent avec les cadres habituels de socialisation, tout en s'adaptant aux pratiques sociales instituées. Hélas, l'exclusion des approches valorisant les ressources de l'anthropologie et d'une sociologie compréhensive partant des référentiels endogènes aboutit, très souvent, à un hiatus entre la réalité décrite et celle effectivement vécue. C'est peut-être là, l'une des explications de l'inefficacité des politiques de coopérations « in vitro » ne pouvant prendre en compte les réalités du terrain qu'il faudrait écouter plus souvent au lieu de lui imposer, d'emblée, des pré-pensées aux objectifs décalés des besoins réels. C'est aussi là que se trouvent nichés tous les germes du conflit de perception des conflits qui fausse l'esprit des coopérations aussi bien sécuritaires qu'humanitaires.

Vers la nécessaire transformation ontologique pour une réinvention des représentations symboliques

Une nouvelle chance se présente pour redonner du sens à la coopération Sud-Nord si on sait saisir l'opportunité de la présente crise pour faire l'expérience de la valorisation des ressources et stratégies endogènes. Bien entendu, ce nouveau paradigme doit de plus en plus pousser à compter sur nos propres forces et intégrant le fait que l'agenda des « coopérations » n'est pas forcément dans le sens de l'autonomisation du Sud.

S'enfermer dans l'approche structurelle en ignorant la capacité des acteurs à évoluer et à créer de nouvelles conditions de possibilité serait un déphasage par rapport à la marche du Nouveau Monde où même la rigide science informatique met l'agilité au cœur des dynamiques et de l'analyse des complexités. Sans retomber dans le débat classique entre l'acteur et le système[239] ou l'agent et la structure, l'enferment dans l'analyse structurelle ignorant l'agentivité a induit certaines puissances en erreur malgré leurs relations plusieurs fois séculaires avec l'Afrique.

Sans tomber dans une naïve idéalisation d'un nouveau partenaire se présentant sous ses beaux atours mais qui a aussi ses défauts, il semble évident que c'est en échappant aux « lumières » éblouissantes de la vision hegelo-hugolienne d'une Afrique qui devrait forcément appartenir à un autre continent que la Chine, par exemple, a pu réaliser qu'elle pouvait miser avec ce continent sur un deal commercial de 300 milliards de dollars.

Si elle a réussi cette opération de déconstruction, c'est que la Chine a pu établir le narratif selon lequel l'Afrique n'est point un défi mais une opportunité là où d'autres ont perdu leur avantage de départ sur cet aspect. Les puissances qu'elle bouscule aujourd'hui

[239] Crozier, M. et Friedberg, E. 1977. *L'acteur et le système*, Paris, Éditions du Seuil.

sont restées confinées dans la seule approche quantitative qui réduisit la place de l'Afrique dans le système commercial mondial à un simple indicateur statique : moins de 2 % des échanges globaux. La Chine a pu tester un modèle de coopération dont le terrain d'expérimentation fut l'Afrique avec ses succès comme ses travers.

Il va falloir construire un nouveau multilatéralisme comme à chaque fois que l'humanité passe un choc. Après 1945, le système onusien était l'illustration d'un nouveau cap malgré ses insuffisances. Le plus grand risque auquel nous faisons face est que le monde post-coronavirus coïncide aussi avec celui du « post-shame », où on ne se gêne plus d'étaler l'adhésion à des thèses qui heurtent l'esprit du vivre-ensemble international et même la conscience d'une communauté de destin, ne serait-ce que pour des raisons de sécurité collective.

Quelle que soit la profondeur des malentendus, il ne faudrait jamais perdre de vue que les barricades d'aujourd'hui qu'imposent les épidémiologistes, de même que les digues sanitaires vont tôt ou tard céder par la force des impératifs de la nécessaire coopération pour la sécurité collective ; et les vulnérabilités en partage referont jour avec encore plus d'acuité. Et nous devrons co-construire, dès maintenant, les stratégies pour y faire face, ensemble.

Table des matières

Structures éditoriales du groupe L'Harmattan

L'Harmattan Italie
Via degli Artisti, 15
10124 Torino
harmattan.italia@gmail.com

L'Harmattan Hongrie
Kossuth l. u. 14-16.
1053 Budapest
harmattan@harmattan.hu

L'Harmattan Sénégal
10 VDN en face Mermoz
BP 45034 Dakar-Fann
senharmattan@gmail.com

L'Harmattan Cameroun
TSINGA/FECAFOOT
BP 11486 Yaoundé
inkoukam@gmail.com

L'Harmattan Burkina Faso
Achille Somé – tengnule@hotmail.fr

L'Harmattan Guinée
Almamya, rue KA 028 OKB Agency
BP 3470 Conakry
harmattanguinee@yahoo.fr

L'Harmattan RDC
185, avenue Nyangwe
Commune de Lingwala – Kinshasa
matangilamusadila@yahoo.fr

L'Harmattan Congo
67, boulevard Denis-Sassou-N'Guesso
BP 2874 Brazzaville
harmattan.congo@yahoo.fr

L'Harmattan Mali
ACI 2000 - Immeuble Mgr Jean Marie Cisse
Bureau 10
BP 145 Bamako-Mali
mali@harmattan.fr

L'Harmattan Togo
Djidjole – Lomé
Maison Amela
face EPP BATOME
ddamela@aol.com

L'Harmattan Côte d'Ivoire
Résidence Karl – Cité des Arts
Abidjan-Cocody
03 BP 1588 Abidjan
espace_harmattan.ci@hotmail.fr

Nos librairies en France

Librairie internationale
16, rue des Écoles
75005 Paris
librairie.internationale@harmattan.fr
01 40 46 79 11
www.librairieharmattan.com

Librairie des savoirs
21, rue des Écoles
75005 Paris
librairie.sh@harmattan.fr
01 46 34 13 71
www.librairieharmattansh.com

Librairie Le Lucernaire
53, rue Notre-Dame-des-Champs
75006 Paris
librairie@lucernaire.fr
01 42 22 67 13

www.ingramcontent.com/pod-product-compliance
Lightning Source LLC
La Vergne TN
LVHW011441061026
849535LV00004BA/901
* 9 7 8 2 3 4 3 2 2 5 6 1 6 *